Das Titelbild zeigt einen Glas V8 aus dem Jahr 1967.

Dr. Frank Wolfram Wagner

Die 1970er Jahre –

progressive Zeitzeugen berichten

tredition®
www.tredition.de

Dr. Frank Wolfram Wagner ist Sozialphänomenologe, Schüler von Richard Grathoff, Diplom-Soziologe, Bevölkerungswissenschaftler Politik- und Erziehungswissenschaftler. Forschungsschwerpunkte: Deutsche Aussiedler und deutsche Heimatvertriebene, Soziologie der Behinderung, Parteienforschung, Stadtsoziologie, neueste Geschichte und Zeitgeschichte.

Kontakt: frawowa@web.de"

Gewidmet im Andenken an:

Professor Dr. Dr. habil. Josef Schmid

Emeritus des ersten deutschen Lehrstuhls für
Bevölkerungswissenschaft und Demographie
an der Universität Bamberg

12. August 1937- 08. April 2018

Dr. Frank Wolfram Wagner

Inhaltsverzeichnis

I. Einleitung

Der unheimliche Fortschritt. Von der wissenschaftlichen und technischen Entwicklung sind viele überfordert. Selten war die Stimmung so fortschrittsskeptisch. Heute sagen gerade 32 % der Deutschen, sie glaubten an den Fortschritt, das ist der niedrigste Wert seit fünf Jahrzehnten. Nie glaubten so wenige Bürger Deutschlands an den Fortschritt. Zu diesem Ergebnis kommt Thomas Petersen vom Institut für Demoskopie Allensbach." (Petersen 2019, S. 10)

In den 1970er da erschien Fortschritt dem Menschen noch stärker als gesamtgesellschaftlicher Fortschritt. Heute wirkt Fortschritt auf viele wie Konformitätsdruck.

Wer sagt, ich will mit meinem Personalausweis nicht im Netz bezahlen können, ich will auch keinen Fingerabdruck im Personalausweis und ich will auch kein verpflichtendes digitales Weiterbildungskonto oder für den Klimaschutz auf den Ausflug mit dem Auto verzichten, der glaubt heute nicht mehr, dass technischer Fortschritt und Digitalisierung ihm individuell eine bessere Zukunft bringen.

> „Die Zeit ist das Bild der Ohnmacht, in ihr findet alles ein Ende" (Gerald Zschorsch).

De Zeit sollte demnach die vergangene Zeit nicht vollständig schlucken. Die Zeit soll beschrieben werden am Beispiel der 1970er Jahre.

Die Optik des Authentischen soll in diesem Buch durch Zeitzeugen ermöglicht werden, die sich an die 1970er Jahre erinnern. Es dürfen auch die 1960er oder die 1980er Jahre sein, wenn das Erlebte des Interviewten das hergibt.

Wenn das jeweilige Interview gelungen ist, dann mag eine „Optik des Direkten" erfahrbar gemacht werden, welche dem Leser ermöglicht, jeweils ein Stück erlebte Zeitgeschichte hautnah nachzulesen.

Die Sozialphänomenologie ist der theoretische Hintergrund dieses Buches. An der Schnittstelle zur Zeitgeschichte soll der individuellen bundesrepublikanischen Progressivität der 1970er Jahre, oft jenseits des Mainstreams, Erinnerung gegeben werden. Im Idealfall wird nun die Vergangenheit vom Leser auch als Dimension der eigenen Existenz wahrgenommen.

Nachfolgend werden Menschen befragt, welche die bundesrepublikanische Realität im Bereich Journalismus, Industrie, Bildung, Sozialisation oder Kultur selber erlebten und gestalteten oder auch ein Produkt der 1960er / 1970er Jahre sammeln, gemeint ist das Glas- Automobil, oder sich zu einem 50 Jahre alten gesellschaftlichen Dauerbrenner bundesrepublikanischer Wirklichkeit, der Psychiatrie- problematik, äußern werden.

Die Veränderbarkeit der Gesellschaft war ein kleinteiliger Prozess.

II. 1968

1. Gegen den autoritären Staat

Am 18. Dezember 1964 war erstmalig die dritte Welt in Westberlin lebendig geworden. Rudi Dutschke sagte damals: „Unsere Opposition ist nicht gegen einige Fehler des Systems gerichtet, sie ist vielmehr eine Totale, die sich gegen die ganze autoritäre Lebensweise des bisherigen Staates richtet." (Jung, S. 552)

Die klarste Kampfansage gegen die Gesellschaft schrieb Daniel Cohn-Bendit, der in Paris bei den Mai- / Juni-Unruhen 1968 eine führende Rolle gespielt hatte und nach seiner Ausweisung versuchte, in Deutschland den SDS zu reorganisieren.

„Eine unserer wichtigsten Aufgaben ist es, weiterhin die herkömmlichen bürokratischen Strukturen sowohl der staatlichen Institutionen wie auch die sogenannten Vertretungen der Arbeiter und Revolutionäre zum Wanken zu bringen. Wir wollen nicht die Organisation der Bewegung sein, sondern wir wollen eine Vielzahl von Aufstandsherden schaffen, bei denen es ideologische Gruppen, Gruppen in bestimmten Institutionen oder Banden von Lederjacken, die durch eine radikale Infragestellung des atomisierten Lebens Ihre Handlungen realisieren. Beginne hier und jetzt mit der Revolution." (ebenda, S. 556)

Der Kölner Soziologe Erwin K. Scheuch sagt im September 1968: „Ein wesentlicher Aspekt des Phänomens, das als Protest der Studenten registriert wird, ist die Ausrichtung erheblicher Teile der in anderen politischen Gruppen organisierten Studenten an den Verhaltensweisen der extremsten Minderheit.

Gerade in Bevölkerungsgruppen mit überdurchschnittlicher hoher Information und mit vorwiegend konservativen Wählerverhalten ist die Deutung dieses Protestes besonders umstritten und die Reaktionen sind gegensätzlicher als in der Bevölkerung allgemein (vgl. Scheuch 1968, S. 36).

Eine konservative Position vertritt 1968 auch der Soziologe Heinrich Stieglitz. Für die Soziologie ist der soziale Pluralismus das Wetteifern sozialer Gestalten, die miteinander um die maximale Sinnerfüllung der sozialen Existenz ringen. Die Erkenntnis ist eines, das gesellschaftliche Handeln jedoch ein anderes (Stieglitz 1968, S. 14-15).

Der Historiker Simon Strauß schreibt in seinem Leitartikel vom 4. Mai 2019 in der FAZ über den fehlenden Generationenoptimismus der heutigen Zeit: "Leben ohne Aussicht. Die Zukunft ist auch nicht mehr das, was sie einmal war. Heute ist die Zukunft angeblich offen. Es wird mit unvorhersehbaren Veränderungen gerechnet, der Geschichtsverlauf als kontingent und dynamisch beschrieben - zumindest theoretisch. In der Praxis denken wir nach wie vor gern konventionell an die Zukunft, im Moment vor allem freitags, zusammen mit streikenden Schülern. So, wie es heute ist, so soll es auch morgen bleiben. Der Klimawandel lasse sich "punktgenau" steuern, lautet die Hoffnung der Politiker. Wohlstand, Sicherheit und Frieden lassen sich auch in der Zukunft bewahren, wenn wir in den anstehenden EU-Wahlen nur das richtige Kreuz in der Mitte machen. Wie offen wirkt die Zukunft 2019? Aber auch das Individuum träumt von der Konservierung seines Körpergewichts, seines Erbes und Eigentums, seiner übertragenen (nicht erkämpften) Freiheitsrechte. Nur in drei Bereichen träumt man 2019 fortschrittlich. Nämlich auf den Feldern der Kommunikation, der Mobilität und der Moral". (Simon Strauß 2019, S. 11)

Hier stellt sich mir dann die Frage, ob diese Bereiche von der Mehrheit der Bevölkerung aber gegenwärtig überhaupt als fortschrittsgewollt anerkannt sind. Ist dem nämlich nicht so, dann leben wir Bundesbürger wirklich in einer konventionelleren Zeit als in den 1970er Jahren, aber es gibt, auch dank der Errungenschaften der 1970er Jahre, für jeden Einzelnen auch viel zu verlieren.

2. Mehr Demokratie wagen

Willy Brandt sagte in seiner Regierungserklärung vom 28. Oktober 1969: „Die Bundesregierung setzt die im Dezember 1966 eingeleitete Politik fort und bietet dem Ministerrat der DDR erneut Verhandlungen beiderseits ohne Diskriminierung auf der Ebene der Regierungen an." (ebenda, S. 557).

Ein System, in dem das Volksbewusstsein zerstört und der Begriff der Nation entwertet ist, hat die psychische Grundlage verloren, für die Nation zu sprechen oder gar zu handeln (ebenda, S. 556).

Der bekannteste Satz in der ersten Regierungserklärung Bundeskanzler Willy Brandts war kurz. Dieser lautete: „Mehr Demokratie wagen." Der gesellschaftliche Wandel sollte nicht nur in der bundesdeutschen Innenpolitik, sondern auch bei den innerdeutschen Beziehungen eingeleitet werden.

„Die Aufbrüche der langen 60er Jahre verdanken sich weniger den 58ern, die sich gegen die atomare Aufrüstung engagierten". (Hütt 2017).

1972 warb die SPD mit dem Slogan "Wir schaffen das moderne Deutschland!". Dieser Satz steht ebenso wie der Slogan „Mehr Demokratie wagen" für die entschlossene Liberalisierung und Demokratisierung der Bundesrepublik.

Der Historiker Michael Görtemaker rezensiert in der Frankfurter Allgemeinen Zeitung vom 9. April 2019, S.6 das neue Buch "Enttäuschung in der Demokratie", von dem zeitgeschichtlichen Historiker Bernhard Gotto. Es geht um eine Betrachtung der Gesellschaft im Hinblick auf politische Erfahrungen in den 1970er und 1980er Jahren.

Görtemaker schreibt: "Enttäuschung ist eine Grund-bedingung menschlicher Existenz und nicht zu trennen von den Erwartungen, die ihr vorausgehen". Sigmund Freud meinte sogar, das Leben, das uns auferlegt ist, sei grundsätzlich zu schwer für uns, denn es bringe zu viel Schmerzen, Enttäuschungen und unlösbare Aufgaben." Gilt das auch für die Politik?

Zwar gelangten die Planungseuphorie und der Zukunftsoptimismus der frühen 70er Jahre bereits vor dem Ölpreisschock von 1973 an ein rasches Ende. Doch einen "Strukturbruch" oder gar "das Ende der Zuversicht" bedeute diese Entwicklung nach Auffassung Gottos keineswegs. Vielmehr konstatiert er ein " komplexes Nebeneinander " von Aufbrüchen, Hoffnungen und Rücknahmen, bei denen Enttäuschungsäußerungen zugleich den "Appell zur Neuverhandlung" enthielten und damit die "Basis für einen Konsens bereiten". Eine Gefahr für die Demokratie durch Enttäuschte bestand nicht. "Aushandlungsmodi und Bewältigungsformen bewegten sich stets im Rahmen demokratischer, akzeptierter Verfahren" (Görtemaker, 2019, S.6)

3. Protestresonanz

Der Soziologe Erwin K. Scheuch kommt im Jahre 1968 zu dem Ergebnis, dass die Protestierenden nur bei Personen bis 21

Jahre auf weitgehende Zustimmung zählen können, auf erhebliche Sympathie dann auch noch bei den 21 bis 30-Jährigen.Trotzdem kommt Scheuch zu dem Ergebnis, „die Proteste hatten die latente Funktion der Selbstdarstellung einer Besonderheit der Jugend." Einem möglichen Umsturz der Gesellschaft stehen die Jugendlichen nicht viel freundlicher gegenüber als die Erwachsenen allgemein. Für die Jugendlichen scheint es eher um die Demonstration ihrer Besonderheit in der entstehenden Gesellschaft zu gehen. (Scheuch 1968, S. 36).

In diese Richtung geht auch die Einordnung der 1968er durch den Soziologen Heinz Bude im Jahr 2018.

„Die 68er haben gesagt, dass das Private politisch ist. Die 68er haben allerdings die Aufarbeitung des Nationalsozialismus' nicht vorangebracht, da der Nationalsozialismus kein zentrales Thema der 68er war.

Der Lebensstil im Westen ist durch die 68er noch weltoffener und freier geworden. Es ist nur so, dass die 68er den Anschluss an eine globale Kultur des Pops gebracht hat. Mehr nicht.

Für die Kindererziehung haben die 68er nicht so eine große Bedeutung, wie sie immer glauben. Die Rote-Armee-Fraktion ist natürlich ein Ausdruck von 68, überhaupt keine Frage. Die RAF ist die wahnhafte Engführung des Motivs der Revolution, die innerstaatliche Feinderklärung im Dienste der Revolution. Aber zum Glück waren die 68er so einflussreich auch wieder nicht. Die 68er-Bewegung hat aber zum größten Wahlsieg der deutschen Sozialdemokratie in ihrer Geschichte geführt, dem Wahlsieg von Willy Brandt. Die Geschichte der Liberalisierung und der Demokratisierung geht über 1968 hinaus und hat vor 1968 angefangen. Die 68er hatten großen politischen Einfluss auf die Gegenwart, z. B. Joschka Fischer und Otto Schily sind lebensweltliche Protagonisten der 68er-Bewegung. Es ist mit dem neuen Staatsbürgerschaftsrecht, mit den ersten

Auslandseinsätzen der Bundeswehr und nicht zuletzt mit den Hartz-Gesetzen die Republik nachhaltig verändert worden und das war alles das Werk von 68ern.

Die 68er setzen aber ein großes politisches Neinsagen in Gang (Bude, Heinz in der ZDF-Dokumentation: „Der 68er Check-Sieben Mythen und Wahrheiten", ausgestrahlt am 26. September 2018).

Der Göttinger Politikwissenschaftler Franz Walter weist im Jahr 2017 auf das in den 1970er Jahren gebräuchliche Schlagwort von der „Gleichzeitigkeit des Ungleichzeitigen" hin. In den 1960er / 1970er Jahren ist die tiefe Differenz in der Generationenerfahrung eine gewichtige Ursache für die extreme gesellschaftliche Unruhe und Polarisierung". (Walter 2017, S. 8)

Der satirische Autor und politische Kabarettist Henning Venske, 1939 geboren, beschreibt diese Polarisierung wie folgt: „Immerhin habe ich 1965 Herbert Marcuses Essay „Repressive Toleranz" gelesen. Und es leuchtet mir ein, dass es für überwältigte und unterdrückte Minderheiten ein „Naturrecht" auf Widerstand gibt, außergesetzliche Mittel anzuwenden, sobald die gesetzlichen sich als unzulänglich herausgestellt haben. Und es leuchtet mir ein, dass keine Regierung eine befreiende Toleranz praktiziert. Ich denke, Toleranz ist nur eine bequeme Ausrede für Leute, die sich nicht zwischen Ja und Nein entscheiden können (Venske 2014, S. 225).

III. Die 1970er Jahre – mehr Eigenverantwortung

1. Strukturwandel der Familie

In den 1970er Jahren stellen sich die gesellschaftlichen Wandlungsprozesse als gesellschaftliche Modernisierungsvorgänge dar.

Die Geburtenrate in der Bundesrepublik geht zurück bis diese einem Fertilitätstiefpunkt im Jahr 1978 erreicht.

Die Zahl der Eheschließungen geht zurück. Folge davon ist, dass es in den 1970er Jahren eine markante Abnahme des Anteils an „Normalfamilien"-Haushalten gibt.

2. Individualisierungsprozess und Wertewandel

„Individualisierung bedeutet zunächst und vor allem die Freisetzung der Menschen aus den hervorgebrachten Lebensformen und Traditionen von Klasse, Schicht, Geschlechtsrollen, Familien, dörflicher Gemeinschaft.

Individualisierung meint nicht die Befreiung des Einzelnen von den Fesseln der Gesellschaft, sondern eine bestimmte historisch neue Form der Vergesellschaftung.

Auch in der individualisierten Gesellschaft ist die Lebensgestaltung in eine Vielzahl von Vorgaben und Kontrollen eingeschnürt (vgl. Floren 2002, S. 90-91)

Der Unterschied zu den 1960er Jahren in der Bundesrepublik besteht in den 1970er Jahren darin, dass eine größere Eigenverantwortlichkeit beginnt, über die Rahmenbedingungen nachzudenken, über deren Hilfe sich das Individuum eigenverantwortlich verwirklichen soll.

„Nur derjenige, der wirklich ohne Werte und Ideale lebt, fühlt sich immer und überall vollkommen wohl, denn zwischen Nichts und Irgendetwas ist ja kein Konflikt möglich." (Programmheft Schauspiel Essen 1993, S. 9, in Floren 2002, S. 97)

Werte sind individuell verschieden, denn die Vorstellungen von dem, was tagtäglich wünschenswert gut und richtig ist, die müssen sich schon unterscheiden, denn jedes Individuum konstruiert kognitiv seine eigenen Lebenswelten, aus denen sich dann die individuellen Wertvorstellungen ergründen. Gleichwohl gibt es ein generatives Set an Werten, das man überwiegend in einem Jahrzehnt auf der Zeitachse einer Gesellschaft vorfinden kann.

In den 1970er Jahren war den Menschen soziale Gerechtigkeit sehr wichtig. Eine Umfrage des Meinungsforschungsinstituts Allensbach besagt, dass 1976 65 % der Befragten Gleichheit wichtiger ist als Freiheit. Umgekehrt ist 30 % der Befragten die Freiheit wichtiger als die Gleichheit (vgl. Schaubild M.44 in Floren, S. 100).

3. Die Struktur der sozialen Ungleichheit

Determinanten sozialer Ungleichheit sind Vor- und Nachteile wirtschaftlicher Art, des Ansehens und der Macht. Ursachen und Mechanismen, die Strukturen sozialer Ungleichheit manifestieren oder sogar entstehen lassen, gab es auch in den 1970er Jahren, doch war die gesellschaftliche Spaltung weniger tief. Das heißt konkret, dass sich die Auswirkungen sozialer Ungleichheit weniger stark manifestierten als heute.

Luxus und Kargheit unterschieden sich als sogenannte äußere Lebensverhältnisse weniger deutlich als heute (vgl. Floren 2002).

4. 1979 als politikwissenschaftliches Phänomen

Der Göttinger Politikwissenschaftler Franz Walter greift die Idee des Philosophen Ernst Bloch auf, die sich „Gleichzeitigkeit des Ungleichzeitigen" nennt. Bloch will damit die unterschiedlichen Generationserfahrungen in einer formal gleichen Zeit beschreiben (Walter 2017, S. 8).

Jugend als Träger neuer Erfahrungen, das gilt für die Jugend aller Generationen.

Franz Walter greift die Idee der Gleichzeitigkeit des Ungleichzeitigen auch bei der Herausarbeitung der Bedeutung des Jahres 1979 auf. Walter bezeichnet 1979 als das ungleichzeitige Jahr. Und 1979 der Jahrzehntabschluss, der zwischen 1969 und 1989 lag. Damals begann viel Neues. Anders als zehn Jahre zuvor, anders als eine Dekade später. Sehr viel weniger kess zuversichtlich, viel durchwachsener, erheblich unsicherer, was Dasein und Zukunft anging. Viele Bundesbürger glauben ab 1979 nicht mehr an die Geradlinigkeit eines gesellschaftlichen Fortschrittprozesses (Walter 2017, S. 313-314).

Mit dem prekären unternehmerischen Selbst des Jahres 2019 hatte das Jahr 1979 aber noch wenig zu tun.

IV. Politische Selbstdenker

1. Gerhard Gundermann (1955 – 1998)

„Von jedem Tag will ich was haben, was ich nicht vergesse."

Der Rock-Liedermacher Gerhard Gundermann flog aus der Stasi, aus der SED und der NVA raus. Er war für die Mitteldeutsche Zeitung der „Springsteen des Ostens", für den Spiegel „der kämpfende Tagebau-Kumpel". Er wurde von Frank Castorf für seine Mixtur aus „Sprödigkeit und Dilettantismus" gelobt. Er trat im Vorprogramm von Bob Dylan auf und schrieb Texte für Silly. Und seine Band hieß Seilschaft (Junge Welt).

2018 kam der Film Gundermann in die Kinos. Für das Leben von Selbstdenkern kann der Mainstream kein uneingeschränktes Lob vorrätig haben, auch, wenn es sich um eine Verfilmung handelt: „dem ideologischen Mainstream untergeordnet" (Junge Welt).

Gundermann arbeitete als Baggerfahrer und bleib dieses auch als er in der DDR hauptberuflich Musiker hätte sein können. Dieses lehnte Gundermann, er fühlte sich mit der proletarischen Kultur verbunden, ab.

Beim Deutschen Filmpreis 2019 hat „Gundermann" abgeräumt: Der Film wurde mit der Goldenen Lola als bester Spielfilm geehrt und gewann fünf weitere Preise. (Deutschlandfunk am 4. Mai 2019)

2. Wolfgang Pohrt (1945 – 2018)
   Soziologe und Publizist

Zum Tod des unnachgiebigen Gesellschaftskritikers Wolfgang Pohrt, der am 21. Dezember 2018 verstarb, schreibt die Tagezeitung „Junge Welt": „Als der 1945 geborene Wolfgang Pohrt als Hilfsschlosser bei Siemens arbeitete, so erzählte er die Geschichte, war er auf einer Feier für 40 oder 50 Jahre Betriebszugehörigkeit. Es war ein proletarisches Trauerspiel, der vom Kapital vernutzte Mensch wurde für seinen aufopferungsvollen Einsatz beklatscht. Ein Kollege machte eine Geste. Da könne man sich ja gleich aufhängen." Pohrt kündigte stattdessen, machte das Abitur nach und fing an Soziologie zu studieren: „Ich wollte wissen, wieso die Menschen ein ungeliebtes Leben hinnehmen." (Hayner 2018, S. 11)

Das, was sich Pohrt, Venske und andere Gesellschaftskritiker privat ermöglicht haben, das entstand nach 1968 nicht gesamtgesellschaftlich. Das neue Bewusstsein ermöglichte ihnen ein Leben in der jeweils eigenen Subkultur.

„Um so alt zu werden, wie heute die 20-Jährigen sind, hatte ein Mensch früher 30 Jahre gebraucht." (Wolfgang Pohrt)

3. Günter Goetzendorf (1912 – 2000)
   Journalist und Politiker

Goetzendorf wurde im schlesischen Bad Ziegenhals geboren. 1945 kam Goetzendorf als Heimatvertriebener nach Niederbayern.

Goetzendorf wurde Vorstandsmitglied der Interessenvertretung der Ausgewiesenen in Bayern (IAB). 1948 gründete Goetzendorf den Neubürgerbund und wurde Präsident der IAB.

Vor der Bundestagswahl 1949 bemühte er sich um eine große Vertriebenenliste, die aber wiederum von der amerikanischen Besatzungsmacht nicht lizensiert wurde.

Somit bildete der Neubürgerbund mit der Wirtschaftlichen Aufbauvereinigung (WAV) ein Wahlbündnis. Es wurde eine paritätisch besetze Landesliste gebildet und die Mitglieder des Neubürgerbundes mussten nicht Mitglieder der WAV werden.

Günter Goetzendorf hatte demnach erfolgreich mit Alfred Loritz, dem Vorsitzenden der WAV, verhandelt. Loritz war 1932 aus der Wirtschaftspartei ausgeschlossen worden, da er sich wie ein Querulant benommen habe und seine Antihaltung gegen mächtige Gegner gerichtet hat (vgl. WAV / Wikipedia).

Das Wahlgesetz für den ersten deutschen Bundestag enthielt eine Fünf-Prozent-Hürde. Sie galt aber getrennt für jedes Bundesland.

Das Wahlbündnis erreichte 14,4 % im Freistaat Bayern und war somit mit 12 Mandatsträgern im ersten deutschen Bundestag in Bonn vertreten.

Wichtigster Antrag des Bundestagsabgeordneten Goetzendorf durfte einer vom November 1949 gewesen sein, in welchem er fordert: „Die Bundesregierung wolle schleunigst einen Gesetzentwurf zur Eingliederung der Heimatvertriebenen vorlegen." (Goetzendorf, S. 1)

„Am 24. September nahm ich als Pressedelegierter an der Gründung der SPD-Bezirks Niederbayern-Oberpfalz in Regensburg teil. Drei Wochen später traf ich in München Dr. Kurt Schumacher zu einer Unterredung." (Goetzendorf, S. 48)

Goetzendorfs ständiger Partei- und Fraktionswechsel, 1950 von der WAV zum Block der Heimatvertriebenen (BHE), 1951 zur Nationalen Rechten, von dort zur Nationalen Sammlung und

1952 zum WAV zurück, weisen Goetzendorf zwar als
eindeutigen Selbstdenker aus, bewirkten aber auch, dass
Goetzendorf von politischen Entscheidungsprozessen der
damaligen Elite ausgeschlossen war.

Günter Goetzendorf lebte nach seinem Ausscheiden aus dem
Deutschen Bundestag für 20 Jahre in Spanien und arbeitete
dort. Was, das konnte nicht ermittelt werden. Auch nicht, wie
Goetzendorf nach seiner Rückkehr nach Deutschland zur
Eingliederungspolitik von den Flüchtlingen und Heimat-
vertriebenen stand.

Goetzendorfs Wert seiner Bücher besteht darin, dass diese
dem Leser den Blick eines Selbstdenkers und daher
Außenseiters auf die deutsche Wiedervereinigung sowie einen
speziellen Rückblick auf das bundesdeutsche Parlament der
ersten Stunde vermitteln.

4. Prof. Dr. Friedhelm Farthmann (1930)

Friedhelm Farthmann, SPD: „Es gibt die neue Linke, es gibt die
alte Linke, ich gehöre zur effektiven Linken."

Soziale Brandsätze – Kohleausstieg, Diesel: Die Zumutungen
für Normalbürger nehmen kein Ende. Eliten feiern den
Kohlausstieg und den Tod des Diesels. Den Normalbürgern
aber wird eine astronomische Rechnung aufgedrückt.

FDP-Chef Christian Lindner ahnt die Gefahr. Mehrfach, zuletzt
am Rande des Europa-Parteitages der Liberalen, warnte er vor
der „Latte-Macchiato-Denke" der Großstadt-eliten, welche die
Belange der gewöhnlichen Bürger aus dem Blick verloren
hätten. Was Lindner meint, füllt derzeit die Schlagzeilen: „Der
Kohlekompromiss oder die Kampagne gegen den Diesel geben
ein Paradebeispiel ab." (Heckel, S. 1)

Die Selbstbeschreibung Prof. Dr. Friedhelm Farthmanns als „effektiver Linker" steht für einen gewerkschaftsnahen Kurs, eines Mannes, der nicht nur die Partei „Die Grünen", sondern auch deren politische Agenda ablehnte. In seinem Buch „Blick voraus im Zorn" von 1996 entwirft Farthmann das Bild einer neuen linken Volkspartei. Was Farthmann darunter versteht, machen zwei Zitate deutlich: „Ich habe nie gedacht, dass ich mit der Politik mein Brot verdienen würde."

Auf der Jahreshauptversammlung in Buderich, einem Vorort von Düsseldorf, im Jahr 1968, da sagte der Ortsvereinsvorsitzende zum Abschluss: „Wir sind ja aufgefordert worden, für die nächste Bundestagswahl einen Kandidaten aufzustellen, aber ich gehe davon aus, dass hier keiner in Frage kommt." Da meldete sich einer und sagte: Ich schlage den Genossen Farthmann vor." Da guckten mich alle an: "Willst du das machen?" Ich sagte: „Donnerwetter, das wäre nicht schlecht, ich würde das machen." „Ja, dann bist du gewählt. „Der Unterbezirksvorsitzende aber sagte: „Ihr habt den Friedhelm zwar heute Abend gewählt, aber wer das wird, das ist schon ausgeklüngelt." Farthmann ist aber in der Gewerkschaft, sodass er mit Unterstützung der IG-Metall erhält, was Farthmann die in Buderich verabredete Bundestagskandidatur für den Wahlkreis bei Düsseldorf ermöglichte. Fahrtmann holte den Wahlkreis in 1969 nicht direkt, konnte aber nachrücken. (vgl. Farthmann, S. 227)

„Ich war ja der einzige aus der SPD-Bundestagsfraktion, der damals gegen den Mitbestimmungskompromiss gestimmt hat, er ging mir nicht weit genug, da keine Parität erreicht war. Ich war in der SPD-Bundestagsfraktion plötzlich eine Nicht-Person, ich wurde für keine Auslandsreise mehr vorgesehen, ich konnte für keine Ämter mehr kandidieren, ich war isoliert. Heinz Kühn war es schließlich, der mich erlöste und in sein Kabinett nach Düsseldorf geholt hat, das war 1975". (vgl. Farthmann, S. 198)

Friedhelm Farthmann wurde nie Ministerpräsident, weder in Nordrhein-Westfalen noch in Thüringen. 1977 verlor Farthmann eine SPD-interne Abstimmung gegen Johannes Rau, in Thüringen 1990 eine Landtagswahl gegen Josef Duchac, CDU.

Prof. Dr. Friedhelm Farthmann dürfte allerdings zusammen mit Heinz Kühn die herausragende intellektuelle Persönlichkeit der SPD-Nordrhein-Westfalens sein, die in den 1970er Jahren bei der SPD in NRW hochrangig aktiv war.

5. Prof. Joseph Beuys (1921 – 1986) Politiker und Kunsthistoriker

Das Einzige, was sich lohnt aufzurichten, ist die menschliche Seele (Joseph Beuys)

Der Politiker und Kunsthistoriker Joseph Beuys war zeitlebens umstritten, Beuys wollte mit seinem künstlerischen Schaffen berühren und so die Gesellschaft verändern. Aktion war für Beuys Symbol für die nötige Veränderung. Sein berühmter Satz: „Jeder Mensch ist ein Künstler," meinte, dass in jedem von uns schöpferische Kräfte wohnen, die eine Typologie des individuellen Wesenskerns eines jeden Menschen darstellen.

Prof. Joseph Beuys hat die Gegenwartskunst der Bundesrepublik beeinflusst. „Kunst ist ja Therapie. Aber bei dieser Therapie sollte man sozusagen ein Bewusstsein erschaffen. Deswegen plädiere ich für eine Kunsterziehung durch alle Fächer hindurch." (vgl. Bodemann-Ritter, 1975, S. 69)

Die erfolgreichste politische Zeit hatte Joseph Beuys als Mitträger der Sonstigen Politischen Vereinigung, SPV. Noch vor der Gründung „Der Grünen" als Partei im Jahre 1980. Beuys

und seine Mitstreiter organisierten sich im „Achberger Kreis"
(Kleinert, 1992, S. 27)

Im Bundestagswahlkamp 1976 strebte die Aktionsgemeinschaft Unabhängiger Deutscher, AUD, eine parlamentarische Interessenvertretung der bundesrepublikanischen Bürgerinitiativen an. Auch Joseph Beuys wurde 1976 erfolgloser Bundestagskandidat der Kleinstpartei AUD in einem Düsseldorfer Wahlkreis.

Bereits am 11. Oktober 1972 wurde Joseph Beuys vom damaligen Wissenschaftsminister des Landes NRW, Johannes Rau, SPD, entlassen.

In der Neubrückerstraße in Düsseldorf gab es den Szenentreff Creamcheese, wo Joseph Beuys zugegen war, 1976 schloss das Creamcheese. Prof. Dr. Joseph Beuys referierte viel über seine Idee von Kunstbegriff, aber die 1970er Jahre begünstigten auch die Entfaltung seiner personellen Identität, da seine Stimme und sein künstlerisches Schaffen gehört und betrachtet wurden. Beuys hatte Resonanz, wenn auch oft kritische Resonanz in der Öffentlichkeit.

Wie offen die bundesdeutsche Gesellschaft für abweichende Meinungen war, das soll hier nicht beurteilt werden. Es gibt aber zu denken, dass das Bundesverfassungsgericht am 27. Mai 1958 eine Befragung der Bevölkerung zur Atombewaffnung untersagte. Konkret ging es um die Ausstattung der Bundeswehr mit Atomwaffen.

Das Bundesverfassungsgericht begründet seine Entscheidung wie folgt: „Volksbefragungen stellen einen versuchten Eingriff in die Zuständigkeiten des Bundes dar. Zweck der amtlichen Befragung im Bundesland Hessen sei gewesen, durch politischen Druck Bundesorgane zu zwingen, von ihnen getroffene Sachentscheidungen zu ändern. Die Befragungen konnten nicht dadurch gerechtfertigt werden, dass die

Landesregierungen sich durch Volksbefragungen informieren wollten." (Süddeutsche Zeitung, 1986, S. 8)

In NRW ist es heute so geregelt, dass Landesgesetze durch erfolgreiche Volksentscheide gekippt werden können. „Wird das Gesetz durch einen Volksentscheid abgelehnt, muss die Landesregierung zurücktreten." (Model / Creisfeld, S. 355)

Joseph Beuys musste seine Professur an der Kunsthochschule Düsseldorf aufgeben, nachdem ihn Landesminister Johannes Rau entlassen hatte. Ein Volksentscheid dagegen war nicht möglich. Dieses hinderte Beuys aber nicht daran konsequent weiterhin selber zu denken und auch die Partei „Die Grünen" wieder zu verlassen, da diese „eine verdammt langweilige Partei geworden wäre".

Festzuhalten bleibt, dass Johannes Rau die Idee Willy Brandts einer „Demokratie von unten" nicht verfolgte.

V. Technische Innovateure

1. Horst Herold (1923 – 2018)
„Negative Rasterfahndung"

Einer der einflussreichsten politischen Repräsentanten der1970er Jahre war Horst Herold.

Horst Herold, Ex-BKA-Chef, verstarb Mitte Dezember 2018. Herold gilt als Erfinder der Rasterfahndung, mit der zahlreiche Mitglieder der RAF gefasst wurden – mittels eines neuen systematischen Daten- und Informationsabgleichs. Herold, der von 1971 – 1981 Präsident des Bundeskriminalamtes (BKA) war, leitete die Ermittlungen gegen die RAF auch im Entführungsfall Hanns-Martin Schleyer, der bis zu seiner Entführung im Jahr 1977 Präsident des Deutschen Arbeitgeberverbandes (BdA) war. 1981 zog sich Herold zurück und wohnte zum Schutz vor Anschlägen gegen ihn bis zuletzt auf einem Kasernengelände in Rosenheim.

Ursache seines Rücktritts waren 1981 Meinungsverschiedenheiten mit dem damaligen Bundesinnenminister Gerhart-Rudolf Baum, FDP.

Herold war SPD-Mitglied, wurde im thüringischen Sonneberg geboren und verstarb in Nürnberg.

2. Dr. Peter Christian Zinkann (1928)
Erfolg durch Ideenreichtum und Bescheidenheit

Dr. Peter Christian Zinkann repräsentiert als Seniorchef das weltweit tätige Unternehmen Miele. Miele ist ein deutsches

Unternehmen, das Haushalts- und Gewerbegeräte produziert. Der Stammsitz von Miele ist in Gütersloh.

Zinkann ist Enkel des Firmengründers Reinhard Zinkann. Während Rudolf Miele die kaufmännische Seite des Unternehmens Miele abdeckte, ist Peter Christian Zinkann technischer Innovator des Unternehmens.

„Alter allein ist noch kein Verdienst. Ich habe doch alles. Ich habe in den 90 Jahren wirklich sehr, sehr viel Glück gehabt." (Zinkann 2018, S. 9)

3. Hanns Glas (1893 – 1969)
Gründer der niederbayrischen Landmaschinenfabrik Glas

Das Familienunternehmen Landmaschinenfabrik Glas wurde 1883 in Pisting gegründet. Als in den 1940er Jahren die Nachfrage nach Landmaschinen zurückging, war das Unternehmen gezwungen sich neu zu orientieren.

Der Wagentyp Goggomobil wurde 280.000 Mal bis 1969 gebaut. Das Flaggschiff der Hanns Gals GmbH war der Glas V8, (Kraxenberger, S. 77)

4. Walter König (1939)
Verleger und Buchhändler aus Köln

Walter König gilt als Guru des Kunstbuchs. „Die Documenta-Ausstellungen sind Fixpunkte in meinem Leben. Hinter der Buchhandlung war Joseph Beuys' Büro für direkte Demokratie.

Die klassische Künstlermonografie oder das Buch zu einem kunsthistorischen Thema kann man durch nichts ersetzen.

„Für uns sind nur die Lesegewohnheiten der jungen Generation eine Herausforderung. Die wollen vielleicht nicht mehr 250 Seiten lesen, sondern mit vielen Bildern und kurzen Texten schnell informiert werden.

1961 fand ich eine Lehrstelle in der Bücherstube am Dom in Köln.

Im Frühjahr 1969 habe ich den Laden auf der Breiten Straße eröffnet, als Buchhandlung für moderne und zeitgenössische Kunst. Der Sammler Peter Ludwig hat uns sehr geholfen, indem er uns den Vertreib seines von Wolf Vostell gestalteten Kataloges überlassen hat. Bis auf eine haben wir seit 1972 alle Documenta-Ausstellungen betreut.

Wenn es morgens noch nicht so voll war, kam der Beuys aus seinem Büro für die Direkte Demokratie rüber und kommentierte die Auslagen." (vgl. König 2019, S. 17)

4.1 40 Jahre „Tunix"-Kongress in Westberlin 1978
(Originalartikel aus dem Fachmagazin: „Soziologie Heute"
Juni 2018 von Frank Wolfram Wagner)

In seinem Spionagethriller „Eine kleine Stadt in Deutschland" aus dem Jahr 1968 lässt der Autor John le Careé einen fiktiven Bonner Abgeordneten – der wohl dem 1990 verstorbenen deutschen SPD-Politiker und Emigranten Herbert Wehner nachempfunden ist – über die Jugendrevolte in Deutschland der 60er Jahre sagen, dass diese jungen Leute nicht dagegen protestieren, dass ihre Eltern den Krieg angefangen haben, sondern dass sie ihn verloren haben... Genau wegen diesem Aspekt ist der Roman bis heute kontrovers.

Man weiß nämlich nicht, ob der Krimiautor nicht doch nur im Sinn des Apo-Aktivisten verkaufsfördernd provozieren wollte, sicher ist aber, in den USA gab es eine gesellschaftliche Gegenbewegung, deren Ideale auch nach Deutschland schwappten, aber mit der Apo-Bewegung um 1968 in der BRD nicht ihr Ende fanden.

Vor 40 Jahren, am 27. Januar 1978, begann im Audimax der Technischen Universität in Westberlin der „Tunix"-Kongress, um den Zustand der politischen Depression und Repression zu beenden, indem sich die Linken und Alternativen nach dem „Deutschen Herbst" 1977 befanden. In diesem eisigen Klima kursierte seit Dezember 1977 ein Flugblatt, mit dem dazu aufgerufen wurde, sich am imaginären „Strand von Tunix" zu versammeln: „Uns langt's jetzt hier! Der Winter ist uns zu trist, der Frühling zu verseucht und im Sommer ersticken wir hier. Uns stinkt schon lange der Mief aus den Amtsstuben, den Reaktoren und Fabriken, von den Stadtautobahnen (...) Sie haben uns genug kommandiert, die Gedanken kontrolliert, die Ideen, die Wohnung, die Pässe, die Fresse poliert. Wir lassen uns nicht mehr einmachen und kleinmachen und gleichmachen. Wir hauen alle ab! Zum Strand von Tunix!" (vgl. Höge 2018, S. 11)

In dieser Situation wurde auch die Idee einer linken Tageszeitung als kollektives Projekt „angedacht". In Frankreich und in Italien gab es das bereits, mit Liberation in Il Manifesto. Doch in der BRD existierten nur lokale Stadtmagazine. Außerdem gab es in Frankfurt am Main den „Informationsdienst zur Verbreitung unterbliebener Nachrichten" sogenannter undogmatischer Gruppen und in Westberlin den linkssozialistisch ausgerichteten „Extra-Dienst". Das „Zeitungsprojekt" sollte nun auf dem von einigen Westberlinern vorbereiteten „Tunix"-Kongress auf breiter Basis diskutiert werden, zusammen mit etlichen weiteren Ideen für linke Projekte. „Etwas Besseres als den Tod finden wir überall" lautet das Motto, das aus dem Märchen der Bremer Stadtmusikanten stammt (vgl. ebenda)

Manche dachten auch nur, man müsse eine neue Partei gründen, um die Erfüllung im Hier und Jetzt zu finden. Das Protestpotenzial der Ökologie- und Alternativbewegung sollte so kanalisiert werden. Eine wichtige Rolle spielte dabei zunächst der Düsseldorfer Kunstprofessor Joseph Beuys. Beuys kandidierte schon bei der Bundestagswahl 1976 in einem Düsseldorfer Wahlkreis für die „Aktionsgemeinschaft Unabhängiger Deutscher" (AUD). Beuys wurde im Jahr 1979 noch einer der Spitzenkandidaten der „Sonstigen Politischen Vereinigung (SPV), die „Grünen", die damals bundesweit 3,2 Prozent der Zweitstimmen erreichte. Bereits zur Bundestagswahl 1983 erreichte Beuys keinen sicheren Listenplatz mehr und zog dann konsequent seine Kandidatur für die Bundestags-Legislaturperiode ab März 1983 zurück und verließ auch noch 1986 desillusioniert die „Die Grünen" wieder mit der der Begründung: „Die Grünen sind eine verdammt langweilige Partei geworden."

Dieses Beispiel mag verdeutlichen, dass einige Alternativkonzepte für die Gesellschaft für manche Idealisten genau in die gleiche Depression und Repression mündeten, die diese neuen gesellschaftlichen oder politischen Alternativkonzepte eigentlich ja verhindern sollten. Es bildete sich nur eine neue Elite, eine Alternativ-Elite. Beuys machte da nicht mit. Wenn es Machtbeziehungen in als Alternative gegründeten Institutionen gibt, dann können diese zu Herrschaftszuständen erwachsen, die neue, richtig verfestigte Machtstrukturen hervorbringen. Jedenfalls kann das von dem, der nicht einverstanden ist, oder auch nur nicht mehr berücksichtigt wird, so wahrgenommen werden. Man kann hier auch nach Herbert Marcuse denken, der hoffte, dass sich die Randgruppen in der ersten Welt erheben mögen, dessen Idee mit Tunix 1978 endgültig scheiterte. Herbert Marcuse formulierte seine Idee konkret so: „Ich glaube, dass es für unterdrückte und überwältigte Minderheiten ein Naturrecht auf Widerstand gibt, außergesetzliche Mittel anzuwenden." (Weissmann, 2017, S. 64)

Diese Zeit des außerinstitutionellen Widerstands sollte seltener werden. Alternatives Leben sollte gegen staatlich bürokratischen Wildwuchs eintreten, gegen eine Konsumentenmentalität anleben und irgendwie pro grün sein. Der Tunix-Kongress stellte demnach in der Bundesrepublik einen gesellschaftlichen und politischen Wendepunkt dar. Nicht mehr spontan, wie noch 1968, sondern nach klaren Regeln soll es fortan durch die Institutionen der Gesellschaft gehen, außerdem geordnet, um „top dog" (Johan Galtung) im System zu werden. Kein Wunder, dass die Grünen in Deutschland bis heute als „Verbotspartei" gelten. Als Partei, die den Menschen durch eingreifende Regeln deren individuelle Lebensweise vorschreiben will. Tu nix ist somit eine Begriffsverwirrung, das Gegenteil war damit gemeint.

Literatur:
Höge, Helmut: „Wenn es langt" in Junge Welt vom 26. 01.2018, S. 11.
Weissmann, Karlheinz:" Kulturbruch 68", Berlin 2017, S. 64

VI. Universitäre Forschung und Bildung in Bielefeld

Die Infrastruktur von Forschung und Bildung war in den 1970er Jahren eine große Aufgabe. Das Beispiel Bielefeld macht deutlich, dass sich viel tat.

1973 wurde in Bielefeld das Oberstufenkolleg gegründet. Das Oberstufenkolleg wurde institutionell der Universität Bielefeld zugeordnet, damit es besser seine innovative Kraft entfalten konnte. Das besondere an der Institution war, dass in vier Jahren maximal das Abitur sowie das universitäre Grundstudium abgeschlossen werden konnte.

Die Frankfurter Allgemeine Zeitung widmet mit dem Artikel „Methoden 1 33615 Bielefeld" am 21. November 2018 einen Gründungserinnerungsartikel der Gründung des „Zentrums für interdisziplinäre Forschung" (ZiF). Allerdings wurde das ZIF in Rheda-Wiedenbrück gegründet und bezog erst 1972 Räume, die in geografischer Nähe zur Universität Bielefeld liegen. „Von 1978 – 1984 war der Soziologe Norbert Elias Fellow am ZiF. „Vielleicht ist es nützlich, wenn ich hinzufüge, dass Prof. Wallerstein und Prof. Foucault ebenfalls an einem Symposium dieser Art interessiert sind", schrieb Elias am 10. September 1982 in einem Antrag auf Unterstützung an die Stiftung Volkswagenwerk. Foucault sagte zu, doch er kam nicht. „Am 25. Juni 1984, dem Tag an die Tagung in Bielefeld eröffnet wurde, ist er in Paris gestorben." (Rossmann, 2018, S. N4)

VII. Die 1970er Jahre im Blick auf das soziologische Phänomen als (meine) Leitidee von Soziologie

1. Peter Berger (1929 – 2017) / Thomas Luckmann (1927 – 2016)
Es gibt keine allgemeingültige Soziologie.

Jeder versteht darunter das, was er sehen will. Nur nichts zu sehen, das wäre eine Missachtung der Leistungskraft soziologischen Denkens.

Mein zu früh verstorbener Doktorvater hieß Richard Grathoff. Grathoff wiederum wurde von Thomas Luckmann habilitiert und Grathoff wiederum lehrte ab 1978 in Bielefeld. Die Phänomenologie beleuchtet das Alltägliche der subjektiven Lebenswelt eines jeden Individuums und erhebt es so zum Phänomen. Es ist die tägliche Erfahrbarkeit der subjektiven Lebenswelt eines jeden Individuums. Das haben weder Luckmann noch Grathoff so formuliert, aber ohne Luckmann und Grathoff könnte ich dies so nicht formulieren.

In der Lebenswelt oder auch Lebenslage des beobachteten Milieus will der Phänomenologe bemerkenswerte Erscheinungen wahrnehmen.

Die Wirklichkeit des Alltags schafft weiterhin Phänomene, die entdeckt werden wollen. Der Mensch muss diese nur erkennen wollen. Folglich bleibt auch das phänomenologische Denken.

Hat nun „Framing" etwas mit „Phänomenologie" zu tun?

Während Wörter im Gehirn einen Deutungsrahmen aktivieren können, machen Verhaltensroutinen und Muster sowie auch die aus dem Milieu kommenden Wirklichkeiten Phänomene sichtbar. Der Unterschied besteht darin, dass Phänomene nichts mit Sprache zu tun haben.

Fette Karpfen stecken im Schlick des Lebens, der Phänomenologe legt diese durch Beobachtung frei.

Auf die wichtige Rolle, die Thomas Luckmann für die Soziologie und besonders die Phänomenologie spielte, geht der im April 2018 verstorbene Bamberger Bevölkerungswissenschaftler Prof. Dr. Josef Schmid am 26. Mai 2016 in einer Mail an mich ein:

„Lieber Kollege Wagner!

Die Nachricht vom Tod Thomas Luckmanns hat mich sehr traurig gestimmt. Ich bin ihm vorgestellt worden auf dem Soziologentag 1968 in Frankfurt. Er ist der schärfste Denker des Kreises um Peter Berger gewesen, deren „Konstruktion der Wirklichkeit" geradezu Kultstatus hatte.

Grüße von

Josef Schmid"

Am 10. Mai 2016 verstarb Thomas Luckmann. Damit verliert die deutsche Phänomenologie nach dem Tod des Sozialphänomenologen Richard Grathoff in kurzer Zeit eine weitere Leitfigur. Grathoff, der von Luckmann habilitiert wurde, verstarb demnach sogar eher als sein Lehrmeister.

Im August 2018 erschien im soziologischen Fachmagazin „Soziologie Heute" Reminiszenz an Richard Grathoff von mir.

2. Erinnerung an Richard Grathoff (1934 -2013) „Milieu und Lebenswelt"

(Originalartikel aus dem Fachmagazin: "Soziologie Heute" vom August 2018 von Frank Wolfram Wagner)

An einem Tag in Juni 2001 fand ich eine Nachricht auf meinem Anrufbeantworter. Es war mein Soziologieprofessor, der Bielefelder Phänomenologe, Richard Grathoff, der kurz und knapp sagte: „Hier Grathoff, Herr Wagner, Sie sind ein guter Ressentimentforscher."

Der Phänomenologe Richard Grathoff war zufrieden mit meiner Zeitungsanalyse. Ich unterschied, nach der italienischen Parlamentswahl im Mai 2001, in der Silvio Berlusconi zum Ministerpräsidenten gewählt wurde, fünf Ressentimenttypen in einer vergleichenden Zeitungsanalyse, die allesamt, gegen Silvio Berlusconi gerichtet waren.

Der Phänomenologe Richard Grathoff war ein Professor, der Studenten gerne dazu motivierte ihre eigene wissenschaftliche Identität zu finden, wenn diese nur seinen phänomenologischen Blickwinkel teilten und sich so insbesondere gegen die systemtheoretische Mehrheitsmeinung, den großen Luhmann-Tunnel an der Fakultät für Soziologie der Universität Bielefeld stellten. Ich tat dies mit Überzeugung; wir kannten uns schon seit dem Grundstudium, seit ich 1997 im Seminar „Schrift und Sprache im kemalistischen Entwicklungsmodell in der Republik Türkei" schrieb.

Richard Grathoff wurde 1934 als Sohn eines Gärtner im westfälischen Unna geboren. Er erhielt seinen Doktor 1969 nach Studien unter Aron Gurwitsch, Thomas Luckmann und Peter L. Börger in New York. Seine Forschung versteht sich als ein sozialphänomenologischer Blick auf die Gesellschaft. Sein wichtigstes Buch heißt demnach auch „Milieu und Lebenswelt"; Grathoff stellt in seiner 1982 entwickelten Milieuanalyse fest, dass über Kommunikationsanalysen die typischen Strukturen einer Gesellschaft erschlossen werden. (vergl. Grathoff, 1982, S. 1)

Richard Grathoff wohnte von 1978 bis zu seinem Tod 2013 in Oerlinghausen im Kreis Lippe in Nordrhein-Westfalen. Die fehlende Resonanz auf sein wissenschaftliches Erbe an der Universität Bielefeld mag eine Ursache dafür sein, dass Richard Grathoffs Witwe, Ruth Grathoff, „froh und erleichtert gewesen ist, dass der Anruf aus Konstanz gekommen sei" (Neue Westfälische, 2017, S. 14). Zumal, wie seine Witwe betont, ihr Mann „vor 41 Jahren maßgeblich an der Gründung des Archivs in Konstanz beteiligt gewesen ist." Richard Grathoff war seinerzeit Assistent am Lehrstuhl von Thomas Luckmann. Im Herbst 2002 wurde das Sozialwissenschaftliche Archiv Konstanz zum offiziellen Zentralarchiv der Deutschen Gesellschaft für Soziologie ernannt und mit der Erforschung der Geschichte des Faches beauftragt.

In Konstanz werde der Nachlass „in der existierenden Ordnung fortgeführt", mit Hilfe eines Archiv-Programms inventarisiert und könne dann als Forschungsmaterial genutzt werden. Vor allem wohl von angehende Doktoranden (vgl. ebenda)

Literatur:
Grathoff, Richard: „Milieuanalyse und phänomenologische Forschung in der Sozialwissenschaft", 1. Fassung vom 10.04.1982, S.1.
Prignitz, Karin: "Oerlinghausen Richard Grathoffs Vermächtnis" in: Neue Westfälische vom 10. 10. 2017.S.14.

3. Roland Girtler (1941)
„Echte Feldforschung ist Abenteuer"

Der Wiener Soziologe Roland Girtler betreibt qualitative Forschungen auf Grundlage der teilnehmenden Beobachtungen und des ero-epischen Gesprächs. Der Interviewer begegnet dem zu Befragenden auf gleicher Augenhöhe. So soll eine lockere, vertraute und persönliche Kommunikation gelingen, die eine tiefe Interaktion ermöglicht.

Als Konsequenz daraus erzählt der Befragte Milieuintimitäten, die dem Befrager spannend erschienen, weil dieser so tiefen Einblick in Milieu und Lebenswelt des Befragten erhält.

Girtler beobachtet seit ungefähr 1979 Menschen, die in Randkulturen oder auch Randgruppen miteinander verbunden sind. „Eine Soziologie ist nicht viel wert, wenn sie sich nicht letztlich mit den Menschen unmittelbar befasst und nicht in ihren normalen Situationen beobachtet und beschreibt." (Girtler, 1980 S. 3)

Die Aufgabe des Wissenschaftlers ist die eines Dolmetschers. Das Wort Dolmetsch bedeutet Fürsprecher: „Als Fürsprecher für degradierte Gruppen sehe ich mich, so dass ich Zeuge ihres kulturellen Lebens bin und darüber redlich berichte, ohne Richter oder Sozialarbeiter zu sein." (Girtler, 1995, S. 18)

VIII.   Migrationsforschung

1. Migration in der Bevölkerungswissenschaft der 1990er Jahre

In der Bevölkerungswissenschaft ist weltweite Migration als allgemeingültige Tatsache anerkannt. Bereits 1999 war in Deutschland in der Bevölkerungswissenschaft die wissenschaftliche Bewertung und Einordnung von Migration umstritten:

Der Bielefelder Bevölkerungswissenschaftler Herwig Birg konstatierte: „Wenn es einer deutschen endlich auch als solchen ausgewiesenen Bevölkerungspolitik nicht gelinge wieder ins Bewusstsein zu heben, dass die Weitergabe des Lebens ein Wert an sich ist, dann geht den Deutschen der Mörtel aus. Ohne Migration setzt sich die Schrumpfung der deutschen Bevölkerung fort."

Der Bamberger Bevölkerungswissenschaftler Josef Schmid formulierte konträr dazu: „Integration ist eine Einbahnstraße. Die Frage ist, wie Nichtdeutsche zu Deutschen passend zu machen sind. Statt weiter das Theater um die Multikultur aufzuführen, müsse verhindert werden, dass der liberale Rechtsstaat das Staatsvolk durch ein Mosaik an Menschheit ersetzen will (vgl. Geyer, S. 47)

Birg und Schmid waren in den 1990er Jahren wissenschaftliche Antipoden der deutschen Bevölkerungswissenschaft.

2. Studie der OECD zur Integration von Migranten im Jahr 2019

Deutschland ist im Jahr 2019 schon lange ein Einwanderungsland. Die Integration von Einwanderern gelingt in Deutschland insgesamt besser als in der Vergangenheit.

Das zeigt eine neue Untersuchung der Organisation für wirtschaftliche Zusammenarbeit und Entwicklung (OECD) und der EU-Kommission. Die Untersuchung bezieht sich nicht nur auf Flüchtlinge, sondern will ein Gesamtbild für alle Einwanderer liefern. Insgesamt 16 % der in Deutschland lebenden Menschen sind in einem anderen Land geboren worden. „Insgesamt gelinge die Integration hier besser als in Ländern mit vergleichbarer Migrationsgeschichte", fasst der OECD-Migrationsforscher Thomas Liebig die auf 70 Einzelindikatoren gestützte Analyse zusammen. „Trotz dieser positiven Entwicklung besteht aber weiterhin Handlungs-bedarf, vor allem bei geringqualifizierten Zuwanderern." Beispielsweise erreichten noch immer rund ein Viertel der Nachkommen von Migranten in Deutschland weder Abitur noch eine abgeschlossene Berufsausbildung.

Unter den 35 OECD-Mitgliedsländern gehört Deutschland zu einer Gruppe, in denen viele geringqualifizierte Zuwanderer schon lange leben. (Creutzburg, 2019, S. 17)

3. Gastarbeitermigration

Hochhäuser waren in den 1970er Jahren anerkannte Wohnquartiere. Ankommende Gastarbeiter hatten zunächst keine Chance dort zu wohnen. Heute fungieren Hochhäuser oftmals als Symbole sozialer Segregation.

Mieter des Biesterbergs in Lemgo beklagen den Zustand eines der Wohnblocks und luden deshalb für den 6. Februar 2019 den Bielefelder Bundestagsabgeordneten der Linken, Friedrich Stratemann, nach Lemgo ein. Dieser ist von Beruf Sozialrichter. Es geht um die Pflicht des Vermieters den Zustand des vertragsmäßigen Gebrauchs zu erhalten. (vgl. Rademacher, 2019, S. 17)

Viele Gastarbeiter lebten nach ihrer Ankunft in der BR Deutschland in Baracken ohne echte Privatsphäre. Barbara John war am 1981 Ausländerbeauftragte von Westberlin. Sie übte dieses Amt bis 2003 aus. Barbara John tritt für Integration als politische Führungsaufgabe ein. Aber auch Frau John fordert: „Die Rhetorik von der Bereicherung der Gesellschaft muss sich nachweisen lassen. Im Alltag, im Kiez wie im Bruttosozialprodukt." (John, 1999, S. 11)

Die meisten Gastarbeiter sind nicht im See der Gleichgültigkeit ertrunken, welcher sich bei gesellschaftlichen Randgruppen manchmal in den 1960er / 1970er Jahren auftat.

Ursache für die Gastarbeitermigration war die wirtschaftliche Ungleichheit. Es gab in der Heimat keine Arbeit. Vor den Gastarbeitern lag ein Land, dass diese nicht kennen. Sie müssen meist ein Jahr an der Stelle bleiben, für die angeworben wurde. Dann durfte der Gastarbeiter den Arbeitsplatz wechseln oder auch selbstständig werden. Viele Gastarbeiter bleiben dauerhaft. Als Konsequenz führte die deutsche Bundesregierung im Jahr 1989 das kommunale Wahlrecht für EU-Ausländer ein.

Gastarbeiter ging es damals aber auch um Akzeptanz und Teilhabe.

4. 50 Jahre Gastarbeitermigration aus Jugoslawien in die Bundesrepublik

(Originalartikel aus dem Fachmagazin: "Soziologie Heute" vom Dezember 2018 von Frank Wolfram Wagner

Seit 1955 warb die deutsche Bundesregierung bilateral Arbeitskräfte im Ausland an, die fortan in Deutschland arbeiten sollten. Diese billigen Arbeitskräfte aus dem Ausland sollen helfen das industrielle Wirtschaftswachstum in der Bundesrepublik abzusichern. Die Initiative ging vom deutschen Arbeitgeberverband sowie den Industrieverbänden aus.

Insgesamt hatte Deutschland bis Oktober 1968 acht Anwerbeabkommen mit europäischen und nordafrikanischen Staaten geschlossen. Die letzte deutsche bilaterale Vereinbarung dieser Art war am 12. Oktober 1968 mit dem ehemaligen Jugoslawien unterzeichnet. Zwischen der österreichischen und der jugoslawischen Regierung wurde ein Anwerbevertrag bereits 1965 unterzeichnet. Bis 1973 waren rund eine halbe Million Jugoslawen in Deutschland beschäftigt.

Die Sozialistische Föderative Republik Jugoslawiens schickte während einer kurzen Anwerbeära von 1968 – 1973 ihre Fachkräfte in die Bundesrepublik. Diese wurden wegen ihren großen Fähigkeiten und deren Bereitschaft zur Integration sehr geschätzt. So wurden viele heimisch und holten ihre Familien nach. (Novinscak, S. 133)

Seit dem bundesdeutschen Vereinsgesetz von 1964 wurden im Zeitraum von 1968 – 1976 vier rechtsextremistische kroatische Organisationen verboten. Der Kroatische Verein Drina, der Kroatische Nationale Widerstand, die kroatische Revolutionäre Bruderschaft und der Kroatische Demokratische Ausschuss. (Novinscak, S. 147)

In den 1970er Jahren war der Jugoslawiendeutsche kein unbekanntes Phänomen. Die migrationsoziologische Forschung mag noch herausfinden, ob es unter den jugoslawischen Gastarbeitern auch Deutschstämmige, beispielsweise Sloweniendeutsche oder auch Banater Schwaben gab.

Literatur:
Novinscak, Karolina: „Auf den Spuren von Brandts Ostpolitik und Titos Sonderweg:deutsch-jugoslawische Migrationsbeziehungen in den 1960er und 1970er Jahren", in : Ottmer, Jochen / Kreienbrink,
Axel / Diaz, Carlos Sanz (Hrsg) „Das „Gastarbeiter" - System", München 2012.

IX. Stadtentwicklung

1. Gleiche Lebensbedingungen schaffen

Der Begriff Exklusion steht im Kontext der Stadtentwicklung für sozialen Ausschluss.

Ursache heute auf dem Feld der Stadtentwicklung existenter Konflikte ist oftmals die Abkehr vom raumplanerischen Leitbild der 1970er Jahre. Der Wunsch von staatlicher Verwaltung, Wissenschaft und Politik war es in den Nachkriegsjahrzehnten mithilfe planender Intervention für sozialen Ausgleich auf dem Feld der Wohnungsmarktpolitik zu sorgen. Raumplanung hatte bis dahin das Ziel „in allen Teilen des Bundesgebietes" gleiche Lebensbedingungen zu schaffen, als Mittel einer umfassend verstandenen Gesellschaftspolitik. (Leendertz, 2008, S. 24)

Im Jahr 2019 hat sich das gesellschaftliche Klima verändert. Der Berliner Senat wird heute dafür kritisiert, dass er den Quadratmeterhöchstpreis für Mieter bei sechs bis sieben Euro deckeln will. Die CDU-Opposition hält das für Sozialismus und ein FAZ-Redakteur kommentiert: „Soll in Berlin wieder wie in der DDR gewohnt werden? Hat die ehemals geteilte Hauptstadt schon vergessen, welche eigentumsfeindliche Ruinen der Sozialismus hinterlassen hat?" (Psotta, S. 17)

Die soziale Ungleichheit in Deutschland ist im Jahr 2019 besonders groß. Die Entwicklungsorganisation Oxfam weist darauf hin, dass Milliardäre ihr Vermögen um 20 Prozent steigern konnten. Das reichste Prozent der Bevölkerung verfügt über ebenso viel Vermögen wie 87 Prozent der Bürger.

Franz Schellhorn, Leiter des unabhängigen Thinktanks „Agenda Austria" kritisiert nicht die soziale Ungleichheit, sondern die Hilfsorganisation Oxfam: „Oxfam blendet Entwicklungen aus, jedes Jahr schafften 100.000 Menschen den Weg aus der Armut. Will man den Armen helfen, braucht man mehr Steuern, mehr Enteignung und mehr Regulierung. Es braucht mehr Rechtsstaatlichkeit und mehr Globalisierung, um mehr Menschen die Flucht aus der Armut zu ermöglichen." (Schellhorn, 2019, S. 18)

Dieses Szenario erscheint wenig überzeugend, denn es könnte leicht zu einer Flucht in bundesdeutsche Armut und Wohnungslosigkeit der eingewanderten Migranten führen.

Beispielsweise Ostwestfalen. Immer mehr Menschen in OWL verlieren ihre Wohnung. Ende 2016 waren im Regierungsbezirk Detmold Menschen von Obdachlosigkeit 2.737 betroffen, davon 1.638 Menschen in Bielefeld. (Henning, 2016, S. 22)

2. Der Aufbau und Wiederaufbau urbaner Stadtquartiere im Ruhrgebiet in den Nachkriegsjahrzehnten

Von Frank Wolfram Wagner

Die Dortmunder Architektenhistoriker Prof. Dr. Wolfgang Sonne, Michael A. Kanther und Regina Wittmann haben im März 2018 den wissenschaftlichen Band „Städtebau der Normalität – der Wiederaufbau moderner Stadtquartiere im Ruhrgebiet" herausgebracht. Die Autoren möchten darauf hinweisen, dass zwei architektursoziologische Grundannahmen bei der Betrachtung des Städtebaus im Ruhrgebiet in den Nachkriegsjahrzehnten doch nicht zutreffen.

Grundannahme war, dass es nach dem zweiten Weltkrieg lediglich aufgelockerten Wohnungsbau gab. Grundannahme war außerdem, dass die Städte des Ruhrgebietes durch dichte Stadterneuerungsquartier in geschlossener Blockrandbebauung städtebaulich geprägt wurden. Stattdessen werden die Thesen erhoben, dass im Ruhrgebiet gemischt genutzte Quartiere errichtet werden sollten. Außerdem sei die Architektur durch Industrieanlagen und Arbeitersiedlungen gekennzeichnet, aber eben nicht nur. Begründete städtebauliche Kontinuität konnte durchaus einem freiheitlich-demokratischen Neubeginn dienen. Leitbild des Nationalsozialismus' war hingegen der Siedlungsbau einer gegliederten und aufgelockerten Stadt.

Nach Ende des Krieges sollten im Ruhrgebiet gemischt genutzte Quartier errichtet werden (vgl. Sonne 2018, S. 6-7). Um 1968 beschleunigte sich der soziale Wandel im Revier. Die sozialen Milieus lösten sich vielerorts auf. In der Wohnungspolitik vollzog sich ab 1970 eine Politik der direkten Subventionierung des Wohnungsbaus zu steuerpolitischen Regelmethoden. Beispielsweise der Abschreibung (Kanther 2018, S. 47).

Es ist jedoch keinesfalls so, dass im Ruhrgebiet nur bescheiden gebaut würde. Spätesten seit Ende der 1960er Jahre galt das auch im Ruhrgebiet nicht mehr. Als Beispiel soll hier die Hustadt im Bochumer Stadtteil Querenburg vorgestellt werden.

Die Errichtung der Ruhr-Universität Bochum, beschlossen vom Landtag Nordrhein-Westfalen am 18. Juli 1962[1], machte auch die Planung und Schaffung von Wohnraum erforderlich. Es entstanden ab 1968 Hochhäuser mit 13 Etagen und mehrere Straßenzüge mit mehrstöckigen Häusern sowie mit Einfamilienhäusern im Bungalowstil für die höher gestellten Bevölkerungsgruppen. Vorbild dieser Siedlung ist das Märkische Viertel in Berlin. Ursprüngliche Zielgruppen des Ortsteils bei der Errichtung als „Universitätsrahmenstadt" waren Bedienstete der Ruhr-Universität Bochum und Mitarbeiter der Werke I und II und III der Bochumer Adam Opel AG.

Durch die 1981 eingeführte Fehlbelegungsabgabe zogen in den 1980er Jahren viele der ursprünglichen Bewohner aus: zwischenzeitlich drohte dem Viertel die urbane Getthoisierung.

Die Sozialstruktur der etwa 6.000 Bewohner ist heute geprägt von einer großen Anzahl Nationalitäten, einem niedrigem Altersdurchschnitt und einer hohen Fluktuation. Mitte der 1970er Jahre wurden in einigen Hochhäusern studentische Wohngemeinschaften eingerichtet (Vgl. Wikipedia Hustadt).

Der Sozialwissenschaftler Carsten Keller erkennt in seiner Dissertation die Wohnform Plattenbau als allumfassendes soziales Übel, und er möchte mit seiner Schrift mithelfen, diese Wohnform als auslaufend zu kennzeichnen, da für ihn der Plattenbau eine Wohninsel für sozial Exkludierte geworden ist. Auf welche Art und Weise Plattenbauten heute institutionell zu sozialen Brennpunkten verortet werden, kritisiert er hingegen nicht.

Wie man es besser organisieren kann, erläutere ich bereits im Jahre 2009. Gleichförmigkeit steht bei mir für Funktionalität, wenn die äußeren Rahmenbedingungen stimmen. Grundbedingungen hierfür sind ein gemischter sozialer Status der Wohnbevölkerung, ein behindertengerechtes Wohn- und Lebensumfeld sowie eine altersübergreifende Gemeinschaft (Wagner 2009, S. 53). Die renovierten Wohneinheiten mit geräumigen Fahrstuhl im Ostthüringer Quartier Jena-Lobeda sind hierfür ein gutes Beispiel. Diese sind auch alle belegt, wie ich mich bei einem Besuch dort persönlich überzeugen konnte.

Wer anerkennt, dass Stadtplanung oft nichts anderes ist als die Anordnung der Wohnbauten gemäß der herrschenden sozialen Beziehungen, für den ist der Plattenbau auch gegenwärtig unter der Bedingung einer eingehaltenen sozialen Durchmischung weiterhin eine akzeptable Wohnform, egal, ob im Ruhrgebiet oder im Freistaat Thüringen.

Literatur:
Sonne, W., Kanther, M., Wittmann, R. (Hg): Städtebau der Normalität. Der Wiederaufbau moderner Stadtquartiere im Ruhrgebiet. Berlin, 2018.
Keller, Carsten: Leben im Plattenbau. Frankfurt am Main, 2005.

Wagner, Frank Wolfram: Soziale Exklusion und Ressentiment gegen Behinderte in der modernen Stadt. Rudolstadt, 2009.Wikipediaeintragung: Hustadt

X. Fußball

1. Fußballbundesliga in Bochum und Essen

Der VFL Bochum gehörte seit dem Spätsommer 1971 erstmals der Fußballbundesliga an. Die ganzen 1970er Jahre konnte der VFL Bochum die Klasse halten.

Rot-Weiß-Essen gehörte ab 1969 bis 1971 der Fußballbundesliga erneut an. 1971 stieg RWE ab. Diethelm Ferner war seit 1969 Spieler von RWE und übernahm den Verein 1973 erstmals als Trainer.

Diethelm Ferner blieb dann von 1973 bis 1975 Fußballbundesligatrainer von Rot-Weiß-Essen, bevor er zum Wuppertaler SV wechselte.

2. Mein erstes Fußballspiel

Ich habe im Dezember 1978 mein erstes Fußballspiel live verfolgt. Ein Spiel der Landesliga Ostwestfalen, dass in Lemgo ausgetragen wurde. Unten der Spielbericht aus der Lippischen Landes-Zeitung vom 4. Dezember 1978

Lemgos erste Heimniederlage
0:2 gegen FC Stukenbrock mit schwacher Sturmreihe

M.M. Lemgo. Der FC Stukenbrock entwickelt sich langsam zum „Angstgegner" für die Lipper. Nach 3:1 Punkten gegen Werl-Aspe, Lage und Detmold buchten Räker & Co. Am ersten Adventssonntag auch am Lemgoer Bruchweg mit einem bereits vor der Pause von Thielke und Finke herausgeschossenen 2:0-Sieg das volle Punktepaar. Einige Lemgoer Spieler schienen mit ihren Gedanken bereits in den Weihnachtsferien zu sein. Trainer Peter Schulz verzichtete grimmig auf einen Austausch. Die Niederlage durften elf Hansestädter bis zum bitteren Schluss ausbaden.

In der erste Halbzeit spielte Stukenbrock mit Windunterstützung. Die meisten Torchancen hatte Lemgo. Gut gemeinte Schüsse von Hajo Thermann meisterte Räker im Stukenbrocker Tor mit verblüffender Sicherheit. Ganz knapp über das Tor ging ein Kopfball von Vallant. Kurz vor der Pause riss Räker reaktionsschnell die Fäuste hoch und lenkte einen Bombenschuss von Stock zur Ecke.

Die Gästetor fielen nach Konterangriffen. Aus unerfindlichen Gründen erkannte der Unparteiische das erste Tor in der dritten Minute nicht an. Thielke (5.) schoss wenig später das 0:1. Als sich die Lemgoer Abwehr nicht einig war, erhöhte Finke (32.) den Vorsprung der Gäste auf 0:2.

Vor der Pause war „Erne" Sander zur spielbestimmenden Figur im Lemgoer Spiel geworden. Nach dem Wechsel bleib Sander stark, ohne allerdings zu glänzen. Stukenbrocker Entlastungsangriffe wurden immer seltener. Auf breiter Front griff Lemgo an. Weder über die Flügel noch durch die Mitte war ein Durchkommen gegen die kompromisslose Gästeabwehr. Dass Stukenbrock in Lemgo zu null spielte, war zunehmend ein Verdienst von Räker. Beste Einschusschancen von Stock und Rawe machte der Ex-Oerlinghauser gekonnt zunichte.

Die Eckbälle und Einstöße für Lemgo häuften sich. Beckmanns Schussversuch in der 46. Minute blieb die einzige Konterchance für Stukenbrock im zweiten Spielabschnitt. Willi Haring lief sich mutterseelenallein in der eigenen Hälfte warm, turnte manchmal sogar an der Mittellinie herum und schickte in den letzten zehn Minuten auch noch Kapitän Hermann Schäfer mit nach vorn ins dichter werdende Getümmel.

Wenn Räker endlich einmal geschlagen schien, retteten nacheinander Pötschke (55. Nach Eckball von Thermann) und Beckmann mit dem Kopf (56. Nach Bombenschuss von Rawe) auf der Torlinie. Selbst in der Nachspielzeit wollte das hochverdiente Ehrentor nicht fallen.

TBV Lemgo verlor mit Haring, Schäfer, Krieger, Schönhagen, Sander, Hildebrandt (ein glatter Ausfall), Vallant, Stock, Thermann, Osterhage (ohne Durchschlagkraft) und Rawe.

XI. Das Dorf

1. Andreas Rebers

Der Komiker Andreas Rebers wuchs im Weserbergland auf. Das Weserbergland beginnt etwa 30 Kilometer nördlich von der Stadt Lemgo im Kreis Lippe.

Der Heimatort von Andreas Rebers heißt Westerbrak. Andreas Rebers lebte in den 1970er Jahren auch dort. Rebers erinnert sich: „Als ich aus Bremen zurückkam, war alles genauso wie zuvor. Ich drehte meine Runden durch das Dorf, traf ein paar Freunde." (Rebers, 2011, S. 49)

Westerbrak liegt im Landkreis Holzminden. „Holzminden ist zwar nur 80 Kilometer von Hannover entfernt, zur Fahrt aber braucht es über enge Landstraßen eineinhalb Stunden. Holzminden ist der verkehrstechnisch am schlechtesten erreichbare Ort Deutschlands." (von Lucius, S. 4)

Weitere Erinnerungen des Andreas Rebers über sein Dorf im Landkreis Holzminden: „Westerbrak ist ein vorbildlicher Ort des klaren Denkens und Benennens. Das Dorf verhält sich wie eine Asymptote und strebt von links nach rechts unentwegt gegen null, was bedeutet, dass es sich um ein Modell der Ewigkeit handelt. Hinter den Hügeln liegen die Orte Breitenkamp und Heinrichshagen. Es waren Orte ohne Wiederkehr, denn man musste auf demselben Weg zurück, auf dem man gekommen war." (Rebers, S. 20)

2. PD Dr. Gertrud Hüwelmeier

PD Dr. Gertrud Hüwelmeier nimmt in ihrem Buch „Hundert Jahre Sängerkrieg" eine Ethnografie eines Dorfes in Hessen vor, es dürfte sich um Elsau handeln.

Im Fokus der Untersuchung aus dem Jahr 1997 stehen die zwei Männergesangsvereine „Harmonie" und „Eintracht", die das vollständige dörfliche Leben der Nachkriegsjahrzehnte dominierten.

Vollständig auch deshalb, weil es neben den beiden Männergesangsvereinen in Elsau auch noch die beiden konkurrierenden Kirmesgesellschaften im Ort gab.

Kirmesgesellschaften werden dort Kerbergesellschaften genannt.

Im Alter von 14 oder 15 Jahren tritt man der Gruppe bei und verlässt diese mit der Heirat." (Hüwelmeier, S. 122)

Kirmesgesellschaft wie auch Männergesangsverein waren somit in Elsau feste Bezugspunkte, aus denen sich die strukturellen Normen und Werte dieser dörflichen Gemeinschaft bis in die 1990er Jahre ableiten ließen. Dörfer waren demnach in den 1970er Jahren Orte von Gemeinschaft und Sozialkontrolle.

Erst die Suburbanisierungsprozesse hoben in vielen Orten diese Kontrollfunktion durch die dörfliche Gemeinschaft auf.

XII. Parteien

1. Die SPD als Partei des Wandels durch Annäherung

Um 1970 machte die SPD in der Gemeinde Haddenhausen, heute Minden-Dützen-Haddenhausen, Wahlwerbung mit dem Slogan: „Fortschritt in der Gemeinde Haddenhausen durch Sozialdemokraten.". darunter abgebildet war der Neubau der Grundschule in Haddenhausen.

Fortschritt bedeutet damals wirklich Modernität durch infrastrukturelle Errungenschaften für die SPD:

In den 1970er Jahren existierten die beiden Nachkriegsparteien Wirtschaftliche Aufbauvereinigung (WAV) und Block der Heimatvertriebenen (BHE) nicht mehr, sodass viele Menschen ab 1969 erstmals die SPD mit ihrer Stimme unterstützen.

Noch wichtiger ist aber, dass die SPD deutlich machen konnte, dass sie kraft Personal und inhaltlicher Programmatik die Partei von mehr Fortschritt, auch durch mehr innergesellschaftlicher Demokratie, war.

Vor diesem Hintergrund erreichte die Partei bei den Bundestagswahlen in 1972 und 1976 jeweils Wahlergebnisse von über 40 Prozent der abgegebenen Zweitstimmen.

Im Dezember 2018 befindet sich die SPD im bundesweiten Umfragetief. Die Grünen setzen mit einer Mischung aus Klimawandelbesorgtheit, gesellschaftlichen Wohlfühlthemen und einen faktischen Abschiebestopp für in Deutschland bislang nur geduldete Migranten, auf der politischen Linken die Themen. Die SPD läuft den Grünen programmatisch hinterher, stellt aber, im Gegensatz zu den Grünen, nicht die Forderung nach Einführung eines bedingungslosen Grundeinkommens auf.

„Die Folter endet nie," steht auf einem T-Shirt eines Delegierten beim Juso-Bundestagskongress in Düsseldorf. Die Parteijugend der gebeutelten SPD hat sich für ihr Jahrestreffen eine ehemalige Schraubenfabrik ausgesucht. Schwere Beats scheppern zwischen den Redebeiträgen durch die neue Industriehalle.

Juso-Vorsitzender Kevin Kühnert steigt sofort in seine Analyse ein: „Hinter uns liegt ein irrwitziges Jahr," sagte er. (Pfitzner, 2018, S. 2)

Dass sich die Führung der SPD mindestens so über die Jusos ärgert wie umgekehrt, das war in den 1960er / 1970er Jahren nicht anders. Egon Bahr, SPD, erinnert sich in einem Interview mit der FAZ im Jahre 2005: „Als ich Willy Brandt sagte, ich möchte in die Partei eintreten, da hat er mir abgeraten. Erst als ich den Eindruck hatte, die Sozis machen irrsinnige Fehler und der Ollenhauer insbesondere, da habe ich dem Brandt gesagt: Wenn das so weitergeht, werdet ihr das nächste Mal furchtbar eins auf den Deckel kriegen. Mich interessierte immer nur Deutschlandpolitik. Wir müssen uns zunächst einmal dem Osten zuwenden und ihn als vorhanden akzeptieren. Wenn ich Wandel durch Annäherung formuliert habe, dann war das nichts anderes als die Methode und noch kein Konzept. Aus dieser methodischen Formulierung „Wandel durch Annäherung" wurde daraus im Planungsstab des Auswärtigen Amtes ein Konzept erarbeitet. Dieses Konzept hatte zwei Abschnitte.

Abschnitt Nr. 1: Planierung des Feldes durch Normalisierung der politischen Beziehungen zu allen osteuropäischen Staaten, also auch zu der DDR.

Anschnitt Nr. 2: Aufbauend darauf musste der direkte Weg zur Einheit kommen und den gibt es nur, wenn alle vier Siegermächte überzeugt davon sind, dass wenn Deutschland in die Freiheit seiner Einheit entlassen wird, es keine territorialen Ansprüche gibt.

Von den zwei Phasen haben wir die eine erledigt mit der sogenannten Ostpolitik und Verträgen…" (Bahr, 2005, S. 41)

2. Die Deutsche Kommunistische Partei (DKP) – die Partei des Grundgesetzes

Generaloberst a. D. Klaus Dieter Baumgarten war von 1979 – 1990 Stellvertreter des Verteidigungsministers der DDR und Chef der Grenztruppen der DDR. Dafür wurde Baumgarten vom Berliner Landgericht zu einer Gefängnisstrafe von sechseinhalb Jahren verurteilt. Baumgarten sagte in einem Interview mit der Berliner Tageszeitung „Junge Welt": „Die Grenze durch Deutschland war keine DDR-Erfindung." (Baumgarten, 2004, S. 2)

Die DKP und die Sozialistische Einheitspartei Westberlins (SEW) waren die politischen Stimmen der DDR im politischen Meinungschor der BRD. Ich wollte das bereits als Jugendlicher in den 1980er Jahren genauer wissen. Ich rief deshalb sogar an einem Samstagnachmittag im Jahr 1985 bei der DKP-Bezirksorganisation in Düsseldorf an. Ein Parteifunktionär gab die Tatsache, wie man heute weiß, mir gegenüber aber nicht zu. Die DKP bekäme überhaupt keine finanzielle Unterstützung aus der DDR, sagte mir der Mann am Telefon. Ich war mir damals nicht sicher, ob ich ihm das glauben wollte, bohrte aber nicht weiter nach. Nun ließ allerdings SED-Generalsekretär Erich Honecker der DDR 70 Millionen Deutsche Mark aus der DDR für die DKP in der BRD überweisen. Das macht nichts, denn kurze Zeit später war das Geld schon verbraucht und die DKP-Tageszeitung „Unsere Zeit" wurde zu einem monatlichen Publikationsorgan.

Am 25. September 1968 gründete sich in Frankfurt am Main die DKP. Es war ein Neustart – 12 Jahre nach dem Verbot der KPD.

Die DKP sollte dazu nur ihre Wortwahl an Grundgesetz anpassen. Finanziert durch die DDR war sie später auch am Aufstieg der Grünen beteiligt.

Kurt Bachmann konnte als Gründungsvorsitzender der DKP auf dem Düsseldorfer Parteitag eine erste Erfolgsbilanz präsentieren: „Wir haben jetzt mit dem Stand vom 01. November 1971 33.410 Mitglieder, die in 4108 Betriebsgruppen, 871 Wohngebietsgruppen und 23 Hochschulgruppen organisiert sind".

Die Grünen haben sehr wohl gewusst, dass die DKP darauf achtete, dass die Klos da waren, dass der Lautsprecherwagen da war bei der Massendemonstration. Alle diese, für alle nützlichen, unauffälligen Dienste, die dem großen Zweck dienten, die Nato-Rakete zu verhindern": (Seitz 2018). Der Vorstand der DKP erklärte am 13. Dezember 2018 ihre „Solidarität mit den Gelbwesten – sprechen wir französisch mit Merkel und der EU. Und selbst wenn es den Herrschenden in Frankreich gelingen sollte die Proteste zu zerschlagen, die „Gilets jaune" sind zum Symbol für den Widerstand der Völker Europas geworden. (Erklärung des Bundesvorstands der DKP vom 13. Dezember 2018)

Von Berufsverboten waren in den 1970er Jahren viele DKP-Mitglieder betroffen. Diese dürften letztlich manchmal Ursache gewesen sein, dass jemand ab 1972 nicht mehr Mitglied der DKP werden mochte.

„Der am 28. Januar 1972 von der Ministerpräsidentenkonferenz beschlossene „Radikalen-Erlass" hatte zum faktischen Berufsverbot für Tausende Bewerber und Mitarbeiter des Öffentlichen Dienstes geführt. Insgesamt hatte das Bundesamt für Verfassungsschutz etwa 3,5 Millionen Menschen überprüft auf ihre Zuverlässigkeit. Personen mit „falscher" Gesinnung wurden entlassen oder nicht eigenstellt, darunter viele Lehrer und Sozialarbeiter, aber auch Briefträger und Lokführer (Baur 2018, S.4).

3. Die Kommunistische Partei Österreich (KPÖ) / Landesverband Steiermark – konkret praktische Hilfe leisten

Am 3. November 1918 wurde die Kommunistische Partei Österreichs gegründet, die damit eine der ältesten kommunistischen Partei der Welt überhaupt ist. Im Landesverband Steiermark geht es um Menschlichkeit. Den Menschen soll konkret praktische Hilfe geleistet werden.

Leistbares Wohnen und gegen den 12-Stunden-Arbeitstag waren die Themen der KPÖ-Steiermark am 01. Mai 2018.

Für alle Mandatare der KPÖ gilt eine Einkommensgrenze von 2.000 €. Was darüber hinausgeht, fließt in einen Fonds. Wenn wir damit Menschen helfen können, die ihre Miete oder die Stromrechnung nicht mehr bezahlen können, dann bin ich stolz darauf“: (Klimt-Weithaler 2010, S. 7)

Die KPÖ erreichte bei den Gemeinderatswahlen in Graz 25.645 Stimmen. Was einem Stimmenanteil von 20,34 % entspricht. Die letzte Gemeinderatswahl in Graz 2017 fand aufgrund der Auflösung des 2012 gewählten Gemeinderates am 5. Februar 2017 statt.

Die KPÖ war außerdem im Landesparlament der Steiermark bis 1974 vertreten. Sie hat 2003 unter Wohnbaustadtrat Kaltenegger bei dem Gemeinderatswahlen 13 % dazugewonnen.

Die KPÖ war zwischen 1970-2005 nicht im Landtag des Bundeslandes Steiermark vertreten.

XIII. Peter Hohl, TV Sendung Aktenzeichen XY ungelöst:

„Nein" und „Nicht" – Verräterische Sprache. Welch kurzer Weg von der Verneinung zur Vernichtung! (Hohl 2001, S. 47)

Peter Hohl wurde 1941 in Karlsruhe geboren. Er ist Fachautor zum Thema der IT-Sicherheit und Security. Hohl ist außerdem ein bekannter Aphoristiker. Von 1967 – 1979 war er engster Mitarbeiter von Eduard Zimmermann. Eduard Zimmermann, der seit 1964 im ZDF die von ihm initiierte Sendung „Vorsicht Falle" moderierte, initiierte auch die Sendung „Aktenzeichen XY ungelöst".

Wie anders die 1960er / 70er Jahre waren, dieses mag verdeutlichen, dass Wolfgang Röhl, ein Bruder von Klaus Rainer Röhl, der bis 1974 das Magazin „Konkret" herausgab, im Jahr 1970 in einem abwertenden Artikel über die Fernsehsendung „Aktenzeichen XY ungelöst" schrieb: „Der Menschenjäger von Mainz. Dieser Mann ist gefährlich. Sein Name: Eduard Zimmermann. Schon morgen können Sie eines seiner nächsten Opfer sein. Deutschlands neue Kopfgeldjäger „XY-Fans". (Röhl, S. 20)

Eduard Zimmermann stellt klar, dass es mit der Sendung möglich ist, den systematischen Einsatz des Bildschirms zur Verbrechensbekämpfung zu gewährleisten. (Zimmermann, S. 11)

Peter Hohl kommt in dem Buch nicht vor. Hohls Bedeutung für den Erfolg der Sendung war aber sehr groß, verkörperte er doch durch authentische Dynamik und Konsequenz die Modernität der Sendung.

XIV. Randkulturen im Strafvollzug

1. Strafvollzug

Eine absolute Stabilität der Lebensführung in dem Sinn, dass sich keines der Element der Lebensführung eines Individuums ändert, trifft man selten an.

Strafvollzug bedeutet für die Betroffenen sich in einem neuen sozialen Raum zurechtfinden zu müssen und in einem neuen Milieu konfrontiert zu sein, in dem es strikte Normen gibt, die nicht unterlaufen werden dürfen. Wenn dieses doch passiert, dann erfolgt die institutionelle Sanktion. Das Individualwohl unterwirft sich im Strafvollzug dem Gemeinwohl der Institution.

„Jeder geschlossene Raum ist ein Sarg" (Popband Blumfeld)

Peter Krüger ist ein Mensch, dessen Leben vom Gefängnis dominiert wird. Ein Drittel dessen verbrachte Herr Krüger wegen Drogendelikten in der JVA Tegel, zuletzt saß er für neun Jahre ein. Ihn lockte das schnelle Geld, welches er mit Drogen verdienen konnte, so erklärte es Krüger. Er ist ein klassischer Wiederholungstäter und erklärt es so: „Wer einmal aus dem Blechnapf fraß, das Wiederkommen nie vergaß." Dass ein selbstbestimmtes Leben im Gefängnis nicht möglich ist, leuchtet jedem ein. Dass es in Freiheit kaum besser war, verwundert vielleicht. Das Gefängnis verfolgt Peter Krüger auch draußen.

Dank dem Stempel „Knast" bekam er auch in Freiheit nie wieder eine richtige Arbeit.

Insgesamt scheint es für Peter Krüger keinen Unterschied zu machen, ob er im Gefängnis ist oder nicht: „Wenn man sich nicht in der Haft unterordnet, dann bekommt man Ärger." Es gebe Leute, die bestimmen und wenn man sich an die Regeln nicht hält, erleidet man schnell Schiffbruch. „Fast wie draußen", meinte er.

Ein Mann hält den Tegel-Rekord. Er ist seit 1968 inhaftiert. Auch ein paar von Deutschlands größten Bankräubern (vgl. Meinertzon, S. 16-17).

Gefängnisse sind selten Läuterungsorte. Wer strafrechtlich verurteilt wird, der wird damit sanktioniert. Diese Sanktionierungen sind nötig, trotzdem ist es eine Aufgabe jeder JVA, der Leere nach dem Gefängnis schon im Gefängnis entgegenzuwirken.

Girtler schreibt: „In der Welt des Gefängnisses mit seinen Degradierungsritualen und Hierarchien haben jene gewisse Vorteile, die aus der Kultur der Kriminalität kommen." (Girtler 1995, S. 82)

Horst Entorf, Professor für Ökonometrie aus Frankfurt am Main schreibt: „Es sollte vor allem darum gehen, dass tatsächlich ein im gesellschaftlichen Sinn rationales Handeln zur Maxime der Kriminalpolitik avanciert, um dadurch eine optimierte Gestaltung des Strafvollzuges zu gewährleisten. Diese verlangt eine Abwägung des Nutzens in Form von verhinderter Kriminalität und der Kosten für Sicherung und Resozialisierung. (vgl. Entorf, S. 21)

2. Psychiatrischer Freiheitsentzug

Eine Nische des Strafens ist der psychiatrische Freiheitsentzug. Über die Dauer des Freiheitsentzugs entscheidet dort die vom Patienten ausgehende Gefährlichkeit. „Und letztlich sind es die sozialen Unterschiede auf die wir Einfluss nehmen können und müssen, um die von Einzelnen ausgehende Gefahr zu reduzieren." (Galli, S. 175)

XV.   Komik und Literatur

1. Ingo Insterburg (1934 – 2018)

Verdiente ab 1962 sein Geld als Komiker: „Wenn's keinen Sinn hat, hat's wenigstens Unsinn".

Ingo Insterburg wurde in Insterburg in Ostpreußen geboren. Er trat bis wenige Monate vor seinem Tod auf. Der letzte Auftritt war für September 2018 in Minden in Westfalen geplant.

Ingo Insterburg steht mit seinen Mitstreitern von Insterburg & Co. für ein spezielles Lebensgefühl der 1970er Jahre, nämlich für die bunten Farben der Unkonventionalität, die sich für mich in einer Liedzeile des Electric Light Orchesters (ELO) auf den Punkt bringen, welche die Band eigentlich textete, um die 1980er zu beschreiben: „Remeber the good 1980ies, when things were so uncomplicated".

Es trafen sich 1967 die vier Herren Bartz, Ehlebracht, Dall und Insterburg und „dann gingen auf einmal alle Türen auf". Für mich Jahr 2019 undenkbar, dass sich das in 2019 irgendwo in Berlin wiederholen konnte, dass man sich zufällig traf.

Ingo Insterburg machte nach Flucht und Vertreibung in Bernburg, das zur ehemaligen DDR gehörte, Abitur. Dann zog es ihn nach Westberlin, wo er zunächst in materieller Armut lebte. Der Erfolg kam mit Insterburg & Co.: „Wer die Sau im Hause ist, braucht keine Ferkel aus der Stadt" oder „Meine Lungen sind voll Teer, im Asphalt ist ein Loch, ich huste drauf". Seinem Manager Frank Nietsch danke ich, dass er regelte, dass Insterburg meine Fragen noch beantwortete.

2. Jörg Fauser (1954 – 1987)
Literatur als Beschreibung von Wirklichkeit in dokumentarischer Form

Jörg Fauser, der 1987 während eines Spaziergangs auf der Autobahn verstarb; er wurde von einem Auto überfahren, das ihn tödlich verletzte, steht für mich an erster Stelle der deutschen Autoren, die mit dokumentarischen Blick teilnehmend beobachten. Ich war Mitte der 1990er Jahre absolut begeistert und habe Jörg Fausers Roman „Rohstoff", den ich schon damals als eine autobiographische Dokumentation über seine Lebenswelt der 1960er/1970er Jahre verstand, so oft verschenkt, dass mir eines Tages der Buchhändler der Unibuchhandlung Luce in Bielefeld sagte: „Es gibt keine Exemplare mehr beim Großhändler. Du hast alle aufgekauft."

Wenn Literatur nicht bei denen bleibt, die unten sind, kann sie gleich als Partyservice anfangen. (Jörg Fauser)

Jörg Fauser war einer der besten. Die anderen Schriftsteller in der BRD waren „Nullinger". Darüber war er sich mit seinen Freunden Carl Weissner und Jürgen Ploog, mit denen er in den 1970ern das „Fanzine Gasolin 23" herausgab einig. (Meueler, S. 13)

3. Peter Kurzeck (1943 – 2013)
Schriftsteller, schrieb Romane, Erzählungen und Hörspiele

Peter Kurzeck schrieb, um seine Erinnerungen mittels Aufschreiben detailgenau zu bewahren. Geboren wurde Kurzeck in Böhmen. Über ein Flüchtlingslager kam Kurzeck 1946 nach Staufenberg im Kreis Gießen. Seit 1979 schrieb er Romane. Davor arbeite Kurzeck im Bereich Personalbedarf, als Buchhändler und als Gelegenheitsarbeiter. Seit 1977 – 2013 lebte Kurzeck in Frankfurt am Main.

„Der begnadete Erzähler Peter Kurzeck nimmt uns mit in seine Welt, von der er schon als Kind dachte, er müsse auf sie aufpassen, hellhörig, alles registrieren und memorieren, was in ihr vorgeht. Seine Sinneseindrücke in Worte fassen, dass diese verschwindende Welt wieder aufersteht vor einem." (Bayern 2, Diwan)

Das Denken von Peter Kurzeck ist überzeugend. Nicht nur Zeiten vergehen, auch die Menschen, die in ihr lebten. Die jungen Generationen müssen nachlesen können, wie es früher war, wie die Lebenswelt der Menschen, einer Gruppe oder eines Milieus sich darstellte.

XVI. Popularmusik und Gesellschaft

Das White Album der Beatles von 1968 kombiniert verschiedenen Musikstile und ist in den Themen der Titel ein Spiegelbild der kulturellen Fragestellungen der westlichen Gesellschaften um 1968.

Am 30. Juni 1968 spielten die Beatles auf dem Dach ihrer Londoner Plattenfirma ein letztes Mal. Es wurde von der Polizei beendet und dauerte deshalb nur 40 Minuten.

Das White Album ist ein Album ohne Cover. Jede erdenkliche Art von Songs finden sich auf dem Album und so war es auch nach 1968 auch erstmals möglich, jede Art von Populärmusikstil öffentlich zu spielen. Harald Großkopf, der 1967 seine Musikkarriere bei den Scorpions begann, steht Kraft dieser Vielfalt in seinem Musikerleben für diesen neuen Markt der Möglichkeiten nach 1968.

Mein weißes Album, das ich den 1970er Jahren gern hörte, heißt „Väterchen Franz" von Franz-Josef Degenhardt. Degenhardt geht in den Texten seiner Lieder auf innergesellschaftliche Widersprüche ein. Im Songtext „Umleitung" geht es um den illusionären Blick auf Stadt und Land.

Franz Josef Degenhardt – Umleitung Songtext

Du wirst umgeleitet. Von der großen Straße
musst du ab, fährst kreuz und quer
durch die Landschaft, und dann bleibst du stehn.
Nichts ist los, nur der Benzintank leer.
Guckst dich um. Es ist Samstagnachmittag,
es ist still, es riecht nach Korn und Mist.
Und die Kirchentür steht offen, und dann merkst du,
dass es noch genau wie früher ist,
als man dich so wie ein Nutztier hielt,
nur Samstagnachmittag, da warst du frei,
erst um acht begann der Film, doch
vor dem Kino stand'st du schon um drei.
Und du wartestest auf Marlon Brando
und die andern Jungens aus Brooklyn,
und du rauchtest so wie Richard Widmark,
standest wie Frankie wiegend in den Knien,
träumtest von der großen Stadt,
von der Stadt, von der Stadt.

Den Benzinkanister in der Hand,
ziehst du die Dorfstraße entlang.
Und der Bauer drüben sitzt genauso
wie dein Vater dick und fett auf seiner Bank.
Und genauso wie dein Vater sieht er dich nicht,
raucht und träumt von Korn und Speck.
Du wirst schwindelig, und deine Hand verkrampft sich,
doch dann rauchst du einfach und siehst weg.
In den Himmel zeichnet grad ein Starkampffighter
lautlos eine weiße Maus.
Ein paar Kinder hüpfen, wolln zum Beichten,
und sie tauschen ihr Sünden aus.
Die Benzinzapfstelle. Und da schellst du.
Und da kommt was. Du stehst starr, mit offnem Mund:
Lange schwarze Haare, Äpfel, Pflaumenhintern,

und du siehst in ihre Augen, und
die träumen von der großen Stadt,
von der Stadt, von der Stadt.

"Den Kanister", sagst du, "bitte voll", sie lächelt,
"Super", fragt sie, "oder einfach", du sagst "Ja".
"Es ist heiß hier", sagst du, "Och, es geht noch",
sagt sie. Ihre Eltern waren nicht da.
"Nimm mich mit", hat sie gesagt. Gewitterhagel
schlug die Fensterscheiben raus.
Glocken läuten. Es ist Maiandacht.
Schwalben zappeln lustlos überm Mist.
Eine Ehrenrunde drehst du, winkst noch einmal
und glaubst wirklich, dass du sie nicht mehr vergisst.
Hinterm Regenbogen, auf der großen Straße,
hupen Wagen wütend auf dich ein.
Doch du fährst ganz langsam weiter,
summst ein Liedchen, lässt dich ruhig mal reaktionär sein,
träumst von einem kleinen Dorf,
einem Dorf, einem Dorf.

(Aus dem Album „Väterchen Franz" von Franz Josef Degenhardt aus dem Jahr 1966)

Franz Josef Degenhardt (1931 – 2011) war wohl der erste Liedermacher Deutschlands. Seine Lieder waren engagiert politisch. Er stand der DKP nah. Außerdem arbeitete Degenhardt als Rechtsanwalt.

1966 als Studenten-Kabarett in Köln gegründet verband „Floh de Cologne" als erste in Deutschland eine politische Aussage mit Rock.

Die Luft gehört denen, die sie atmen

Warum gehören denn die Seen nicht denen, die darin baden?
Warum gehören denn die Wälder nicht denen, die darin
spazieren gehen?

Warum gehören denn die Rasenflächen nicht denen, die sie
betreten?
Warum gehören denn die Häuser nicht denen, die darin
wohnen?

Warum gehören die Fabriken nicht denen, die darin arbeiten?
Warum gehört denn der Staat nicht denen, die ihn aufbauen?
Warum gehört denn die Welt nicht denen, die in ihr leben?

Der Ethnologe Dr. Joe Dassin (1938 – 1976) kommt als Kind aus den USA nach Frankreich. „Nah den politischen Durcheinander des Jahres 1968 kommt Dassin mit seinen problem- und kritiklosen La-La-La-Liedern wie gerufen. Er verkörpert für die schweigende Mehrheit den Inbegriff der Sauberkeit, des gut erzogenen Jungen.

Septemberwind (L'Été indien) (Africa) Joe Dassin
Weißt du noch
Wie es war voriges Jahr im Septemberwind?
Nie war ich so glücklich wie an diesem Morgen am Strand.
Es war Herbst - und hier im alten Indianerland
Nennt man das "Indian Summer".
Und du mit deiner sonnenbraunen Haut
In deinem weißen Kleid
Sahst aus wie ein Aquarell von Marie Laurencin.
Wie lange ist das her? Ein Jahr
Hundert Jahre -
Oder eine ganze Ewigkeit?
Liebe mich wie damals im Septemberwind
Warte nicht und komm
Solang die schönen Tage noch sind.

Bleibe hier mit mir ein ganzes Leben lang
Im Septemberwind hier am Strand.
Heute liege ich allein hier im Sand
Und sehe dich wie eine Fata Morgana.
Wo t du jetzt
Was machst du jetzt?
Während ich hier krank bin vor Sehnsucht
Wo sind die Worte
Die du mir gesagt hast damals?
Wie lange…
Liebe mich wie damals im Septemberwind
Warte nicht und komm
Solang die schönen Tage noch sind.
Bleibe hier mit mir ein ganzes Leben lang
Im Septemberwind hier am Strand.

„Seine Schlager verbreiten eine gutbürgerliche Fröhlichkeit um sich herum". (Richter 1977, S. 239)

XVII. Elektronik

1. Kraftwerk

Die Düsseldorfer Elektroniker von Kraftwerk eröffneten den musikalischen Raum der Zukunft Anfang der 1970er Jahre. Kraftwerk zähle nach den LPs Kraftwerk 1 von 1970 und Kraftwerk 2 von 1971 zu den Schrittmachern unter Deutschlands experimentellen Rock-Formationen. Für ihre vierte LP Autobahn bekam Kraftwerk 1974 höchste Anerkennung. (vgl. Richter, S. 943)

Karl Bartos lehrt heute an einer Berliner Universität, wie man unverwechselbare Klänge gestaltet. „Ich sitze vor dem Computer und schreibe einen Vortrag über Sounddesign." (Bartos) Bartos, von 1975 – 1991 Mitglied von Kraftwerk, mag es, wenn Töne die Welt frei beeinflussen: „Das Schöne ist ja, dass Musik allen gehört, wenn sie einmal fertig komponiert und in den Äther entlassen wurde." (Bartos)

2. Ashra

Es gibt eine gewisse Anzahl von Elektronikbands der 1970er Jahre. Neben Kraftwerk sind meines Erachtens Edgar Froese zu erwähnen, der später Tangerine Dream in Berlin gründete und Manuel Göttsching, der 1970 mit Klaus Enke und Klaus Schulze die Band „Ash Ra Temel" gründete. Erwähnen für die 1970er Jahre möchte ich Manuel Göttschings Alben „Inventions for Electric Guitar" (1975), „Dream and Desire" (1977) und „Early Water) von 1976.

Ab 1977 nannte sie Ash Ra Tempel nur noch Ashra. Harald Großkopf war an den Alben „Starring Rose" von 1973 und „Correlations" beteiligt, das 1979 erschien. Großkopf machte auch bei der Krautrock-Band „Cosmic Jokers" zwischen 1973 – 1975 mit.

3. Edgar Froese (1944 – 2015)

„Es gibt keinen Tod, nur einen Wechsel der kosmischen Adresse."

Edgar Froese wurde in Tilsit in Ostpreußen geboren- Froese verstarb 2015 an einer Lungenembolie in Wien.

Froeses Vater und einige Verwandte wurden von Nationalsozialisten ermordet.

Im September 1967 gründete Edgar Froese mit Studienkollegen die damalige Jazz-Rock-Formation „Tangerine Dream".

Unter anderem traten Tangerine Dream damals einmal für Joseph Beuys in Spanien auf. Erst 1973 wandte sich Froese dem Underground Synthesizer zu. Ilja Richter nennt Edgar Froese im Nachschlagwerk „Star Szene 77" einen der wenigen einfallsreichen Musiker dieser Richtung. (Richter 21976, S. 358) Die Synthesizer-Szene mag klein gewesen sein, war aber ebenso vielschichtig und innovativ. Hier irrt Ilja Richter. Beispielsweise die Band „Disjecta Membra" aus Gütersloh.

4. Konrad Plank (1940 - 1987)

Die LP „Zuckerzeit" von Dieter Moebius und Hans Joachim Roedelius brachte mich auf den Gedanken, einmal zu erforschen, wie die musikalischen Ideen dieser Platte von Cluster in den frühen 1970er Jahren technisch umgesetzt wurden. Ich habe dann herausgefunden, dass die LP

„Zuckerzeit" aus dem Jahr 1974 zwar im Studio im Weserbergland aufgenommen wurde, die Endfertigung fand laut dem Booklet von Zuckerzeit wieder in Tonmeisterverantwortung Konrad Planks statt. Plank produzierte das Cluster-Album „Klopfzeichen" (21. Dezember 1969) als Tonmeister mit. Das Album wurde mit einer Auflage von lediglich 300 Exemplaren gepresst. Die Cluster-LPs Cluster I (Januar 1971) und Cluster II (Januar 1972) wurden beide von Plank im Star-Musik-Studio produziert.

Mir gefallen besonders die Titel " Caramba" von Moebius und "Hollywood "von Roedelius der LP „Zuckerzeit".

Konrad Plank konnte den Repräsentationsanspruch für sich reklamieren, durch seine Tonmeisterei für die Musikidentität einiger Musiker entscheidend verantwortlich gewesen zu sein. Plank suchte meist eine neue Musik, die er mit den Musikern der Bands dann verwirklichte.

Ashra Tempel aus Berlin nahm ihre erste gleichnamige LP im März 1971 unter Regie von Plank im Hamburger Star-Studio auf. Die LP „Neu!" von Klaus Dinger und Michael Rother, die ihr Projekt wie ihre LP, nämlich Neu! nannten, wurde im Dezember 1971 von Plank mit aufwändigen Mehrspur-aufnahmen und Sound-Innovationen aufgenommen.

Plank produzierte auch die Band Deutsch-Amerikanische Freundschaft (DAF). "Der Conny hat immer erst eine Sequenz aufgenommen. Conny war ja auch ein Meister der Mikrofonierung. Die Sequenz war also immer das Erste. Dann gings aufs Band. Und mit der Sequenz war im Grunde immer der Grundstock für das ganze DAF-Stück da. Und dann kamen die Overdubs. (Delgado/Görl 2018, S. 46/47)

XVIII. Klassik

1. Das Label Musikproduktion Dabringhausen und Grimm (MDG)

MDG aus Detmold besteht seit 40 Jahren und ist Klassikfreunden weltweit ein Begriff.

Dabringhaus und Grimm besprachen 1979 die Gründung ihres Labels in einer Kneipe.

Was die eignen Aufnahmen angingen, legten die beiden Tonmeister fest, große Aufnahmen von bekannten Werken, die muss man nicht machen, die gibt es schon. Stattdessen schufen sich Dabringhaus und Grimm mit eher unbekannten Repertoire einen internationalen Ruf als heißes, audiophiles Newcomer-Label. (vgl. Koch, S. 19)

Die Klassik-Echos vom Detmolder DMG-Label sind ungezählt. Eine Gründungsidee aus dem Jahr 1979 hat bis heute Erfolg vorzuweisen und macht exemplarisch deutlich, dass die ernste Musikproduktion generationenübergreifend eine Hörerschaft hat. (Koch 2019, S. 19)

XIX. Interviews

Am 19. Februar 2019 verstarb der Modedesigner Karl Lagerfeld mit 85 Jahren in Paris. Mit der Frankfurter Allgemeinen Zeitung war Lagerfeld im Oktober 2018 letztmals in einem Interviewgespräch.

Frage: Wie lange sind Sie mit diesem Projekt beschäftigt gewesen?

Lagerfeld: Sechs Monate – und zwar Tag und Nacht.

Frage: Wie lernten Sie Cindy Crawford kennen?

Lagerfeld: Natürlich erinnere ich mich, aber da war ich in einem anderen Leben. Ich bin wie Madonna, ich erinnere mich nicht an die 80er, weil ich damals noch gar nicht geboren war. (Wiebking 2019, S. 10)

Karl Lagerfeld war fleißig und erinnerte sich nur an die Zeiten, die seinem Eigenbild genügten.

Neu einmalig schrieb mir jemand, dass er mir kein Interview geben könne, da er sich nicht erinnern könne. Es war ein ehemals hochrangiger Sozialdemokrat aus Südhessen. Alle anderen, die sich nicht erinnern wollten, reagierten nicht oder sagten knapp ab.

Die Quote der positiven Rückmeldungen war allerdings sehr hoch.

Wer in Frieden ruht, wen ich aber gerne noch interviewt hätte, das waren der Filmregisseur Rainer Werner Fassbinder und Walter Womacka, Rektor der Kunsthochschule Berlin-Weißensee. Womacka sagte in 2005, in einem Interview mit der Tageszeitung „Junge Welt": „In der sozialistischen Stadtplanung gingen wir immer vom Interesse der

Allgemeinheit aus, heute, im Kapitalismus, geht es häufig nur um den Bau von Spekulationsobjekten."

Fassbinder gab am 10. Juli 1982 ein letzte Interview, wenige Stunden vor seinem Tod. Darin sagte er: „Es waren ja keine Fernsehfilme, die ich da gemacht habe, es waren alles Filme über die Gesellschaft. Die Filme sollten die Gesellschaft so genau wie möglich beschreiben.

Jeder, der sich an Grenzen begibt, an gesellschaftlichen Grenzen oder alles, was er übertritt, muss zwangsläufig in dieser Gesellschaft pornografisch sein und jede denkbare Utopie birgt natürlich auch die Gefahr faschistischer Momente, das ist ganz klar. (Süddeutsche Zeitung 2005, S. 15)

Lagerfeld: „Man weiß nie, was ansteht. Das Leben ist voller Überraschungen." (Wiebking 2019, S. 10)

Das Leben der 1970er Jahre war individuell verschieden. Es fand statt zwischen „Das Leben ist hart, dann stirbt man" (William Nicholson) und „Komm, ich erzähl' Dir vom wilden Leben". (Georg Meier) „Hast Du genug erlebt, um einen Film daraus machen zu können?" (Jim Morrison)

Dieses Buch mag dem Leser die „Vielfalt der Lebenswelt anstatt die Einfalt der Systeme" (Richard Grathoff) deutlich machen.

Prof. Dr. Wilfried Lipp

Biographisches

- 01.03.1945 geboren in Bad Ischl.
- 1951-1963 Besuch von Volks- und Mittelschule in Linz.
- 1963 Matura.
- Studium der Architektur in Graz.
- Wechsel zum Hauptfach Kunstgeschichte (bei Prof. H.G. Franz), im Nebenfach Volkskunde (bei Prof. H. Koren) und dem Neigungsfach Germanistik.
- Absolvierung des zweiten Studienabschnitts an der Universität Salzburg bei Prof. H. Sedlmayr.
- Wissenschaftliche Hilfskraft am Institut für Kunstgeschichte.
- 1970 Promotion mit einer Arbeit über „Natur in der Zeichnung Albrecht Altdorfers".
- Seit 01.06.1970 am Bundesdenkmalamt / Landeskonservatorat für Oberösterreich.
- 1986 Habilitation an der Universität Salzburg mit der Habilitationsschrift „Natur – Geschichte – Denkmal. Zur Entstehung des Denkmalbewusstseins der bürgerlichen Gesellschaft".
- Ab 1987 Landeskonservator-Stellvertreter.
- 1987-1993 Vertreter der Kurie "Denkmalpflege" im Vorstand des Österreichischen Kunsthistoriker-verbandes.
- 1992-2010 Landeskonservator für Oberösterreich
- 03.12.1992 Ernennung zum Hofrat.
- 2001 für den Vorsitz des Kunsthistorikerverbandes nominiert.

- 2002-2018 Präsident des österreichischen National-komitees von ICOMOS / Mitglied des Executive Committees von ICOMOS INTERNATIONAL
- 2005-2018 Honorarprofessor am Institut für Kunstwissenschaft und Philosophie ad instar facultatis (IKP) bzw. der Fakultät für Philosophie und für Kunstwissenschaft der Katholischen Privat-Universität Linz
- seit 2018 Ehrenpräsident des österreichischen Nationalkomitees von ICOMOS.

Lehrtätigkeit

- 1986-2001 Kontinuierliche Lehrtätigkeit an der Universität Salzburg, einschließlich der Betreuung von Diplomarbeiten.
- Seit 1981 ständige Lehrtätigkeit an der Kunstuniversität Linz (vormals Hochschule für künstlerische und industrielle Gestaltung) in Kultur- und Geistesgeschichte sowie in Kunstgeschichte des 19. und 20. Jahrhunderts; seit 1995 mit dem Titel eines außerordentlichen Universitätsprofessors.
- 2002 Einladung der TU Berlin zur Abhaltung eines Graduiertenkollegs im Sommersemester.

Tagungen – Vortragstätigkeit, Konzeption und Mitorganisation

- „Kunsthistoriker - Kunstgeschichte - Gesellschaft. Neuorientierung im Wertewandel" – Wien 1989.
- „Kunstgeschichte interdisziplinär. Berührungspunkte und Berührungsängste" – Linz 1991.
- „Kunstgeschichte zwischen Theorie und Praxis" – Graz 1993.
- Dahlem-Konferenz in Berlin – 2000: Die Abhandlung "Monuments as Products. Sketches of an Economic

Theory of Architectural Heritage" von Wilfried Lipp wird als Hauptkapitel des unter weltweiter Beteiligung abgehaltenen Workshops "Rational Decision-making of Preservation of Cultural Property" aufgenommen; u. a. wird Lipp die Möglichkeit gebot, in einwöchiger Klausur die Thesen der Abhandlung zu erörtern.

- Tagungen von ICOMOS.
- Tagung Bayerisches Landesamtes für Denkmalpflege

In einem Interview mit einer oberösterreichischen Tageszeitung sagten Sie in 2010: "Das eigentliche Denkmal ist der Mensch", wie meinen Sie das?

Der Mensch- ein "Mängelwesen" nach der Definition von Arnold Gehlen im Anschluss an Johann Gottfried Herder - braucht Schutz.

Schutz ist die Antwort auf Gefährdung. Der Mensch ist, mit anderen Worten, ein von Natur aus gefährdetes Wesen, das als Überlebensgebot kulturelle und zivilisatorische Schutzhilfen entwickelte. Eines dieser Schutzschilde ist das Gedächtnis. Ein kultureller Ausdruck dafür sind Denkmale.

Denkmal ist die Übersetzung von lat. monumentum, was so viel bedeutet wie "im Gedächtnis behalten". Im erweiterten Sinn umschließt dieser Erinnerungsappell eine Bewahrungsaufforderung, eine Mahnung, sowohl die Wunder von Schöpfung und Natur als wertvolles Gut zu wahren, als auch die Leistungen der menschlichen Kultur - Wege, Irrwege und auch Katastrophen - als Träger von Erinnerung zu hüten.

Die Be-Sinnung überlieferter Bestände zählt daher zu den wichtigsten Motivationssträngen zivilisatorischer Prozesse. Ansonsten müssten alle Fragen immer wieder vollkommen neu gestellt werden, alle Entwicklungen neu begonnen werden.

Strategien des Vergessens - wie sie unter dem Signum der Beschleunigung zunehmend greifen - bedeuteten einen Rückfall in die Barbarei.

Der Mensch ist in dieser Hinsicht ein permanent sich selbst durch Tilgung von Gedächtnisträgern gefährdendes Wesen.

Herr Prof. Dr. Wilfried Lipp, ist die heutige Autounfreundlichkeit der Politik eine Sackgasse?

Mobilität gehört grundsätzlich zu den zivilisatorischen Leistungen der Menschheit, um die Beschränktheit der natürlichen Ausstattung - Stichwort "Mängelwesen" -zu übersteigen.

Die derzeitige Debatte im Schatten der Klimadebatte eine spezielle Gruppe der "Mobilen" zum Sündenbock zu stempeln ist grober Unsinn.

Sowohl die Verteufelung von Diesel -und Benzin-PKWs entbehrt im Vergleich mit anderen Emissionären einer nachvollziehbar seriösen Beurteilung, noch kann in der gegenwärtigen "Elektromobilmania" die rettende Zukunft gesehen werden. Völlig ignoriert wurden - zumindest in der politischen und öffentlichen Debatte - die Folgen dieses technischen Paradigmenwechsels, wenn man das Ziel einer massenhaften E-Mobilität im Augen hat.

Stichworte: Batterie Erzeugung und Entsorgung, Stromindustrie mit den Folgen der Umwandlung der Erde in Windparks und Solarenergie-Felder, um es etwas pointiert zu formulieren.

Der technische Paradigmenwechsel in Sachen Mobilität ist vor allem ein gigantisches Wirtschaftsmodell, der E-Mobil Fahrer nur Mittel zum Zweck.

Einzige Lösung - wie für so viel anderes auch: Maßhalten und - Attrraktivierung öffentlicher Verkehrsangebote.

Wie stehen Sie zu Bauwerken der 1970er Jahre. Kann es auch aus dieser Dekade aus Ihrer Sicht Baudenkmäler geben?

Jede Dekade hinterlässt ihr Erbe. Die Architektur der 70er Jahre steht für die endgültige Überwindung des Wiederaufbaus der Nachkriegsjahrzehnte.

Die Bauaufgaben betreffen den Massenwohnbau im Stile des sog. "Bauwirtschaftsfunktionalismus", Plattenbauten und serielle Moduladditionen.

Bauästhetisch hat sich u.a. der "Brutalismus" etabliert. An Klima und Energie werden keine Gedanken verschwendet. Die Dekade quälen keine Nachhaltigkeitssorgen. Nicht vergessen sollte man dabei, dass die Destruktion von Beständen zur aggressiven Architekturideologie dieser Zeit zählte. Bis heute. An Zeugnissen fehlt es nicht. Die Suche nach Zeiten übergreifender Werthaltigkeit ist im Gange.

Herr Professor, gestatten Sie mir auch eine Frage zu Prof. Dr. Wolfgang Lipp. Wissen Sie, wie Wolfgang Lipp auf die grandiose Idee des Zusammenhangs von selbstgewähltem Stigma und Charisma kam?

Eine gelungene Kombination aus der Lern- und Assoziationsschule dialektischen und kompensatorischen Denkens. Gespeist aus den Erfahrungen an Gestalten aus Geschichte und Religion.

Sie sind seit 2018 Ehrenpräsident des österreichischen Nationalkomitees von ICOMOS, einer internationale Nichtregierungsorganisation für Denkmalpflege mit Sitz in

Paris. Was wollen Sie als Ehrenpräsident in diesem Amt erreichen?

Der Ehrentitel bezieht sich auf vergangene Verdienste. Aber auch weiterhin gilt: man bemüht sich.

Dr. Peter Christian Zinkann

Dr. Zinkann ist geboren am 17. September 1928 in Bremen und ein Enkel des Firmengründers Reinhard Zinkann (1864–1939) der Firma Miele und Sohn von Kurt Christian Zinkann (1904–1985). 1944 verschlug es ihn als Flakhelfer auf den Flughafen Gütersloh. Er machte 1949 Abitur am Evangelisch Stiftischen Gymnasium und studierte Maschinenbau an der TU Darmstadt und der Handelshochschule St. Gallen. Sein Studium schloss er als Diplom-Ingenieur ab und promovierte 1956. Am 1. Januar 1957 trat er bei Miele ein und wurde am 20. Dezember 1972 alleinzeichnungsberechtigt.

Herr Dr. Zinkann, der Slogan Ihres Großvaters hieß " Besser werden". Wollen Sie sich heute auch immer noch verbessern?

Den Slogan „Immer besser" haben die Gründer schon 1901 auf ihre erste Waschmaschine geschrieben, und der Slogan gilt bis heute. Wir wollen immer besser werden, und zwar in zweierlei Hinsicht: Einmal besser als wir gestern waren und zum anderen besser als andere sind. Ein Industrieunternehmen kann nur auf zwei Weisen erfolgreich sein. Entweder es ist billiger als die anderen oder seine Ware ist besser. Billiger zu sein, ist hier in Deutschland ohnehin kaum möglich. Besser zu sein, können wir uns eher zutrauen, wenn wir den Wunsch völlig aufgeben, auch billiger zu sein.

Wie kommt es, dass die Firma den Namen "Miele" und nicht "Zinkann" trägt?

Als die Firma Miele gegründet wurde, war Herr Miele schon in der Branche tätig, mein Großvater nicht. Anschließend war Herr Miele für die Produktion zuständig, mein Großvater für den Verkauf, und da ist es besser, nicht den eigenen Namen auf dem Produkt zu haben. Außerdem haben optimale

Firmennamen drei bis fünf Buchstaben. Es stand niemals in Frage, dass die Firma Miele & Cie. heißen sollte. Vor dem 1. Weltkrieg wurde Companie nicht mit Co. Abgekürzt, sondern französisch Cie.

Mit welcher Erfindung begannen Sie das Erfinden?

Das weiß ich wirklich nicht mehr. Das erste von mir entwickelte Produkt war der Waschautomat W 505 von 1958.

Was ist das Geheimnis der Haltbarkeit von Miele-Produkten?

Wenn wir besser sein wollen, dann ist Haltbarkeit ein ganz entscheidendes Moment der Qualität. Wenn Miele-Waschmaschinen im Durchschnitt 15 kg schwerer sind als andere, dann liegt das nicht daran, dass wir nicht auch dünnere Bleche kaufen könnten, sondern dass wir alles so dimensionieren, dass es länger hält.

Welche bedeutsamen Innovationen brachte der Miele-Konzern in den 70er Jahren heraus?

In den 70er Jahren war Miele in Europa der erste, der sehr stark auf Elektronik setzte, während andere Firmen Elektronik von Fremdfirmen zukauften, haben wir eine eigene Elektronikabteilung aufgebaut; mittlerweile ist sie mit über 600 Mitarbeitern etwas sehr Wichtiges.

Sie bereisten 1956 die USA. Welche Erkenntnisse von dort brachten Sie mit nach Gütersloh?

1956 habe ich längere Zeit für eine Rechenmaschinenfabrik in Kalifornien gearbeitet. Die wichtigste Erfahrung, die ich von dort mitbrachte, war, dass die Zukunft automatischen Maschinen gehören würde.

Warum gab es 1957 Widerstände gegen Ihre Idee, dass Miele automatische Waschmaschinen bauen muss?

Kaufleute tendieren dazu zu sagen, die Techniker sollten das bauen, was der Markt verlangt, während Techniker sich öfters fragen, was wird der Markt in einigen Jahren verlangen. Kaufleute, die mit dem Verkauf zu tun haben, tendieren nämlich dazu, zu sagen, die Techniker sollten doch das bauen, was nach ihrer Erfahrung der Markt verlangt, das ist aber natürlich der heutige Markt. Techniker fragen sich des Öfteren, wie wird der Markt auf neue technische Entwicklungen reagieren.

Seit wann existiert das Miele-Werk in Bielefeld?

Das Werk in Bielefeld begann während des 1. Weltkrieges. Es sollte Fahrräder produzieren, aber da damals in Deutschland es kein Gummi und damit auch keine Reifen gab, konnte mit den Fahrrädern erst nach dem Krieg begonnen werden.

Wie viele Mitarbeiter beschäftigt Miele in Deutschland?

Von den 20.000 Mitarbeitern ist mehr als die Hälfte in Deutschland beschäftigt. Die Beschäftigten im Ausland sind überwiegend in den dortigen Verkaufs- und Kundendienstgesellschaften beschäftigt.

Stellt Miele auch Schwerbehinderte ein?

Ja, es gibt bei Miele auch Schwerbehinderte. Unsere Büros haben alle Glaswände, und an meinem Büro fahren täglich zwei Mitarbeiter in Rollstühlen vorbei. Das geht aber natürlich nur im Bürobereich. Auch sonst haben wir eine ganze Reihe Schwerbehinderter, aber natürlich ist das nicht in der eigentlichen Fertigung und im Kundendienst möglich.

Ist nur ideenreich, wer fleißig ist?

Wenn Sie fragen, wer Ideen hat, dann würde ich nicht an die erste Stelle Fleiß setzen, sondern Begeisterung für das, was man tut. Daraus ergibt sich dann Kreativität.

Erste von Dr. Zinkann konstruierte Waschmaschine aus dem Jahr 1958

Prof. Dr. Bontrup

Prof. Dr. rer. pol. Heinz-J. Bontrup, Dipl.-Ökonom, Dipl.-Betriebswirt, Wirtschaftswissenschaftler an der Westfälischen Hochschule, Campus Recklinghausen, Fachbereich Wirtschaftsrecht, Gast-Professor an der Universität Siegen, Fakultät III, Wirtschaftswissenschaft, Informatik, Wirtschaftsrecht, Sprecher der Arbeitsgruppe Alternative Wirtschaftspolitik und Träger des Bundesverdienstkreuz am Bande.

Herr Prof. Dr. Bontrup, der im Jahr 2011 verstorbene deutsche Liedermacher Franz Josef Debhardt beklagte einmal "das Miefige der Kleinstädte und ein von Philistern, Pfaffen und frisch zu Demokraten gewendeten Demokraten verseuchtes Nachkriegsdeutschland. Wie haben Sie sich in Ihrem gesellschaftlichen Umfeld in den 1960er / 1970er Jahren gefühlt?

Ende der 1970er Jahre war ich 17 Jahre alt. In der Tat habe ich damals als Schüler den kleinbürgerlichen Mief gespürt. Die Älteren habe ich überwiegend als Nazis wahrgenommen. Es wurde verdrängt und das sogenannte „deutsche Wirtschaftswunder" befriedigte die Massen. Die Deutschen waren wieder wer. Ich habe auch meine Eltern und Verwandten mit der Nazizeit konfrontiert. Sie waren alle unschuldig, haben das alles nicht gewusst. Und auf die Frage, dass die Nazis alle Parteien und Gewerkschaften abgeschafft und die Zeitungen gleichgeschaltet haben, kam nur ein Achselzucken. Die häufigste Antwort war eine Gegenfrage: Was sollten wir denn auch schon machen? Die Nazis waren halt überall.

Franz Josef Degenhardt sagte außerdem einmal "Zwischentöne sind bloß Krampf im Klassenkampf". Ist die

Wirtschaftsform des Keynesianismus als Zwischenschritt zur klassenlosen Gesellschaft zu verstehen?

Der Keynesianismus ist kein Zwischenschritt zur klassenlosen Gesellschaft. Keynes wollte den Kapitalismus nicht abschaffen. Im Gegenteil: Er wollte ihn vor sich selbst retten. Keynes erkannte vor dem Hintergrund der Weltwirtschaftskrise von 1928 bis 1932, dass das System auf immanenten Widersprüchen basiert, die der sich selbst einen starken, in den Markt intervenierenden Staat. Aber man darf Keynes auf keinen Fall auf seine antizyklische Konjunkturtheorie, auf sein kurzfristiges deficit spending, reduzieren. Der Langfrist-Keynes sah auch die Notwendigkeit einer Investitionssozialisierung und zur Schließung der Produktions-Produktivitätslücke in reifen, kapitalistischen Ländern setzte er auf Arbeitszeitverkürzung zur Vermeidung einer sonst drohenden Massenarbeitslosigkeit, deren politische Gefahren er Ende der 1920er Jahre miterlebt hat. Er hielt in einer Prognose für die heutige Zeit eine 15-Stunden-Woche für ausreichend. Recht hat er damit behalten. Nur wir setzen seine Erkenntnis nicht um.

Sir John Maynard Keynes unterstellte eine Abhängigkeit des Konsums vom Einkommen. Sollte man somit heute für ein bedingungsloses Grundeinkommen eintreten, damit jeder Bürger konsumieren kann?

Das bedingungslose Grundeinkommen hätte Keynes genauso abgelehnt, wie ich es tue. Und dafür gibt es einen simplen Grund: Ich mag es nicht, wenn Menschen andere Menschen für sich arbeiten lassen. Da reichen mir schon die Kapitalisten, die sich den Mehrwert einstreichen. Auch lässt sich ein BGE nicht annähernd finanzieren, selbst wenn man so gut wie alle anderen Sozialleistungen abschafft und es ist ein absoluter Leistungsanreizvernichter. Wir müssen arbeiten, ob wir wollen oder nicht. Dazu brauchen Menschen auch Anreize. Ohne menschliche Arbeit entsteht außerdem kein verkaufbarer Wert und in Folge auch kein Einkommen. Wir müssen aber nicht jeden „Müll" und völlig überflüssige und unnütze Güter produzieren und Dienstleistungen anbieten. Die Arbeitsbelastungen sind außerdem, gesellschaftlich anders zu verteilen. Kollektive Arbeitszeitverkürzung, bei vollem Lohn- und Personalausgleich, muss das Ziel sein. Dann hätten alle Arbeit und Einkommen und könnten entsprechend konsumieren. Die zu schwachen Gewerkschaften werden aber diese dringende Notwendigkeit einer drastischen Arbeitszeitverkürzung nicht mehr umsetzen können. Die Politik ist hier gefordert.

Der Begriff Stagflation beschreibt eine Situation eines Währungsraumes, in der wirtschaftliche Stagnation und Inflation miteinander einhergehen. Dieses Phänomen wurde in den 1970er Jahren im Zuge der Ölkrise in der Bundesrepublik beobachtet. Trotzdem gab es in den 1070er Jahren große Lohnsteigerungen für abhängig Beschäftigte. Wie lässt sich das erklären?

Ganz einfach. Wir hatten bis etwa Mitte der 1970er Jahre Vollbeschäftigung. Dann können die abhängig Beschäftigten und ihre Gewerkschaften auch hohe Löhne in den Tarifverhandlungen durchsetzen. Die Lohnzuwächse lagen sogar oberhalb der Inflations- plus der Produktivitätsrate. Dadurch stieg in der gesamtwirtschaftlichen Verteilung des Volkseinkommens die Lohnquote zu Lasten der Mehrwertquote, also zu Lasten der Zins-, Grundrente- und Gewinneinkommen. Es kam zu einer Umverteilung von oben nach unten. Danach ging es unter Bedingungen von Massenarbeitslosigkeit in die andere Richtung. Jetzt wurde von unten nach oben umverteilt. Und diese Umverteilung geht weiter – mit Unterstützung neoliberaler Regierungen in ganz Europa.

Jochen Steffen, ein führender Sozialdemokrat aus Schleswig-Holstein, hatte 1971 gefordert die Belastbarkeit der Wirtschaft zu testen. Hätte die Politik das versuchen sollen?

Ich weiß nicht, was Jochen Steffen damit konkret gemeint hat

Sehen Sie Parallelen zwischen dem Protest gegen die Automatisierung in der heutigen Skepsis gegenüber der Digitalisierung bezüglich des Arbeitsplatzabbaus beiden abhängig Beschäftigten?

Arbeiter haben schon immer gegen Technikveränderungen protestiert. Dies reichte bis zur „Maschinenstürmerei" im 19. Jahrhundert. Es ist aber ein absolut sinnloser Protest. Technik ist ein Segen, wenn auch nicht immer. Nur durch Technikentwicklung hat sich der Mensch das Leben leichter und angenehmer machen können. Die Arbeitszeiten konnten drastisch reduziert und können weiter gesenkt werden. Dies wird jetzt auch unter der „vierten technischen Revolution", der Digitalisierung, nicht anders sein. Das Problem war aber unter kapitalistischen Bedingungen, und dies ist heute nicht anders, immer die Beantwortung der Frage, „wem gehört die aus der Technik resultierende Produktivitätsentwicklung"? Und dann sind wir wieder bei der Verteilungs- und letztlich Machtfrage. Wer die meiste Macht in der Ökonomie hat, bekommt auch am meisten von der Technik- und Produktivitätsentwicklung ab.

In den 70er Jahren gab es viel mehr Sozialwohnungen als heute. Wie kann man diesen Sachverhalt wieder umdrehen?

Der Staat muss wieder Wohnungen bauen. Er muss selbst Bauherr werden.

Sie sind Sprecher der " Arbeitsgruppe Alternative Wirtschaftspolitik ". Was will diese Arbeitsgruppe und wie will diese Arbeitsgruppe gesellschaftliche Veränderung bewirken?

Die Arbeitsgruppe Alternative Wirtschaftspolitik hat sich 1975 konstituiert. Eine Handvoll Professor*innen erkannte auf dem Höhepunkt der Weltwirtschaftskrise von 1974/1975 einen sich andeutenden Paradigmenwechsel in der Wirtschaftspolitik. Der bisher weltweit praktizierte Wohlfahrts-Keynesianismus wurde von einem markt- und rein angebotsorientierten Neoliberalismus sukzessive bis heute abgelöst. Seitdem gilt in der Wirtschaftspolitik nur noch der Marktglaube. Der sich selbst überlassene Markt regle alles am besten selbst. Die Gesellschaft sei zu Privatisieren. Das Öffentliche sei ineffizient. Staatliche Interventionen in den Markt würden kontraproduktive Wirkungen implizieren und deshalb habe sich der Staat aus der Wirtschaft herauszuhalten. Wirtschaft finde eben in der Wirtschaft statt, so der ehemalige und verstorbene Bundeswirtschaftsminister Günter Rexroth von der FDP. Bundeskanzlerin Angela Merkel spricht sogar von einer „Marktkonformen Demokratie". Dies alles lehnt die links-keynesianisch orientierte Arbeitsgruppe Alternative Wirtschaftspolitik strikt ab. Wir fordern auf den Punkt gebracht einen starken Staat, der die ungenügenden und fehlallokativen Marktergebnisse berichtigt und sozial gerechter macht. Wir fordern eine Umverteilung zu Gunsten der abhängig Beschäftigten durch eine Steuerpolitik, die hohe Einkommen und Vermögen überproportional hoch besteuert. Und nicht zuletzt fordern wir Wirtschaftsdemokratie, als eine ordnungstheoretische Veränderung. Arbeit, Kapital und die Umwelt müssen gleichberechtigt in der Wirtschaft gesehen werden. Das heute bestehende Machtdiktat in der Wirtschaft gehört abgeschafft und die demokratisch gewählte Politik muss gegenüber der Wirtschaft das Sagen haben, und nicht wie heute umgekehrt die Wirtschaft der Politik Vorgaben machen.

Mara Perica

Mara Perica ist am 17.09.1949 in Beocin (ehem. Jugoslawien) geboren Sie ist geschieden und hat 2 Kinder. Frau Perica lebt seit 1970 in Deutschland. Ihre Hobbies sind Kunst und Tanzen. Ihren beruflichen Bildungsweg ging Sie wie folgt: Ausbildung zur Erzieherin, Akademie für Pädagogik in Novi Sad (ehem. Jugoslawien), Studium zur Reisekauffrau Studium (Praktische Psychologie) in der Schweiz Ausbildung zur Bilanzbuchhalterin in Frankfurt am Main Besuch der Europäischen Kunstakademie in Trier. Mittlerweile ist sie selbstständig.

Über Ihre Arbeit sagt sie: „Meine Arbeit ist direkt zwischenmenschlich - von Mensch zu Mensch für den Menschen. Das ist ein sensibler Bereich, wo Vertrauen und Zuverlässigkeit das allerwichtigste ist."

Sie kamen 1970 in die Bundesrepublik Deutschland. Waren Sie vorher in der Sozialistischen Bundesrepublik Jugoslawien schon berufstätig?

Ich nicht, aber mein Mann war berufstätig. Ich hatte der Wunsch auszureisen. Wir hatten drei Optionen zur Auswahl: Kanada, Schweiz oder Deutschland. Die deutschen Behörden waren am schnellsten mit der Bearbeitung unserer Arbeitserlaubnisse und so sind wir nach Darmstadt gekommen.

Wurden Sie von einem Betrieb aus der Bundesrepublik für die spätere Arbeit in der Bundesrepublik angeworben?

Nein, wir haben selbst Arbeit gefunden und sind mit der Arbeitsgenehmigung angereist.

Was wussten Sie in Novi Sad von der BRD, bevor Sie sich hierher auf die Reise machten?

Die Geschichte, über Landschaft, Industrie über Menschen, das System und die Politik. Meine Schulfreundin, ihr Vater ist Deutscher (Donauschwabe) und er hat uns viel über Deutschland erzählt. Ein Teil seiner Familie ist nach Deutschland ausgereist, aber er ist mit seiner Familie in Novi Sad geblieben.

In welcher Stadt haben Sie gewohnt, nachdem Sie in der BRD ankamen?

Wir sind nach Darmstadt gekommen und bis heute geblieben. Das ist meine Stadt, mein Zuhause, ich war sehr begeistert und angetan von der Disziplin, Ordnung, Pünktlichkeit, Höflichkeit, von der Schönheit der Natur und von dem großen Angebot im kulturellen Leben.

Mussten Sie Ihr Zimmer teilen?

Nein, wir haben für alles selbst gesorgt, für die Arbeit und die Wohnung. Wir haben in einer wunderschönen Villa gewohnt, hatten ein großes Zimmer mit schönen Gründerzeitmöbeln. Die Küche haben wir mit zwei Bewohnern geteilt, ein Italiener und ein Deutscher; es war eine sehr angenehme Wohngemeinschaft.

Konnten Sie für Besuche ohne Probleme wieder nach Jugoslawien einreisen?

Ja, wir sind legal nach Deutschland eingereist. Wir waren jung, rein und gradlinig ohne Probleme.

Hatten Sie Kontakt zu Gastarbeitern anderer Nationalitäten? Zum Beispiel zu Italienern?

Ja, im Betrieb waren Spanier, Italiener und Türken.

Gingen damals in der Bundesrepublik Serben, Kroaten, Slowenen ohne Vorbehalte miteinander um?

Ja, zu jener Zeit gab es nur Jugoslawien und wir alle waren Jugoslawen. Wir haben uns alle gut verstanden und waren hilfsbereit und haben uns gegenseitig unterstützt. Mit einigen von ihnen besteht heute noch Freundschaft.

Ab wann hatten Sie ein eigenes Radio?

Nach 2 Monaten. Das Geld muss man erst verdienen, dann konnten wir uns das leisten.

10. Waren die Jugoslawen in Deutschland politisch pro Tito eingestellt?

Ja, wir waren froh, dass wir Freiraum hatten selbst zu entscheiden, wohin und wann wir vereisen möchten. Wir alle hatten Arbeit, die Industrie war gut aufgestellt und das Land war in Ordnung. Finanziell ging es den Menschen damals in Jugoslawien deutlich besser, als es heute in der Region der Fall ist.

Wie gefiel Ihnen Bundeskanzler Willy Brandt, SPD?

Sehr gut, ein Politiker der sich für Arbeitnehmerinteressen eingesetzt und sie auch vertreten hat

Wann ist Ihnen das erste jugoslawische Restaurant in der BRD aufgefallen?

Nach zwei Wochen, Mundpropaganda, durch Erkundung der Stadt.

Gab es eine jugoslawische Musik, die Sie damals gerne hörten?

Ja, ich höre sehr gerne Klassische Musik, dann Schlager manchmal auch Volksmusik; die Musik haben wir mitgebracht (LP, Kassettenbänder), später haben wir den jugoslawischen Klub „Jadran " kenngelernt. Das waren organisierte

Veranstaltungen im Bereich der Kultur, Bildung und Vergnügung. Gäste waren Schriftsteller, Künstler, Maler, Schauspieler, Sänger, Musiker, Tänzer.... Öfters waren die Gäste Botschafter, Botschafter für Kultur und Bildung.

Fühlten Sie sich von den Deutschen mit Respekt behandelt?

Ja, persönlich hatte ich keine Probleme und habe schnell Fuß gefasst durch meine Berufstätigkeit, meine Offenheit, mein Interesse, meine Wissbegierde, Schulungen und Bildung; habe einen großen Freundes- und Bekanntenkreis kennengelernt und gepflegt. Respekt beruht auf Gegenseitigkeit.

Ist Ihnen in Ihrem Leben jemals ein Jugoslawiendeutscher begegnet, der nach dem zweiten Weltkrieg in die Bundesrepublik Deutschland kam?

JA, einige. Viele brauchten Zeit sich an diese Mentalität zu gewöhnen. Deutsche sind ruhig und zurückhaltend, in Jugoslawien ist alles lebhafter, Musik an jeder Ecke morgens nach dem Aufstehen schreit schon jemand über die Straße, "Guten Morgen Nachbarin, der Kaffee ist fertig."
Der Umgang ist offener, herzlicher, familiärer, hilfsbereiter, einfach anders, hier brauchten sie Zeit sich auf die neuen Gegebenheiten zu gewöhnen. Viele trauen den alten Zeiten nach.
Viele fahren immer noch in die alte Heimat. Im Rentenalter leben manche in den Ortschaften, wo sie früher zu Hause waren.

Kennen Sie die Stadt Bela Crkva / Weißkirchen?

Ja, in Banat, Backa und Vojvodina, Donau entlang, gab es und gibt es immer noch viele deutsche Familien, die dort leben. Er ist überall noch zu sehen und zu spüren der Einfluss, die deutsche Kultur. Besonders zur Weihnachtszeit.

Igor Kimbar

Herr Kimbar ist ein Zahnarzt, dessen Praxis in Lemgo verortet ist.

Seine Familie hat deutsche, polnische und ukrainische Vorfahren. Geboren wurde Herr Dr. Kimbar in der Stadt Draugavpils in Lettland. Daugavpils liegt im Südosten Lettlands beiderseits des Flusses Düna. Der allergrößte Teil des Stadtgebiets, einschließlich des Zentrums, liegen am rechten (nördlichen) Ufer.

Die Staatsgrenze zu Litauen liegt 19 km südlich der Innenstadt, die Grenze zu Weißrussland 27 km östlich.

Herr Dr. Kimbar begann 1978 mit einem Studium der Zahnmedizin in Riga und qualifizierte sich durch hervorragende Schulleistungen in der UDSSR für sein späteres Studium der Zahnmedizin.

In Deutschland haben sich Herr Dr. Kimbar und seine Familie sofort wohl gefühlt. Sein Sohn ist Handballer der TG Herford.

Dr. Hans Ulrich Gresch

Dr. rer. pol. Hans Ulrich Gresch (* 1. 5. 1951 in Lünen / Westf.), Arbeits-, Betriebs- und Organisationspsychologe sowie Klinischer Psychologe, Doktor der Wirtschafts- und Sozialwissenschaften - im Ruhestand. Berufserfahrungen u. a. in der psychologischen Forschung, im Management sozialer Einrichtungen, in der Presse- bzw. Öffentlichkeits-arbeit und der Therapieentwicklung im Bereich der medizinischen Rehabilitation Abhängigkeitskranker. Buchautor und Blogger.

Mit der Umwandlung des alten Entmündigungsrechts in das neue Betreuungsrecht hat die Zahl der Betroffenen stark zugenommen? Warum?

Unter dem alten Entmündigungsrecht war es ziemlich einfach, einen Menschen zu entrechten. Die Vormundschaftsrichter entschieden am Schreibtisch, ohne den Betroffenen persönlich kennen zu lernen, nach Aktenlage. Oft genügte ein lapidares Attest. Das heutige Betreuungsrecht ist an wesentlich strengere Auflagen geknüpft. In welchem Maß diese Vorschriften in der Praxis verwirklicht werden, ist natürlich eine andere Frage. Betreuungen sind für die Betreuer auch finanziell nicht mehr so attraktiv wie früher. Anwälte spielen hier kaum noch eine Rolle. Die Aufgabe wird überwiegend von geringer qualifiziertem Personal übernommen.

Dennoch steigt seit Verabschiedung des Betreuungsrechts die Zahl der Betreuten kontinuierlich. Es liegt also nahe, dafür gesellschaftliche Gründe zu vermuten, die nichts mit den rechtlichen Voraussetzungen zu tun haben. Unsere Gesellschaft wandelte sich insgesamt. Der gesellschaftliche Zusammenhalt hat sich gelockert und gleichzeitig sind die Anforderungen im Beruf und im sozialen Leben gestiegen. Unzulängliche Alltagsbewältigung oder rätselhaft störendes

Verhalten, das früher häufiger unmittelbar von Angehörigen, Freunden, Kollegen im engeren sozialen Umfeld aufgefangen werden konnte, erzwingt mit sinkender sozialer Kohäsion immer öfter formelle, offizielle Maßnahmen, z. B. Eingriffe des Jugendamtes oder der Psychiatrie. Für diese Entwicklung dürften überdies die Erosion des Sozialstaats und die damit verbundene Entsolidarisierung seit Beginn der siebziger Jahre des 20. Jahrhunderts mitverantwortlich sein. Das gesellschaftliche Klima ist rauer geworden. Nicht alle halten das aus.

Wie ist die gegenwärtige Gesetzeslage in Krankenhäusern oder der Psychiatrie. Sind Zwangsbehandlungen von Patienten wieder möglich?

Die Frage ist sehr komplex. Da ich kein Jurist bin, kann ich für meine Antwort keine Garantie übernehmen. Meines Wissens kann, grob gesprochen, eine stationäre Zwangsbehandlung in einer Klinik unter sehr eingeschränkten Bedingungen von einem Richter angeordnet werden, wenn der Betroffene psychisch krank, nicht einsichtsfähig ist und sich selbst oder andere erheblich gefährdet. Dies ist natürlich menschenrechtlich problematisch. So gibt es bekanntlich keine objektiven Methoden, mit denen man das Vorliegen einer "psychischen Krankheit" eindeutig diagnostizieren könnte und auch die psychiatrische Prognose von Selbst- bzw. Fremdgefährdung liegt kaum über der Leistungsfähigkeit einer Glaskugelschau.

Die UN-Behindertenrechtskonvention, in der psychisch Kranke zu den Behinderten gezählt werden und die in Deutschland verbindlich ist, gestattet eine Lesart, nach der Zwangsbehandlungen grundsätzlich untersagt sind. Die UN hat Deutschland 2015 wegen mangelnder Umsetzung der Behindertenrechtskonvention auch im psychiatrischen Bereich massiv gerügt. Die Diskussion darüber und einschlägige

Gerichtsurteile sind nicht spurlos an der Psychiatrie vorbeigegangen. Auch der Fall Mollath ist immer noch in guter Erinnerung.

Daher mehren sich sogar in Psychiaterkreisen die Stimmen, dass niemand in einer psychiatrischen Klinik gegen seinen erklärten Willen zwangsbehandelt werden sollte.

Nach meiner Erfahrung bewegen sich psychiatrische Einrichtungen nicht selten in einer Grauzone. Natürlich zieht man es vor, wenn Patienten sich freiwillig behandeln lassen. Man neigt allerdings dazu, Unschlüssige unter Druck zu setzen. Wenn sie sich nicht freiwillig behandeln ließen, so heißt es dann, würde man ggf. gegen sie einen richterlichen Beschluss erwirken. Das wirkt meist. Den Patienten fehlen ja oft auch Kraft und Umsicht, sich in einer solchen Ausnahmesituation den Ärzten zu widersetzen.

Dennoch hat sich diesbezüglich die Situation seit den siebziger Jahren eindeutig verbessert. Man geht nicht mehr so leichtfertig mit diesem Thema um wie früher. Dass dennoch so viele Zwangseinweisungen und Zwangsbehandlungen erfolgen, liegt vermutlich auch daran, dass es immer mehr Menschen gibt, die offensichtlich die Kontrolle über ihr Verhalten verloren haben, die zudem keine ausreichende soziale Unterstützung genießen und die sich kompetente anwaltliche Hilfe nicht leisten können.

Wie wirken Psychopharmaka auf den Organismus eines Menschen?

Keine dieser Substanzen wirkt kausal. Dies ist auch kein Wunder, da man die Ursachen dieser so genannten Krankheiten nicht versteht. Der gewünschte Effekt ist symptomatisch, sofern er überhaupt eintritt. Im Allgemeinen ist der allgegenwärtige Placebo-Effekt sogar ausgeprägter als der pharmakologische. Alle Psychopharmaka haben jedoch z. T. sehr gravierende Nebenwirkungen. Die Benzodiazepine können schnell abhängig machen. Die Neuroleptika verursachen nicht selten schwere Erkrankungen, wie z. B. teilweise irreversible Bewegungsstörungen oder Diabetes. Die Antidepressive führen häufig zu Potenz- bzw. Libido-Störungen. Es gibt wenig Medikamentengruppen mit so ausgeprägten Schadwirkungen wie die Psychopharmaka. Dabei sind seit den siebziger Jahren keine wesentlichen Verbesserungen zu verzeichnen.

Was ist Ihre Definition von Gesundheit und Krankheit?

Eine Krankheit ist ein Prozess, der im Körper abläuft und den man willentlich nicht beeinflussen kann. Betrachten wir z. B. Rauchen und Lungenkrebs. Auch wenn das Rauchen zur Gewohnheit geworden ist, kann man diese Unart doch überwinden, wenn man sich zur Abstinenz entscheidet und beharrlich ist. Bekommt man durchs Rauchen Lungenkrebs, so hat man dazu durch sein eigenes Verhalten durchaus beigetragen. Aber man kann sich den Lungenkrebs nicht mehr abgewöhnen. Man kann sich nicht gegen ihn entscheiden. Und so ist der Lungenkrebs eine Krankheit, das Rauchen aber nicht. Deswegen halte ich die meisten der so genannten psychischen Krankheiten nicht für tatsächliche Krankheiten im medizinischen Sinn, sondern für (schlechte) Gewohnheiten, die man sich abgewöhnen kann, selbst wenn's schwerfällt.

Gesundheit ist aus meiner Sicht die Abwesenheit von Krankheit im soeben beschriebenen Sinn.

Wie kann sich ein Mensch vor der Einweisung in die Psychiatrie schützen?

Wer eine eventuelle Einweisung in die Psychiatrie verhindern möchte, muss rechtsverbindlich jeder Form der psychiatrischen Diagnostik, Behandlung und Unterbringung untersagen. Durch

Vorsorgevollmacht und Patientenverfügung sollte man eigentlich vor unliebsamen Überraschungen geschützt sein, zumindest theoretisch.

Wer zusätzlich noch etwas für sich tun möchte, sollte an seinem Verhalten arbeiten. Es gibt Formen des Betragens, durch die man das Interesse der Psychiatrie magnetisch auf sich zieht. Und diesen Luxus sollte man sich nicht leisten, wenn es sich irgendwie vermeiden lässt.

In den siebziger Jahren glaubte ich, an psychischen Krankheiten sei ausschließlich die Gesellschaft schuld. Widrige Lebensumstände zwängen viele Menschen dazu, sich gestört oder störend zu verhalten. Inzwischen habe ich eine etwas andere Sicht der Dinge entwickelt. Mit ein bisschen Disziplin und Übung kann man sich selbst so gut in den Griff bekommen, dass die Gefahr einer erzwungenen Einweisung und Behandlung erheblich gemindert wird.

Ab wann haben Sie Psychologie studiert und was interessierte Sie damals an dem Fach?

Mein Studium begann 1976, also in einer Zeit, in der Selbsterfahrung und Bewusstseinserweiterung hoch im Kurs standen. Ursprünglich wollte ich eigentlich Medizin studieren. Für einen gestandenen Marxisten war dies etwas aus materialistischer Sicht Akzeptableres als die windige und ideologische Psychologie. Allerdings bewirkten hormonelle Einflüsse (ausgelöst durch eine zauberische Psychologiestudentin) einen Sinneswandel. Nachdem der Zauberbann nach ein paar Semestern überwunden war, blieb ich dennoch in diesem Studienfach hängen. Der Vorteil bestand darin, dass es vergleichsweise geringe Anforderungen stellt und mir daher mehr Zeit blieb, zu saufen, herumzulungern und politisch zu räsonieren. Meine anfängliche Hoffnung, man könne psychologisches Wissen ja auch zur Befreiung der Menschheit nutzen, erwies sich schnell als Illusion. In dieser

Disziplin ging es schon damals eher um Anpassung an gesellschaftliche Normen und wirtschaftliche Interessen.

Warum promovierten Sie später fachfremd?

Da ich so recht nicht wusste, was ich mit diesem Studium in Zukunft eigentlich anfangen sollte, habe ich zwei Psycho-Spezialisierungen miteinander kombiniert. Dies war damals noch möglich. Und so habe ich mein Studium als Arbeits-, Betriebs und Organisationspsychologe und zugleich als Klinischer Psychologe abgeschlossen. Meine Diplomarbeit deckte einen Grenzbereich zwischen beiden Disziplinen ab. Auf einem Kongress, an dem ich als Referent mitwirkte, „entdeckte" mich mein Doktorvater, der an einer Wirtschafts- und Sozialwissenschaftlichen Fakultät lehrte. Ökonomisch „vorbelastet" war ich i. Ü. durch den Besuch eines Wirtschaftsgymnasiums.

Was war Ihre berufliche Tätigkeit?

Nach einer Zeit an einem sozialwissenschaftlichen Forschungszentrum wurde ich wissenschaftlicher Mitarbeiter bei einer bundesweit tätigen Organisation zur medizinischen Rehabilitation Suchtkranker. Hier war ich zunächst allerdings weniger für die Wissenschaft, sondern für die Pressearbeit und für die Public Relations zuständig. Später dann wurde mir die Leitung der Abteilung für Öffentlichkeitsarbeit übertragen. Außerdem sollte ich die Konzepte zur Therapie und Betreuung Abhängigkeitskranker wissenschaftlich untermauern. Nachdem dieses Unternehmen an einen anderen Träger verkauft und dieser nach einem Skandal erster Klasse wirtschaftlich angeschlagen und moralisch schwer beschädigt worden war, stand ich plötzlich ohne eigenes Verschulden, endgültig desillusioniert vom Psycho-Gewerbe, auf der Straße. Die letzten Jahre bis zur Rente unterstützte ich meine Frau beim erfolgreichen Aufbau und Betrieb eines Supermarkts für biologische Lebensmittel. Der Einzelhandel ist eine vergleichsweise ehrliche und transparente Sache. Insgesamt war dies also ein guter Abschluss meiner beruflichen Karriere.

Wenn Sie an die 70er Jahre zurückdenken, was ist Ihnen da aus phänomenologischer Sicht wichtig?

Die siebziger Jahre waren für mich eine Zeit des allmählichen Abbaus politischer Illusionen. 1968 war ich 17. Dies ist ein Alter, in dem man politisch stark geprägt wird. Und meine Prägung war die Hoffnung, durch politischen Kampf eine lebenswertere Gesellschaft durchzusetzen. Eigentlich wusste ich durchaus von Anfang an, dass diese Hoffnung mit ziemlicher Sicherheit enttäuscht werden würde. Aber das damalige gesellschaftliche Klima und das studentische Milieu begünstigten den Selbstbetrug. Mir war auch in dieser Zeit schon klar, dass die linke Kultur weitgehend durch Ostgeld (aber auch durch CIA-Geld) am Leben erhalten wurde, aber das wollte ich nicht so genau wissen. Im Grunde war ich der Faszination eines Scheins erlegen, den ich mit etwas mehr Einsatz von Vernunft durchaus hätte durchschauen können. Leute, die diese Zeit immer noch als großen Aufbruch und Fortschritt deuten, sind mir nicht ganz geheuer. Vielleicht möchten sie ja nur den eigenen (klein-)bürgerlichen Karriereweg einen progressiven Anstrich geben.

Sie haben im Jahr 2018 ein Buch zum Thema Hypnose herausgebracht, was ist Ihre Aussageabsicht?

Mein Buch über Hypnose stammt aus dem Jahr 2003. 2010 wurde das Manuskript gedruckt und 2018 gab es eine zweite Auflage. Der Begriff "Hypnose" erscheint aus kaufmännischen Gründen prominent im Titel. Darauf hatte ich keinen Einfluss. Der Arbeitstitel lautete ursprünglich: „Unsichtbare Ketten“. Es geht in diesem Buch um eine besonders brutale Methode der Gehirnwäsche. Sie nutzt u. a. auch die Hypnose, vor allem aber Elektro-Folter (an den Genitalien und anderen empfindlichen Stellen) zur Konditionierung des erwünschten Denkens und Handelns, die Elektrokrampfbehandlung zur Erzeugung von

Amnesie, diverse Drogen zum Hervorrufen von Konfusion und Suggestibilität sowie die Sensorische Deprivation zur Produktion von Halluzinationen und Wahnvorstellungen.

Michael Markwoth

Michael Markwoth ist ein Facharzt für Orthopädie, der in einer Gemeinschaftspraxis am Bültmannshof in Bielefeld arbeitet.

Ich habe den Eindruck, dass Sie Arzt geworden sind, weil Sie den Menschen auf menschliche Weise helfen wollen. Stimmt das?

Schon als 14-jähriger wollte ich Arzt werden, leider ist die Begründung sehr banal. Mein Vater war ärztlicher Direktor des Gesundheitsamtes Bielefeld und schon mit 13-14 Jahren konnte ich in seinem Büro alle Instrumente und Messeinrichtungen erkunden und benutzen. Lungenvolumen, Blutdruck, Reflextests, Sehtests etc.

Ich bin also damit groß geworden und das hat mich fasziniert.

Dass ich dann Orthopäde geworden bin, war nach einer 4-jährigen chirurgischen Ausbildung eine Entscheidung aus Interesse für dieses Fach.

Dass dann weit über 1.000 Menschen mit "handicap" von mir im Jahr in der Praxis behandelt werden eine geerbte Besonderheit dieser Praxis (schon der Vorgänger hatte eine starke Verbindung zu Bethel) und ich bin gebürtiger Bielefelder, daher ist man dazu meines Erachtens im positiven Sinne verpflichtet.

Was interessierte Sie an der Fachrichtung für Orthopädie?

Die Orthopädie ist eine schöne Kombination aus theoretischem Wissen und solider handwerklicher Auffassungsgabe. Mein 2. Berufswunsch wäre Tischler gewesen.

Als kleiner Junge lebte ich in den 70er Jahren in Bochum. Dort fiel mir auf, dass meist ganz deutlich zu sichtbar war, wenn jemand ein Körperteil verloren hatte. Gab es damals noch keine Prothesen?

Prothesen gibt es schon seit den Ägyptern (wen wundert das?) Ich denke in den 70ern war es natürlich auch eine Frage des Versichertenstatus', nicht jeder damals Kassenversicherte erhielt eine moderne Prothese - er muss sicherlich auch etwas hartnäckig darum kämpfen. Aber z. B. die im Bergbau Verletzten waren durch die Knappschaft recht gut abgesichert.

Hat sich durch die 68er das Medizinstudium verändert?

Ich habe von 1979 bis 1985 studiert - das kann ich nicht beurteilen - 1968 war ich 13 Jahre alt. Ich denke aber eher nein.

Kritiker sprechen heute von einer "entmenschlichten Medizinindustrie." Was sagen Sie dazu?

Ich sehe leider einen Trend gerade in der Orthopädie (die ich auch nur gut beurteilen kann) zu einer sehr kalkulierenden Medizin. Das werde ich nicht mehr mitmachen müssen, da ich in 3 Jahren in den Ruhestand gehen werde und mir mein soziales Gewissen schon länger leisten kann. Das heißt, dass eine Rentnerin mit wenig Geld oder ein Flüchtling mit ungeklärtem Versicherungsschutz bei uns auch mal umsonst behandelt wird.

Wird heute im orthopädischen Bereich häufiger operiert als vor 35 Jahren?

Ja.

Welches war die erste LP, die Sie sich kauften?

Jimi Hendrix - Electric Ladyland - ich wollte auch mal Gitarrist werden, hatte sogar insgesamt 6 Jahre Unterricht.

Die Essener Songtage von 1968 gelten als Geburtsstunde des deutschen "Krautrocks". Hörten Sie Bands dieser Musikrichtung?

Nein.

*Ein Sprichwort sagt: Menschen sind kleiner als ihre Ideen."
Haben Sie sich mit ihrem Studium selbst verwirklichen können?*

Mein Beruf ist großartig und hat mir viele Dinge nahe gebracht die ich sehr schätze und bewundere. Außerdem hat er mich recht unabhängig gemacht.

Wie stehen Sie dazu, dass im Jahr 2018 Menschen in Schweden ein Chip mit Gesundheitsdaten implantiert wurde?

Wie gesagt ich bin Jahrgang 1955 und daher manchmal etwas "altmodisch". Meines Erachtens kann diese Entwicklung aber nicht zurückgedreht werden - wir sind vernetzt, verchipt, verdatet. Manchmal hat es ja auch Vorteile - aber ich denke eine menschliche Interpretation auf der Basis vieler guter Informationen ist noch lange notwendig.

Claudia A.

Claudia A., geb. 1967 in München, berichtet von ihrer Kindheit im bayerisch-österreichischen Grenzgebiet in den 1970er Jahren.

Es ist wahrscheinlich bei jedem Menschen so, dass er die Welt, wie sie sich in seiner Kindheit für ihn darstellte, verklärt. Die Welt meiner Kindheit in den 70-ern war eine Mischung aus Green Onions von Booker T & the M G's, der Farah Diba-Frisur meiner Mutter, „Negerküssen", ganz viel Berry, Mini Milk, Brauner Bär und Dolomiti-Eis, dem rostigen VW Käfer meines Vaters, den Urlauben in Italien mit Gelati und dem Klang der italienischen Sprache. Mitmach-Theater für Kinder, überall redeten alle von antiautoritärer Erziehung, als Gegensatz dazu meine traditionellen Lehrerinnen in der Grundschule mit Bernsteinketten um den Hals…

Die Fotos von damals zeigen meine Mutter meistens mit Schlaghose und mich in einer Kombi aus roter Strumpfhose und gelben Rollkragenpulli mit grünem Pollunder. Überhaupt scheint dieser Pollunder aus der Modewelt mittlerweile fast gänzlich verbannt worden zu sein – ist vielleicht auch besser so.

Aber es lag eine wunderbare Leichtigkeit in der Luft and the living was easy. Man hatte das Gefühl, dass alles möglich war, man musste es nur versuchen.

In den Ferien bei schlechtem Wetter hatte ich immerhin fünf Fernsehkanäle zur Auswahl (ARD, ZDF, Bayern, ORF 1 und 2), was - wie mein Vater immer wieder betonte - ein unglaublicher Vorteil unserer geographischen Lage im damals bayerisch-österreichischen Grenzgebiet war. Das bedeutete dann auch Black Beauty, Lassie, Flipper und Fantomas in den Ferien. Nicht zu vergessen, durfte ich auch ab und zu am Abendprogramm teilnehmen und „Am laufenden Band" und „Der Kommissar" gucken.

Meine Kids beneiden mich absolut um meine 70er – und wenn man von dieser Zeit erzählt, springt manchmal ein kleiner Funke dieses unglaublichen Lebensgefühls überträgt sich von einer Zeit, als das Leben freier, wilder, ausgelassener war.

Dr. Frank Wolfram Wagner

Dr. Frank Wolfram Wagner, Diplom-Soziologe, Bevölkerungs-, Politik- und Erziehungswissenschaftler.

Dr. Frank Wolfram Wagner ist Sozialphänomenologe, Schüler von Richard Grathoff, Dhaftler Politik- und Erziehungswissenschaftler Forschungsschwerpunkte: Deutsche Aussiedler und deutsche Heimatvertriebene, Soziologie der Behinderung, Parteienforschung, Stadtsoziologie.

Wenn Du an die 1970er Jahre denkst, was war schön?

Es war schön, dass mein Vater mir 1973 alle Modellautos kaufte, die der Händler vor Ort hatte.

Ich war aber nicht nur überwältigt, sondern es bleibt des Erinnerns wert für mich, da mir Modellautos, besonders von der Firma Schuco bis heute etwas bedeuten.

Womit hast Du ansonsten gern gespielt?

Ich war mit meinen Eltern Mitte der 1970er Jahren dreimal in der DDR, jeweils im Bezirk Gera auf Verwandtenbesuch. Meine Großtante arbeitete in der DDR als Kindergärtnerin und die gab meinen Eltern auch Ideen, welches damals das beste Spielzeug aus dem Ostblock war. Ich denke da an Eishockeyspieler, die du5ch Magneten bewegt wurden oder auch kleine aufziehbare Blechautos, die auf einer Blechplatte fuhren, welche die DDR darstellen sollte.

Gar keine Westgesellschaftsspiele?

Doch, natürlich auch. Autoquartett, Deutschlandreise, Monopoly, was ich auch sehr früh zu spielen begann, ungefähr 1979.

Was hast Du denn als Vorschulkind gemacht, den ganzen Tag?

Aufgrund meiner Körperbehinderung sollte ich sehr viel turnen, das hat mich wirklich meistens geärgert, zu ändern war es aber auch nicht.

Hast Du auch Fernsehen geguckt?

Klar, ungefähr ab 1974 die Sesamstraße zweimal am Tag, aber auch "Disco" mit Ilja Richter, "Lessie", "Flipper", einige Krimis und auch sehr selten" Aktenzeichen XY ungelöst" mit Eduard Zimmermann.

Hast Du schon Musik gehört?

Ja, ich fand das gut, was meine Mutter öfter auf den Plattenapparat legte.

Von 1972: *"De l'autre côté de mon rêve"* von Veronique Sanson, von1970:" Joe Dassin", von 1974: "Country Life " von Roxy Music, von 1966: "Väterchen Franz" von Franz Josef Degenhardt, von 1976: "Leo Kottke 1971-1976" von Leo Kottke.

Was hast Du gern gegessen?

Kroketten und sonst war ich mit meinen Eltern in Bochum absolut gerne bei einem Jugoslawen, wo es meist Schnitzel mit Pommes Frites und Salat gab.

Was hast Du vom Bundestagswahlkampf 1976 mitbekommen?

An meinem ersten richtigen Schultag, Ende August 1976, da verteilte die SPD auf dem Schulhof SPD-Wahlmaterial. Wir Kinder bekamen Stifte und jeweils ein orangenes SPD-Lineal mit schwarzer Schrift. Ich fand das wirklich gut.

Bist Du denn gerne zur Schule gegangen?

Nein, fast nie. Ich habe mich meist unendlich gelangweilt, war aber grundsätzlich froh, dass ich immer Teil des Nicht-

Behinderten Schulbetriebs war und nie auch nur eine Stunde Sonderschulunterricht durchstehen musste. Ich mochte Lehrer, bei denen ich erkannte, dass die mein besonderes Talent, meine überdurchschnittliche Kompetenz erkannten und wertschätzten. Mein Deutschlehrer Hoffmann fragte mich in der achten Klasse im Unterricht unvermittelt "Was weißt Du über Sri Lanka?" Oder mein Kunstlehrer Schmitz bewertete nicht nur die Exaktheit meines Pinselstriches, sondern auch dessen Originalität. Einige meiner Klassenkammeraden konnten das nicht ertragen und beschwerten sich sogar über die angeblich zu gute Bewertung eines getupften Berglandschaftsbildes von mir bei einem anderen Kunstlehrer.

Im Februar 1983 malte ich auf eine Schulbank: "Am 6. März: Zweitstimme FDP", mein Nachbar sah das und machte das öffentlich. Das war dann wirklich peinlich für mich.

Im Spätsommer 1985 wählte mich mein Klassenverband, ich war in der zehnten Klasse, mit großer Mehrheit zum Klassensprecher. Ich hatte mich nicht einmal selber gewählt, aber, ich sah mich da erstmals in der Schule so respektiert, wie ich mir das schon lange Jahre vorher gewünscht hätte.

Du bist also in Bochum aufgewachsen. Warum gefiel es Dir dort?

Es gab da viele Kinder zum Spielen, damals gingen viele noch nicht in den Kindergarten und hatten auch früher Schulschluss als heute. Wir saßen dann auf der Treppe vor den Häuserblocks und grölten irgendwelche Schlager. Besonders gern: "Lady Bam" oder auch: "Trödler Abraham" von Wolfgang.

Warum hast Du damals schon von Ortelsburg in Ostpreußen gehört?

Ich mochte meinen Opa sehr, er war nun mal aktiver deutscher Heimatvertriebener. Er erzählte mir oft, wie schön seine

Kindheit in Ortelsburg war und später, als Student, fuhr er von Königsberg oft nach Rauschen zum Baden.

Er erzählte mir auch, dass er in der russischen Kriegsgefangenschaft schwer erkrankte, dass er aber von einer russischen Ärztin trotzdem behandelt wurde. Zum 70. Geburtstag meines Opas, im Dezember 1978, erschien auch Professor Friedhelm Farthmann, SPD, mit dem mein Opa befreundet war. Farthmann wurde 1978 knapp doch nicht Nachfolger von Heinz Kühn als NRW-Ministerpräsident.

Bernd Blech

Bernd Blech, Stadtverordneter im Stadtrat von Herne sowie in der Bezirksvertretung von Wanne für die Unabhängigen Bürger (UB)

Zum 11. Mal vergab die Stadt Herne zu Ehren von Jürgen von Manger ihren renommierten Kabarettpreis für Bühnenoriginale. Henning Venske wird mit dem "Tegtmeiers Erben" Preis in 2017 für sein Lebenswerk ausgezeichnet. Wer wählt den Preisträger aus und wann wurde dieser Preis erstmals von der Stadt Herne vergeben?

Der Preis wird von einem Gremium verliehen, welches im Kulturausschuss der Stadt Herne gewählt wird

Herne ist eine alte Zechenstadt, merkt man heute noch, dass früher nach Herne Kumpels aus Ostpreußen, Schlesien, ja sogar aus Österreich zuwanderten, um unter Tage zu arbeiten?

Ja, aber nur noch an den Namen, der ostpreußische Dialekt ist leider nicht mehr zu hören.

Erhard Goldbach (25. Juni 1928[1]; † 2004), auch bekannt als der Ölkönig von Wanne, war zunächst Kohlenhändler, dann Besitzer der Tankstellenkette Goldin und Sportmäzen.*

Goldbach begann seine Karriere als Kohlenhändler in Wanne-Eickel. 1956 stieg er in den Benzinhandel ein und gründete eine freie Tankstellenkette namens Goldin. Er expandierte stark; Ende der 1970er Jahre unterhielt er über 260 Tankstellen und besaß außerdem Autohäuser sowie ein großes Tanklager. (Wikipedia) Erinnert heute in Wanne-Eickel irgendetwas an Goldin?

Nein an Goldbach und an Goldin erinnert in Wanne-Eickel nichts mehr.

Einmal im Jahr hält jeder Herner Oberbürgermeister ein Grußwort auf den Jahrestreffen der Kreisgemeinschaft Ortelsburg in Herne. Ist Ihnen das bekannt?

Ja die Treffen sind mir bekannt. Der OB lässt sich aber meistens durch einen seiner Bürgermeister vertreten. Ich selbst war schon mehrmals als Ehrengast zugegen.

Herne 3, ein Rockband aus Herne, sang 1981 eine Hymne auf das Ruhrgebiet" Hier im Ruhrpott fühl ich mich wohl, denn hier riechts nach Menschen und Omas gutem Kohl". Trifft dieser Liedtext auch heute noch den Kern der Ruhrgebietsidentität?

Absolut, die Pottis sind schon ein besonderes Völkchen. Und Liebe geht durch den Magen, sagt man.

Herr Blech, Sie sind Stadtverordneter der Unabhängigen Bürger im Stadtrat von Herne. Wann wurden die Unabhängigen Bürger gegründet und was war das politische Hauptanliegen bei der Gründung?

Die Unabhängigen Bürger wurden 2010 gegründet, mit dem Ziel sich für unsere Stadt ein zu bringen

Warum schloss 1992 die Hülsmannbrauerei, die das Eickel-Pils im Stadtteil Eickel braute?

Die Brauerei wurde von einem belgischen Investor übernommen und an die Wand gefahren. Ein Konkurrent weniger.

Wolf Werda, Schriftsteller

Der Journalist und Autor Wolf Werda, Jahrgang 1938, in Tilsit geboren, wuchs in Norddeutschland und im Ruhrgebiet auf. Er arbeitete als Wirtschaftsredakteur, Pressesprecher und freier Journalist im In- und Ausland. Werda ist Verfasser zahlreicher Gesellschaft-, Sozial- und Wirtschaftsreportagen und des Sachbuchs '100 Jahre Salz aus Heilbronn'. Er schrieb das Kinderbuch 'Lückebömmel" und entwickelte die Idee und das Konzept zu dem ausgezeichneten Industriefilm 'Feuerverzinken'. Sein documernta-Projekt DER RAUM. DIE ZEIT.DER MENSCH. will er in der nächsten Saison vorstellen. Werda lebt heute als Rentner in Kassel.

Ja, meinen Grußmutter, Jahrgang 1891, war eine 'preußische' Sozialdemokratin, überzeugte Anhängerin der 1.Republik. In Ostpreußen geboren, lebte und arbeitete sie dort. 1939 wurde sie aus dem Schuldienst entfernt. Im Kriegsgetümmel auf der Flucht strandeten die Großmutter, meine Mutter, mit meiner zweijährigen Schwester und mir im Januar 1945 in Heilsberg. Nach der Kapitulation im Mai starb meine Mutter an Typhus in der von den Russen eingenommenen Kreisstadt. Bald nach der Übernahme der Stadt durch Polen wurden wir auf ein winziges Dorf im Kreis abgeschoben. Als Masurin verstand die Großmutter die polnische Sprache. Sie und wir, die Enkelkinder, sollten die polnische Staatsbürgerschaft annehmen. Großmutter bekam das Angebot, das Schulwesen in der Stadt wiederaufzubauen. Beides lehnte sie ab. Wir konnten dann Mitte November 45 ins "Reich" ausreisen.

Die Großmutter fand kurz nach der Wiedergründung der SPD noch einmal den Weg in ihre SPD. Da war ich inzwischen acht Jahre alt. Die politischen Diskrepanzen zwischen der nationalsozialistisch orientierten Verwandtschaft väterlicherseits und den mütterlichseitigen Sozialdemokraten hatte ich recht früh mitbekommen. Den Kriegsleid, Not und Tod, die Flucht, das bittere Ende des "tausendjährigen Reiches" und schließlich das Elend der Nachkriegsjahre. Ich habe nichts vergessen. Das alles hat mich zum Pazifisten und Antifaschisten werden lassen. Einer politischen Partei gehöre ich nicht an.

So ungefähr ab der zweiten Hälfte meiner Kindheit waren meine Großmutter Anna und ihre damals achtzigjährige Mutter, meine Urgroßmutter Karoline Louise in unserem Familienalltag eine Einheit. Später kamen die Söhne der Urgroßmutter, die Familien und deren Kinder, meine Großcousinen hinzu. Karoline Louise und ihre Tochter Anna schenkten mir viel. Ihre Zuneigung, Verständnis und Güte. Ohne Gewalt, Druck und Zwang durfte, konnte ich Kindmensch, Menschenkind sein.

Beide Frauen, ihr Sein und Wirken werde ich nicht vergessen.

Zunächst war ich ja in Niedersachsen. Im Frühjahr 1949 zogen wir dann ins Ruhrgebiet, damals eine Nachkriegs-Trümmerlandschaft. Viele Menschen hausten in Ruinen und Kellern.

Schornsteine aus qualmenden Ofenrohren ragten aus manchen Kellerlöchern hervor.

1949 waren noch nicht so viele Ostflüchtlinge, wie man sie nannte, im Ruhrpott. Ich bin also unter dort geborenen Bergarbeiter-Kindern aufgewachsen. Die "Heimatvertrieben-Welle" rollte etwa ab 1952 richtig an, als die Bergwerke und Stahlküchen nach der Demontage wieder den Betrieb aufnehmen konnten. Aus Flüchtlingen in kaum stabilen Lebenssituationen waren also Umzügler aus dem Westen geworden. Da gab es Arbeitsplätze, gute Löhne und das Kohle-Deputat und natürlich auch neu entstandene Werkswohnungen und neue Kommunalwohnungen! Das hatte

Zugkraft, übrigens auch für Menschen aus der damaligen DDR. Der Anteil der Heimatvertrieben und Flüchtlinge am Aufbau der 2. Republik ist erheblich.

Die Wohnlandschaft des Reviers hatte ihr eigenes Gepräge durch die schon vor 1926 entstandenen Wohnblöcke und charakteristischen Berg- und Stahlarbeiter-Kolonien mit grünen Höfen - Auslauf für die Kinder, Gärtchen mit Ziegenstall und Taubenschlag auf dem Stalldach. Deshalb bezeichneten manche die nützlichen gehörnten Tiere auch als Bergmannskuh. Für das Wohnen in den Industriestädten an Rhein und Ruhr gibt es etliche bis heute beachtenswerte Quartiere, zum Beispiel die Siedlung Margarethenhöhe in Essen, einst für Krupp-Arbeiter errichtet. Hier und da findet man auch, etwa in Düsseldorf, einst "Schreibtisch des Reviers" genannt, die Handschrift von Bauhaus-Architekten.

In der Adenauer-Zeit, nachdem Gustav Heinemann, der ja erster Nachkriegs-Oberbürgermeister in Essen gewesen ist, u. a. aus Protest gegen die Wiederaufrüstungs-Politik als Bundesinnenminister das Kabinett, auch die CDU verließ, gründete er bald die Gesamtdeutsche Volkspartei (GVP) - Renate Riemeck, eine Professorin der Pädagogischen Hochschule Kettwig, spielte da auch eine Rolle - gab es eine starke Strömung für ein neutrales Deutschland. Ich fand das gut und sehe, dass nun der Gedanke in die Politik zurückfindet. In der sich rasch wandelnden Welt kann eine starke neutrale Nation durchaus eine ausgleichende und stabilisierende Rolle übernehmen.

Rudi Dutschke, ein charismatischer Mensch. Ein paar Mal habe ich mit ihm telefoniert. Einmal sahen wir uns in Berlin. Seinen wirtschaftspolitischen Ideen galt mein Interesse. Ich weiß nicht, ob sein revolutionäres Denkmodell die dramatischen Berliner Geschehnisse auslöste, was manche seiner Kritiker behaupten. An der Spitze einer stillen, zivilgesellschaftlichen stetigen

Veränderung hatte Rudi Dutschke vielleicht Positives erreichen können.

Revolutionen, zunächst die russische, dann viele nachfolgende oder deren Versuche haben das Elend, gegen welches sie antraten, nicht abwenden können. Unterdrückung und Gewalt, die sie bekämpfen wollten, mit Gewalt gegen Gewalt, haben neues Leid, Unterdrückung Andersdenkender und gewalttätige Gegnerschaft hervorgerufen. Ich bin Pazifist. Die großen Fragen der Menschheit müssen wir in friedlichen Lösungen suchen und finden. Zahllose Postulate, die der Antike, der Weltreligionen Philosophien und Ideologien haben es bisher nicht vermocht, der Menschheit eine stabile Ethik ihres Tuns zu vermitteln. Als eine Anleitung zum Handeln schlage ich die Ideen der Aufklärung vor.

Dr. Hans Hermsen

Dr. Hans Hermsen geboren im Jahr 1946. Lehrender am Oberstufen-Kolleg von 1974-2011; vorher Wissenschaftlicher Mitarbeiter in der gerontologischen Alternsforschung an der Universität Bonn (1968-1973); Heute Weg- und Gesundheitsbegleiter.

Du hast mal mit Felix Winter ungefähr 1994 eine CD aufgenommen, die den Menschen das Oberstufenkolleg der Uni Bielefeld und dessen Geschichte nahebringen sollte, für das Du Dein ganzes Berufsleben hergegeben hast. Was willst Du den Menschen sagen?

Felix Winter und ich haben seit 1977 die politischen Ereignisse am Oberstufen-Kolleg mit Quodlibets begleitet. Das sind Lieder, deren Melodien schon in der Öffentlichkeit bekannt und beliebt sind, und die wir mit neuen Texten aus den Geschehnissen an unserer Schule versehen haben. Da wir dies genau 25 Jahre gemacht haben (bis 2002) wurden wir auch als die „Barden des Oberstufen-Kollegs" bezeichnet und auch in der Neuen Westfälischen (zum Kleinstpreis 1996) freundlich und amüsant beschrieben. „Wir singen halt gerne." Deine konkrete Frage lautet, was wir den Menschen damit mitteilen wollten. Zunächst haben die Lieder ja in der Regel Aktionen am Oberstufen-Kolleg begleitet, u.a. gegen die Forderung des Kultusministeriums nach Noten, gegen die Verschulung unserer Lerneinrichtung durch Klausuren und andere Tests, für eine aktive Friedenspolitik und für eine alternative Energieversorgung anstelle von Kernkraft. Dadurch bekamen die Demonstrationen eine tiefere Verankerung im emotionalen Persönlichkeitsbereich. Die Lieder konnten mitgesungen werden und haben eine gute Stimmung verbreitet. Und ein paar Jahre später konnten sich alle Menschen noch daran erinnern.

Ein Beispiel ist die vermutete Vergewaltigung einer Kollegiatin im Wohnheim durch einen Kollegiaten gewesen. Das führte dazu, dass die Frauen des Oberstufen-Kollegs für einen Tag das Oberstufen-Kolleg geschlossen haben und besonders die Männer sich darüber aufregten und auf den Raum TO in der Universität Bielefeld ausweichen mussten. Das war ein Raum in der Uni, der meistens für Diskussionen leer stand. Dort konnten die Männer über Gewalt gegen Frauen diskutieren. Heute würde man dazu eine Metoo-Bewegung ins Netz stellen. Damals genügte eine sinnlich erfahrbare Ausschließung der Männer aus der Schule.

Oder wenn mal wieder eine Tagung über die pädagogischen Neuheiten an unserer Einrichtung stattfand, dann haben wir sie mit einem Lied zum Frühstück begonnen. So das Lied über das Leben in der Region, was die Tagung „Öffnung für die Region" begleitete und zeigen durfte, dass als pädagogisches

Instrumentarium die Welt in die Schule zu bringen auch nicht jedem Kollegiaten/jeder Kollegiatin gefiel.

Aber meistens hatten die Texte auch einen bissigen Charakter, wenn die Welt gar nicht anders ertragbar war, so das Lied „Reagan muss raus aus Amerika".

Aber wir konnten unserer Einrichtung auch einen Spiegel vorhalten, wenn wir 1984 schrieben, dass früher alles besser war, was nach mehreren schwierigen Phasen der Einrichtung als Grundstimmung vorherrschte „Damals ja damals, da ging`s uns noch gut". Oder das Lied „Ich hab` aufs OS gesetzt", was die Mentalität des Einrichtens in die Abhängigkeit von ministerialen Beschlüssen anzeigte, die gleichzeitig wehmütig und karikierend eine allgemeine Gefühlsstimmung belegte. Wir hatten für etwas gekämpft und viele hatten das Gefühl, dass es nun vorbei wäre, weil sich Prüfungen und Noten eingeschlichen haben und im Hause damit begonnen wurde, Klausuren wohlfeil zu machen.

Unsere Lieder sollten aufklären, aufrütteln und auch Freude bereiten. Besser gesagt: alle Beteiligten sollten auch mal wieder schmunzeln oder sogar lachen. Ein Alltag mit Problemen ist oft nur schwer zu ertragen. Die Menschen stecken mittendrin und können sich nicht so richtig selbst befreien. Ein Lied zu diesem Problem war durchaus in der Lage, auch wieder eine Distanz zum Problem und eine neue Sicht zu erreichen.

Eine Liedzeile in einem Song heißt. "In der Region, mit der Schippe ab nach Lippe". War das eine linksbürgerliche Gesellschaft um das OS herum im Jahr 1974, dem Gründungsjahr des OS?

Linksbürgerliche Charakterisierungen bringen uns in der Beschreibung einer Gesellschaft nach den bewegenden Ereignissen um 1968 nicht weiter, weil sie manches undifferenziert lassen. Es gab im Politischen und damit auch im sozialdemokratischen-liberalen Establishment ein Gefühl für demokratische Veränderungen, wenn man Links als eine Bewegung für mehr Demokratie, Frieden und Entspannungspolitik versteht, wie es Willy Brand noch 1971 formulierte. Immerhin konnten sich die Bürgerlichen Kräfte und die Wahlen auch so etablieren. Ich denke hier an die Slogans zur Entspannung mit der DDR und Sowjetunion, für Abrüstung und Friedliche Koexistenz, aber gleichzeitig wurde durch den „Radikalenerlass" auch wieder eine Tür zugeschlagen, um linke Kräfte dauerhaft vom öffentlichen Dienst fernzuhalten. Das sehen die Konservativen ja heute anders, wenn sie polemisch argumentieren, dass die Linke, die Autonomen und Radikalen sich in den Schulen, Ämtern und in der Politik etabliert hätten und das Übel für viele Missstände heute ihnen in die Schuhe geschoben wird. Wir hatten es damals schwer uns in den öffentlichen Dienst hineinzubegeben und uns sogar einzuklagen, weil das Grundgesetz einem solchen „Radikalenerlass" und den entsprechenden Anhörungsgesprächen diametral entgegenstand. Niemand durfte wegen Rasse, Geschlecht, politischer Meinung etc. benachteiligt werden. Ebenfalls gab es damals eine Kampagne gegen die Verweigerung des Wehrdienstes, und Franz Josef Degenhardt hat in seinem berühmten Song über die „Anhörung eines Wehrdienstverweigerers" das unnachahmlich überzeugend verewigt. Aber zweifellos war vieles in Bewegung geraten. Es entstanden frauenorientierte Forderungen nach der Erlaubnis von Abtreibungen und Gleichberechtigung (gleicher Lohn für gleiche Arbeit), Initiativen für Abrüstung, neue pädagogische Konzepte, die auch für das Oberstufen-Kolleg wichtig gewesen sind. Unser Leitfaden oder Ziele, die wir formulierten, hatten alle Bezug zu den Veränderungen, die damals die Menschen bewegten:

- keine ungerechten Noten mehr

- Chancengleichheit für Arbeiterkinder

- Chancengleichheit für die Geschlechter,

- insbesondere Frauen

- andere Lerninhalte

- andere Lernformen.

Insofern war damals alles in Bewegung, aber auch die Restauration, das Zurückgehen auf traditionelle, konservative bis reaktionäre Forderungen blieben erhalten.

Ein gutes Beispiel war mein Berufsverbot in Bonn an der Uni Bielefeld. Nachdem ich dort nicht eingestellt wurde, war das Instrument des drittelparitätisch besetzten Institutsrat vorbei und die Professoren haben wieder wie vorher allein über die Einstellung des Personals, die Verwendung der Haushaltsmittel, die Angebote für die Lehre bestimmt. Das hat mich doch sehr enttäuscht, wie eine hart umkämpfte und durchgesetzte neue Lern- und Prüfungsordnung so schnell wieder rückgängig gemacht werden konnte. Ganz besonders deutlich war die Ablehnung der Forderung nach Kurzzeit-studiengängen und Langzeitstudiengängen in der Studenten-schaft und auch im Lehrkörper sehr verbreitet, und wir haben es politisch gesehen fast 20 Jahre auch geschafft, diese Minderung von Qualität der Lehre aufzuhalten, aber irgendwann kam der „Bolognaprozess" an die Unis und es wurden die Kurzzeitstudiengängen, die nunmehr „Bachelor" hießen und die Masterstudiengänge, früher Langzeit-studiengänge eingeführt, mit den nun erkennbaren Konsequenzen eine engstirnigen, methodisch und inhaltlich begrenzten Ausbildung für die Mehrheit und eine gute Ausbildung für eine Minderheit, mit dem sog. „Bulimie-Lernen": das Lernen für Punkte und Prüfungen, und anschließend durfte wieder alles vergessen werden.

Warum wurde das OS gerade 1974 gegründet? Wie kam es, dass Du Dich dorthin beworben hast?

Damit kann ich an die vorige Frage anknüpfen. Nachdem ich die Assistentenstelle an der Universität Bonn nicht bekommen habe, stand ich in der Tradition von Karl Marx und Thomas Mann, die auch von der jeweiligen Bonner Universitätsleitung aus politischen Gründen nicht aufgenommen wurden. Ich habe eine große Solidarität erfahren. Sie war breit gestreut und reichte von den Liberalen bis zu den DKP nahen Verbänden, z.B. die Vereinigung der Verfolgten des Naziregimes. Zunächst hatte der Volkshochschul-Verband mir einen Auftrag gegeben, eine Bibliografie aller Bücher zur Erwachsenenbildung in der DDR zu schreiben und dafür habe ich Geld bekommen, um die Zeit zu überbrücken, bis ich dann mal eine gute Stelle hätte. Ich habe mich dann besonders an anderen Unis beworben, wobei mir verschiedene Angebote in der Kindheitsforschung (Uni Köln, Uni Hannover), aber auch eben an der Universität Bielefeld einfallen, die für ein neues Schulprojekt einen Psychologen brauchten. Nachdem ich nun an mehreren Stellen nicht angenommen wurde, habe ich mich auf den Weg zum Oberstufen-Kolleg gemacht und mich einer zweitägigen Bewerbungsmaschinerie unterzogen. Die Aufbaukommission Laborschule/Oberstufen-Kolleg war ein Wunsch von Hartmut von Hentig gewesen, der einen Ruf an die Gesamthochschule Bielefeld angenommen und sich gewünscht hatte, ein solches „pädagogische Labor" zu gründen. Dafür hat die Landesregierung NRW Geld zur Verfügung gestellt. Ein Teil des Geldes kam auch von der Deutschen Forschungsgemeinschaft.

Ich habe es tatsächlich geschafft ganz knapp die Mehrheit der Aufbaukommission für mich und das Fach Psychologie zu gewinnen, wofür ich sehr dankbar war. Das Fach Psychologie hatte es damals nicht einfach, weil die meisten fortschrittlichen Kräfte aller anderen Fächer glaubten, sie seien die besseren Vertreter eines solchen Faches als die Diplomierten und Doktoranden, was ich ja damals war. Einige der KollegInnen, die sich damals für mich eingesetzt haben, waren wohl enttäuscht, als sich später herausstellte, dass ich die berühmte „Linke Laus" war, aber ich fand es korrekt nicht mit dem Etikett nach außen mich aufzuschwingen, sondern einfach inhaltlich eine fundierte kritisch-psychologische Lehr-Praxis zu begründen, was ich dann auch getan habe. Ich habe dann drei weitere PsychologInnen eingestellt, und wir haben als Fachkonferenz jeweils zur Hälfte Männer und Frauen bis 2002 eine neuartige Psychologieausbildung auf der Basis der Tätigkeitspsychologie von Alexej Leontjew und Kritischen Psychologie begründet, was heute undenkbar wäre.

Einer der Lehrenden, der aus meiner Sicht sehr gut mit den Kollegiaten umgegangen ist, war Roland von Hentig. War Roland von Hentig von Beginn an im OS dabei und kanntest Du ihn gut?

Roland hat das Fach Biologie mitbegründet, etwa zur gleichen Zeit. Ich selber kannte ihn nicht gut, dafür war er eher verschlossen, und ich vermute auch, dass er mit Linken nicht viel anfangen konnte. Er war ein Vertreter Israels, wofür er sich auch aktiv eingesetzt hat, und vielleicht rührte seine Abneigung gegen Linke oder vorsichtig ausgedrückt, Reserviertheit, auch daher, weil die Linken bis heute mit dem Staat Israel auch eher in kritischer oder sogar ablehnender Distanz leben. Mein Kontakt, und damit auch mein Konflikt mit Roland, lag darin, dass ich irgendwann mal (ich glaube 1977) als Mitglied der Konferenzen den Auftrag bekam, eine Stelle in Biologie zu besetzen und ich war die einzige von drei Stimmen für einen Kandidaten, der mir sehr geeignet am Oberstufen-Kolleg erschien, involviert. Ich habe, wie ich damals so war, natürlich diesen Kollegen befürwortet, weil er für mich das Potential hatte, das Fach neu zu orientieren und zu gewichten. Und irgendwie habe ich geschafft, die abstimmenden Gremien nach mehreren Sitzungen davon zu überzeugen. Und ich glaube, dass Roland von Hentigs Vertrauter dadurch die Stelle nicht bekommen hat. Das hat womöglich unausgesprochen unser

Verhältnis all die Jahre belastet. Da wir das nicht ausgesprochen haben und die Distanz bis zur Verrentung von Roland von Hentig blieb, hatte ich wenig mit ihm zu tun.

Ich gehörte als Neukollegiat ab Ende 1991 für ein Jahr als Kolligiatenvertreter der Hauptkonferenz, dem höchsten Entscheidungsgremium am OS, an. Kompromisse zum Nachteil der Kolligiaten gab es mit mir grundsätzlich nicht. Später verschulte sich das OS immer mehr. Warum?

Das ist wohl eine der spannendsten Fragen meines Lebens. Es wäre zu einfach zu schreiben, dass wir es einer SPD- Grünen Landesregierung zu verdanken haben, dass wir letzten Endes abgeschafft und von einem College zu einer Sekundarstufe II mit Zentralabitur reduziert wurden (2002) und es ihnen anzulasten. Es gab schon seit 1984 innere Versuche, das Oberstufen-Kolleg zu verändern in eine Richtung, die ich nicht gut fand. Es wurden Klausuren eingeführt, Anwesenheitslisten und eine lange Diskussion über die Notwendigkeit Deutschprüfungen vorzunehmen als Deutschtest deklariert und eine neue Kollegiatenpopulation aufzunehmen. Ich selber habe fast 40 Interviews, insofern eine gute empirische Basis, durchgeführt, um heraus-zubekommen, was die Gründe dafür waren, dass die Lehrenden immer unzufriedener und enttäuschter wurden und ab 1996 eine radikale Veränderung des Oberstufen-Kollegs mit der Aufgabe von Unterrichtsarten, der Einführung wiederum von neuen Fächern, aber auch einem Regelwerk versahen, was von dem ursprünglichen Modell ganz stark abweichte. In Verbindung mit den äußeren Einflüssen ergab sich somit eine Spaltung des Kollegiums, was dann auch 2002 zu einer Verabschiedung des alten Modells und dem Versuch das „neue OS" als gymnasiale Oberstufe zu begründen mit zunächst 16 Noten, neuen Unterrichtsarten, den sog. Grundkursen.

Die Gründe für die Enttäuschung sind vielfältig. Zum einen liegen sie in den gesellschaftlichen Entwicklungen – 1989 lösten sich alle Warschauer Pakt Staaten von der Sowjetunion und auch diese hörte auf zu existieren und die Grenze zwischen der BRD und DDR wurde abgebaut und damit waren viele Hoffnungen nach einem menschlichen Sozialismus, den viele OS-Lehrende vertreten hatten, hinfällig und der Kapitalismus schien auf breiter Basis zu gewinnen.

Auf individueller psychologischer Ebene gab es so manche Enttäuschungen durch KollegiatInnen für Lehrende, die ihrem Unterricht nur noch unmotiviert folgten, wegblieben oder störten. Auch die in manchen Fächern nicht erfolgreichen Übergangsvereinbarungen oder auch die nicht immer erfolgreichen Uni-Wege unserer KollegiatInnen trugen ihren Teil dazu bei, das OS kritischer zu sehen. Die Folge war, dass alle Reformvorstellungen dazu führten, das Oberstufen-Kolleg mehr in die allgemeine Schullandschaft zu integrieren, damit vieles zu reglementieren und sich auch eine neue KollegiatInnenpopulation zu wünschen, die sich leistungsorientiert, konzentriert und motiviert zum Abschluss an unserer Einrichtung bewegen sollte. Der Wunsch nach einer homogenen KollegiatInnenpopulation, der dann auch erfolgreich an der Uni seinen Abschluss machen konnte, war vorherrschend. Viele KollegInnen beklagten die Heterogenität der jungen Menschen, die sowohl im Leistungsbereich als auch im Persönlichkeitsbereich auffiel und den Unterricht erschwerten. Durch die vielen Regelungen verschulte sich die Ausbildung sehr stark, was die Unzufriedenheit auf Seiten der Lernenden allerdings erhöhte. In den 90iger Jahren gab es so manchen KollegiatInnenstreik (gegen die Anwesenheitsver-schärfung in den Kursen, gegen Klausuren und Benotungen etc.). Allen Beteiligten war klar, die Schule lief nicht mehr so transparent und offen wie am Anfang, sondern der allgemeine

Leistungsdruck wurde zunehmend erhöht und die Reformbereitschaft nahm ab.

Du hast 1973 dem DDR-Fernsehen ein Interview gegeben. Worum ging es in dem Interview?

Wie schon unter 1 erwähnt, interessierten sich nach dem ausgesprochenen Berufsverbot für mich viele Medien und Personen für meinen „Fall", wie wir genannt wurden. U. a. natürlich auch das DDR Fernsehen oder DDR Publikationen, die gerne wissen wollten, was sich im Innern einer Institution abgespielt hat. Natürlich waren wir auch sehr geeignet für die DDR ihrer eigenen Bevölkerung klar zu machen, dass es in der BRD nicht gerecht und politisch kontrolliert zuging. Die DDR Regierung stand natürlich unter dem Druck, die BRD in ihrem, auch bourgeoisen Charakter, kenntlich zu machen, weil viele sie dort glorifizierten. Wir wissen ja heute auch unter dem Eindruck der Einverleibung der DDR in die BRD (1989 ff), dass die DDR Bevölkerung diese Propaganda nicht annehmen konnte und in Distanz dazu gegangen ist. Trotzdem erschien es mir wichtig zu sein, über meinen Fall zu informieren, weil ich ja prinzipiell für eine öffentliche Diskussion eingetreten bin. Und der WDR, dem ich auch ein Interview gegeben hätte, wenn sie sich gemeldet hätten, fand ich das in Ordnung, auch im Bewusstsein möglicherweise missbraucht zu werden. Denn sie haben mich ja so dargestellt, wie ich es dargestellt hatte. Ich wurde aus inhaltlichen Gründen und aus einer bestimmten Richtung herkommend aussortiert und fand es später auch für die DDR nicht angemessen, wiederum andere auszuschließen. Aber das wäre ein eigenes Kapitel wert. Ich teilte also in meinen Worten mit, wie ich die Berufsverbotspraxis, die Hintergründe und die Wirkungen auf die anderen Menschen sah. Ich selber habe ja auch dann noch mehrere Untersuchungen gestartet, zu sehen, dass die Wirkung der Berufsverbote auf das Bewusstsein der Bevölkerung bei uns verheerend war, umgekehrt hat mein Fall in der DDR auch für Aufsehen und

Unmut gegenüber der BRD hervorgerufen. Immer wenn ich dort war, bin ich darauf angesprochen worden und mir wurde Solidarität zugesichert. Bei uns führte die Berufsverbotspraxis zur Anpassung, zur Angst vor beruflichen Nachteilen und auch zur Entpolitisierung.

Es gab in den 70er Jahren einige K- Gruppen, beispielsweise auch die KPD / ML, Du hast Dich aber für die DKP entschieden. Warum und ab wann?

In Bonn, wo ich studiert habe, gab es alle möglichen Gruppierungen auf der Linken: vom harten Kern des SDS (Sozialistischer deutschen Studentenbund), dann dem SDS - Spartakus, der später zum MSB (= Marxistischer Studentenbund) Spartakus sich umwandelte und auch die DKP waren etabliert. Da ich schon ab 1967 in den studentischen Filmclub eingetreten war, meine Vorliebe für cineastische Filme waren intensiv und dort waren hauptsächlich Mitglieder der DKP. Dadurch kam ich in Kontakt mit diesen, und wir haben uns alle sehr angefreundet und als es darum ging, Bewerber für die verschiedenen Gremien, Fachschaft als Vertretung der Studierenden, Fakultätsrat wurde ich auch gebeten und irgendwie habe ich mich auch für eine solche Laufbahn entschieden, wurde oft mit vielen Stimmen gewählt, ich hatte offenbar eine positive Ausstrahlung, die Wähler nicht abstieß, sondern für mich einnahm. Obwohl ich dann als Mitglied bei der Gründung des MSB und später als DKP Mitglied bekannt war, wurde ich trotzdem gewählt. Das habe ich als einen Vertrauensbeweis angesehen. Ich habe mich 1969 entschieden in die DKP einzutreten, weil ich die Verbindung von MSB und DKP als sinnvoll betrachtete, nicht nur Studierendenpolitik, sondern auch Gesellschaftspolitik zu machen. (Maoistische Gruppierungen kamen für mich nicht in Frage, weil die damalige gesellschaftliche Auseinandersetzung zwischen Mao und Breshnew mich auf die Seite Breshnews trieb und mich für Mao nichts einnahm).

Später war ich bis 1989 bis zur Wende Mitglied der DKP, aber unser Verhältnis war niemals konfliktfrei, ich galt eher als anarchistischer Sonderling, der sich nur ganz selten der Parteidisziplin und der Zeitung UZ (=Unsere Zeit) beugte. Ein anderes Kapitel war diese Zersplitterung der Linken, die ich immer sehr bedauert habe. Ich habe jedenfalls aktiv versucht, die Differenzen nicht in den Vordergrund zu stellen, sondern nach Gemeinsamkeiten zu suchen. Trotzdem haben die Maoisten damals mein Berufsverbot begrüßt, begründet mit dem „Revisionismus" gegenüber der Lehre von Marx von mir, wie sie meinten. Die Maoisten haben die sog. „Traditionalisten" („Moskauhörig" immer bekämpft, jedenfalls in den 7oigern. Aber so wie die späteren Grünen, vorher die SPD haben wir es alle nicht verstanden ein gemeinsames, realisierbares Konzept für die gesellschaftliche und weltpolitische Zukunft zu entwickeln. Schon der gemeinsame Diskurs gegen die Atomraketen Anfang der 80iger war ein mühsames Unterfangen. Ich trat von Anfang an für ein würdevolles Leben für alle Menschen mit gleichen Lebenschancen und offenem toleranten Vorgehen als Leitbild „linker" Politik ein. Es verlangte die Achtung körperlicher Unversehrtheit, das Austragen friedfertiger Handlungen sozialer und politischer Konflikte – damals war das angesichts einer Roten Armee Fraktion wichtig, die gerne Gewalt anwenden wollte. Und auch rassistische Gewalt genauso wie Gewalt gegen Frauen und Minderheiten abzulehnen, waren mir wichtig. Auch am OS habe ich immer wieder in Kursen betont, dass für die menschliche Würde eine Teilhabe an allen Entscheidungen in der Gesellschaft wichtig sei. Es galt für mich den Ausspruch von Willy Brand „mehr Demokratie wagen", (Anfang der 70er Jahre) zur wirklichen Leitfigur des Handelns zu machen. Es war und ist immer ein wichtiger Beitrag linker Politik, die wohl extreme Ungleichheit von Lebenschancen zu mindern und sie für diejenigen zu mehren, die am unteren Rand von Lohnskala und Menschenwürde stehen. Und das war immer das Gebot: je größer die Chancengleichheit, umso größer ist auch die Würde der Menschen und umso mehr ergibt sich ein harmonischer und friedvoller, wenn auch nicht konfliktfreier, Zusammenhalt in der Gesellschaft.

Die Historikerin Andrea Ludwig schreibt in ihrer Dissertationsschrift, dass die KPD/ML 1978 in ihrer Parteizeitung "Weg der Partei" die Parole: "Hören wir auf, die Forderung nach der Einheit Deutschlands dem schwarzen Pack zu überlassen", fährt. Wie stand die DKP in den 70er Jahren zur Einheit Deutschlands?

Die Anerkennung der Einheit Deutschlands war für uns die wichtigste Forderung, die sicherlich die DKP ohne Hintergedanken und ohne Bedenken vertrat. Trotzdem wollte sie, dass die BRD die DDR anerkennt und auf einer gleichberechtigten Basis verhandeln kann. Es war auch meine damalige Einschätzung, dass alles andere undenkbar war. Wenn ich mir die Einverleibung von 1989 und die folgenden Jahre so betrachte, dann hatten wir damals schon die Angst, dass dies so geschehen könnte. Wir kannten den Kapitalismus gut und wussten, dass er über Leichen gehen würde. Die DDR Bevölkerung war trotz oder gerade wegen der Propaganda darauf nicht vorbereitet und leidet ja heute noch darunter, ohne nun die DDR sich zurückzuwünschen. Freie Reisen und freie Meinungsäußerung waren und sind auch ein hohes Gut, was sie heute haben. Trotzdem nagt ja die Zurücksetzung sehr an ihrem Stolz.

Und meiner Meinung nach – um einen Bezug zu Heute herzustellen - ist das auch eine Erklärung für die heutige gerade in Ostdeutschland erkennbare Wut und Ohnmacht, aber auch die Ressentiments gegen MigrantInnen. Es handelt sich hier wohl um einen vielschichtigen Mix von Vorurteilen und an Erfahrungen kultureller Entfremdung und Nicht-Repräsentation einer ostdeutschen Gesellschaft. 30 Jahre nach dem Ende der DDR sind die sozialen und kulturellen Lebensbedingungen im

Osten nach wie vor davon geprägt. Das Lohnniveau ist geringer, die soziokulturelle Infrastruktur abseits der großen Städte wie Berlin und Leipzig dürftig. Offenbar gibt es nach den Einschätzungen in Meinungsumfragen auch sehr viel Skepsis gegenüber der Demokratie westdeutscher Prägung. Trotzdem ist auch diese Erklärung nicht ausreichend, um die Ablehnung und Feindschaft gegenüber Menschen mit anderen Äußerlichkeiten zu begründen bzw. aber auch gegenüber Menschen, die das Bild vom „Deutschsein" nicht teilen. Sieht man von den Konturen einer extremen Rechte, die im Rahmen von publizistischen Netzwerken, der Straße und dem Parlament sehr effektiv und erfolgreich arbeitet, kann sich hier auch ein „Bürgerprotest" gerieren. Dazu kommen sehr unglückliche Berichterstattungen, die natürlich an Propagandamedien früherer DDR Zeiten erinnern und einen sowieso kritischen Blick auf Medien auf die jetzige Zeit übertragen. Und wir haben jetzt ein Gemenge von Menschen, die einerseits verstummt und verbittert sind, andererseits sich sehr lauthals und aggressiv kundtun. Beide Gruppen sehen sich nicht mehr im Koordinatensystem der Bundesrepublik vertreten.

Konntest Du ohne Grenzkontrollen in die DDR einreisen? Wie gefiel es Dir dort?

Wir haben damals als DKP oder auch als Wissenschaftler Anträge stellen können, die DDR zu bereisen, dort Seminare zu machen oder auch einfach LPGs zu besuchen. Das habe ich auch häufiger getan, sogar mal mit Kollegiaten und Lehrende. Wir haben Buchenwald besichtigen können, die Einrichtungen der Polytechnischen Oberschule, eine LPG (Landwirtschaftliche Produktionsgenossenschaft) und mir gefiel es gut, wie die Menschen miteinander umgingen. Von der Unterdrückung der Meinungen habe ich selten etwas mitbekommen, war mir aber klar, dass andersartige Meinungen dort nicht gerne gesehen wurden und damit der Normalitätsdruck oder Konformitätsdruck auch dort vorhanden war. Ich fand es einfach schön, nach Jahren heftiger Auseinandersetzung in der BRD Menschen zu finden, die ebenfalls gegen CIA und FBI, gegen US-Imperialismus, ob er sich in Vietnam (ab 1967-1975) oder Chile (1973) zeigte und das Interesse für die Solidarität mit den globalen Freiheitsbewegungen, das war eine schöne Bestätigung meiner Wünsche nach einer von Unterdrückung und Ausbeutung freien Welt und der Möglichkeit, dass Menschen ihr Leben in die eigene Hand nehmen konnten, ohne dass der Profitgedanke alles durchdrang. Das hat mich emotional sehr berührt, und ich habe dann auch manches, was ich nicht so gut fand, eher mit einem weinenden Auge wahrgenommen, zwar angesprochen, aber nicht so heftig bekämpft, wie ich es hier gemacht hätte, z. B. die Ausbürgerung von Wolf Biermann.

Du warst an der Uni Bonn politisch aktiv. Konntest Du mit anderen dort etwas verändern?

Oh ja, das ist mir bis heute im Gedächtnis geblieben. Diese ungeheure positive Ausstrahlung und Energie, diesen Mut und diesen Optimismus alles zu verändern, was einem nicht gefiel, das hat mich damals in die Arme der Linken getrieben und das habe ich mir bis heute bewahrt. Ich habe alle bedrückenden politischen Ereignisse, die Stationierung der Atomraketen, die Etablierung der Atomkraftwerke, die Einschränkung politischer Arbeit an Schulen gut integrieren können, im Bewusstsein, dass die Herrschenden niemals siegen werden und es auf einen ankommt, dies zu verändern. Was haben wir damals erreicht? Ich habe einen drittelparitätisch besetzten Institutsrat begründet, war dort mehrere Jahre auch gewähltes Mitglied, habe die Studien- und Prüfungsordnungen verändert, neue Lerninhalte in der Psychologie begründet und war einfach sehr beliebt als Studentenvertreter. Das war für mich als „graue Maus" in der Schule bis heute das nachdrücklichste, was ich für mich analysiere. Es hat mich verändert, meine Persönlichkeits-entwicklung vorangetrieben und wenn man so will auch die

Stelle am OS gebracht, weil ich ohne die Erfahrungen in der Studentenzeit niemals ein solches Fach wie ein wissenschaftliches Studienfach Psychologie aufbauen könnte. Ich glaube nicht, dass ich das Selbstbewusstsein gehabt hätte, ein Fach zu begründen, wo es auf der Uni mehrere Lehrstühle gab, und wir alles mit wenigen Personen gegründet haben. Das war schon ein bisschen größenwahnsinnig, die Fächer Allgemeine, Persönlichkeit-, Sozialpsychologie, Methodik, Entwicklungspsychologie und Neurophysiologie aufzubauen und dann mit 4 Leuten ein Grundstudium, wo an der Uni das Dreifache an Personal vorhanden war, zu begründen. Und dann auch noch in Verhandlungen über die Anerkennung unseres Studiengangs, der einfach links angehaucht war, wie es mal die Professoren der Uni meinten, zu begründen und dafür auch einzutreten. Heute finde ich das wirklich erstaunlich. Damals war es für mich normal.

Was interessierte Dich damals am Fach Psychologie besonders?

Ursprünglich wollte ich gerne auf Lehramt in Geschichte studieren, aber das war damals als Lehrer nicht so einfach, nur ein Fach zu haben, fiel mir leider kein anderes Fach ein. Englisch wäre noch gegangen, aber meine Noten und meine Leidenschaft für das Fach waren gering. Aber für Psychologie habe ich mich sehr interessiert, weil mich die Frage, wie ich mir helfen könnte, begleitet hat. Obwohl Prof. Hans Thomae schon in der ersten Sitzung seiner Vorlesung in die Hauptströmungen der Psychologie (1967) mir das ausreden wollte, „wenn Sie glauben, dass Sie mit diesem Fach sich selbst helfen könnten, dann muss ich Sie enttäuschen. Das ist falsch und eine völlig deplatzierte Motivation für das Fach." Ich blieb aber bei der Motivation, insbesondere weil die linke kritisch-psychologische Bewegung dies auf ihre Fahnen geschrieben hat. Und im Nachhinein muss ich sagen, dass diese Psychologie, wie sie an den Unis gelehrt wurde, so kopforientiert, tatsächlich nicht geeignet war, das Innere des Menschen zu verstehen. Aber da wir ja nun die Tätigkeitspsychologie und später die Kritische Psychologie entwickelt hatten, konnten wir uns da wiederum gut wiederfinden. Insofern verdanke ich einen großen Teil der inhaltlichen Reflexion meines Lebens und meiner Persönlichkeit zweifellos dem Fach Psychologie, was den heutigen Psychologen oft fern ist.

Hast Du heute Dein Glück gefunden?

Das kann ich mit einem lauten JA befürworten. Alles, was passiert, führt zu einer besseren Entwicklung, auch wenn man es gerade nicht akzeptieren kann. So habe ich das Berufsverbot am Anfang echt als gemein und wenig fruchtbar gefunden. Heute weiß ich, dass es notwendig war, dass ich das OS als Plattform brauchte um mich in all meinen Facetten als Lehrender, Theaterpädagoge, Musicaldarsteller weiter zu entwickeln, meine zweite Frau kennenzulernen und das ist total wichtig gewesen. Ich sehe heute „Links" und „68er" nicht als Phase, sondern im Rückblick kritisch, aber dennoch kann ich dazu stehen und auf einige Errungenschaften stolz sein. Wir haben Spuren hinterlassen, Menschen bewegt und uns selbst bewegt. Ich stünde persönlich, sozial, gesellschaftlich nicht heute dort, wenn ich diese Zeit nicht genau in dieser Weise gelebt und erlebt hätte.

Angelika Schapeler- Richter

Angelika Schapeler-Richter ist 63 Jahre alt und Fraktionsvorsitzende der FWG-Lage.

Beruf: Pflegefachkraft – Kfm. Angestellte – und derzeit tätig als Fachkraft für Demenzbetreuung in einer stationären Einrichtung.

Frau Schapeler-Richter, die Stadt Lage/Lippe hatte über viele Jahrzehnte sozialdemokratische Bürgermeister. Beispielsweise werden aber weder. Winfried Siekmöller noch Rudolf Niebuhr dort erwähnt. Haben Sie dafür eine Erklärung?

Herr Niebuhr war zu Zeiten der Doppelspitze als ehrenamtlicher Bürgermeister tätig. Weder er noch irgendein anderer in dieser Position tätiger Bürgermeister, incl. der stellvertretenden Bürgermeister werden auf der Homepage der Stadt Lage benannt.

Herr Siekmöller war nach Abschaffung der Doppelspitze der erste Hauptamtliche Bürgermeister der Stadt Lage.

Die Homepage ist auf Aktualität ausgerichtet, sodass nach meinem jetzigen Informationsstand auch Herr Liebrecht nicht mehr auf der Homepage erwähnt werden wird, wenn er seine Amtsgeschäfte im Mai 2019 niederlegt. An seine Stelle wird dann der neu zu wählende Bürgermeister rücken.

Die FWG in Lage gibt es schon weit über zwanzig Jahren. Ausgangspunkt der Gründung war ein Konflikt im Lagenser Stadtteil Billinghausen?

Im Jahre 1989 begann die Stadt Lage in einer sogenannten „Nacht – und – Nebel – Aktion" damit Wohncontainer in Billinghausen aufzustellen, ohne die betroffenen Bürger rechtzeitig zu informieren oder in die Entscheidungsprozesse mit einzubeziehen.

Auch die etablierten Parteien zeigten den Bürgern in Billinghausen damals die „kalte Schulter".

Daraufhin gründeten beherzte Bürgerinnen und Bürger aus Lage – Billinghausen die FWG. Sie wollten ihre Belange selbst in die Hand zu nehmen, unbeeinflusst von überordneten landes- oder bundespolitischen Interessen.

Im Stadtteil Hörste sollte mal eine homöopathische Klinik entstehen. Ging es der Bürgerinitiative dagegen nur um das finanzielle Konzept oder war dort die Homöopathie als Heilmethode grundsätzlich nicht anerkannt?

Es ging den Mitgliedern der Bürgerinitiative soweit ich mich erinnere, seinerzeit vorrangig um den ausgewählten Standort. Auch wurde meiner Erinnerung nach die Tragfähigkeit / Auslastung und Wirtschaftlichkeit des Zentrums angezweifelt. Die Heilmethode der Homöopathie als solches wurde meines Wissens nach nicht in Frage gestellt.

Lage macht für mich attraktiv, dass man in der Innenstadt vor den Geschäften parken kann. Steht die FWG an der Seite der Autofahrer?

Auf jeden Fall, die Möglichkeit 2 Stunden kostenlos in der Innenstadt zu parken, ist eine der besten Werbemaßnahmen. Die FWG steht voll dahinter und würde einer Abschaffung definitiv nicht zustimmen.

Was versteht die FWG unter Bürgernähe?

Bürgernähe bedeutet für uns, dass generell die Interessen des Bürgers und nicht etwa übergeordnete politische Vorgaben oder Ideologien die Basis unserer Entscheidung sind. Bei den Programmen der Parteien ist es ja leider oft so, dass diese in jeder Stadt ungeachtet der Situation vor Ort abgearbeitet werden und die eigentliche Situation vor Ort nicht unbedingt in den Entscheidungsprozess einfließt.

Hat in der FWG Lage die kommunale Sozialpolitik einen hohen Stellenwert?

Auf jeden Fall, ohne ein gut funktionierendes soziales Miteinander wäre das Zusammenleben undenkbar. Wir räumen der Sozialpolitik aus diesem Grund einen hohen Stellenwert ein. Die Hilfestellung und Unterstützung eines schwächeren Mitgliedes der Gesellschaft sollte für alle Menschen eine Selbstverständlichkeit darstellen und nicht nur für die politisch aktiven Mitglieder der Gesellschaft.

Es gab früher am Bahnhof Lage ein spanisches Kulturzentrum. wissen Sie, wann die spanischen Gastarbeiter nach Lage kamen und wo diese arbeiteten?

Soweit mir bekannt ist, kamen die spanischen Arbeiter Anfang der 70er Jahre nach Lage. Damals war die Bekleidungsfirma Ahlers hier in Lage noch angesiedelt, wo viele Gastarbeiter gearbeitet haben sollen. Es gab jedoch auch Zuwanderer, die selbstständig in der Gastronomie oder in anderen Firmen gearbeitet haben. Der spanische Kulturverein wurde nach ca. 40 Jahren vom inzwischen verstorbenen Vorsitzenden José Luis Iglesias-Vicente aufgelöst. Während der aktiven Zeit hat der Verein sich intensiv in das gesellschaftliche Leben hier in Lage eingebracht.

Sie haben früher für das Modehaus Alba Moda gearbeitet. Wie hat sich die Kundschaft seit den 70er Jahren verändert?

Da ich erst ab Mitte der 90er Jahre dort gearbeitet habe, kann ich Ihnen zu den Entwicklungen in den Jahren zuvor leider keine Informationen geben.

Generell lässt sich aber für den Zeitraum meiner Tätigkeit in dem Unternehmen sagen, dass Alba Moda immer eine gehobene Sortimentsausrichtung hatte. Wurde anfangs ausschließlich aus dem Katalog bestellt, nahm in den letzten Jahren das Internet einen immer breiteren Raum ein. Und genau wie die Mode im Allgemeinen, haben sich aufgrund dieser Entwicklungen auch die Kunden und ihr Bestell-verhalten über die Jahre verändert.

Wissen Sie, bis wann in der alten Ziegelei in Lage gebrannt wurde?

Wie auch im Internet zum Thema Ziegelei nachzulesen ist, wurde das Tonvorkommen rund um die Ziegelei Ende der 70er Jahre immer geringer, sodass die Söhne von Gustav Bergmann diese 1979 stillgelegt haben.

Jetzt finden im Rahmen der Museumsarbeit gelegentlich noch Probebrände statt.

Inwiefern war die Stadt Lage in den 70er Jahren anders als heute?

Ich habe in den 70er Jahren zwar nicht in Lage gelebt, würde jedoch sagen, dass die Großgemeindebildung 1970 prägend für die weitere Entwicklung war.

Das heutige Schulzentrum und die Sportanlagen am Werreanger wurden unter anderem in diesem Zeitraum errichtet. Auch gab es damals z. B. noch nicht die Verkehrs-beruhigung, wie wir sie heute kennen.

Der Marktplatz war eine Art Verkehrsknotenpunkt und auch die Fußgängerzone in der Bergstraße gab es noch nicht. Die Autos konnten in den 70er Jahren über den jetzigen Marktplatz und auch quer durch die gesamte Innenstadt fahren. Es hat sich also im Vergleich zu heute vieles verändert. Dass Stadtbild hat sich gewandelt und die damals begonnene innerstädtische Wandlung ist sicher noch nicht abgeschlossen.

In dieser von starkem Wandel und Entwicklung geprägten Zeit, hatte Lage mit Dr. Franz Drewes einen Stadtdirektor, der sehr viel für unsere Stadt erreicht hat und das obwohl er nicht in Lage wohnte. Er war damals die treibende Kraft für den Bau des Werreanger-Stadions und des Schulzentrums. Außerdem wurden in seiner Amtszeit alleine fünf Kindergärten in unserer Stadt errichtet.

Ebenso zeichnet er verantwortlich für die Paten- und Partnerschaften zu St. Johann i.Pg., Horsham in England und zum damaligen Panzerbataillon 214.

Und trotz all dieser Erfolge, anders kann man seine Tätigkeit nicht bezeichnen, wird auch er auf der Homepage der Stadt Lage nicht gesondert erwähnt.

Vielleicht sollte man die Ausrichtung der Homepage nochmal überdenken und die Verdienste herausragender für die Entwicklung der Stadt verdienter Persönlichkeiten mehr herausstellen. Dieser Gedanke beschäftigt mich derzeit intensiv und ich werde zumindest eine entsprechende Anregung formulieren und die Verwaltung bitten diese zu prüfen.

Mag. Dr. Bernhard Hofer

Herr Dr. Hofer, Sie sind Seit 1995 geschäftsführender Gesellschafter der Public Opinion GmbH - einem Institut für Sozialforschung, das sich auf Marketing- und Kommunikationsberatung für Non-Profit Organisationen spezialisiert hat. Können Sie ein Beispiel geben für eine Organisation geben, die Sie berieten und wie Kommunikationsberatung dort funktionierte?

Nun, unser Unternehmen führt zwar die Bezeichnung Marketing- und Kommunikationsberatung als Zusatz, doch dies geht vor allem auf die Gründerzeit zurück, wo wir insbesondere für öffentliche Stellen und Interessens-vertretungen Marketing- und Kommunikations-schulungen anboten. Unser eigentlicher Schwerpunkt liegt jedoch im Bereich der Sozialforschung, wo wir mit Methoden der Markt- und Meinungsforschung sowie angeschlossener Maß-nahmenempfehlungen tätig sind.

Beispielsweise führen wir seit 1996 für eine ganze Reihe von NGOs alljährlich umfassende repräsentative Studien zum österreichischen Spendenmarkt durch. Durch diese über eine verhältnismäßig lange Zeit durchgeführten Studien haben wir ein ziemlich deutliches Bild über das Spendenverhalten, die Beweggründe, die Spendenformen, die Spendenziele, das Image von diversen spendensammelnden Organisationen usf. erhalten. Diese Informationen sind wiederum für die NGOs insofern wichtig, als darauf aufbauend Strategien und Maßnahmen gesetzt werden.

Für das Sozialministerium erstellten wir vor einigen Jahren den 2. österreichischen Freiwilligenbericht, analysierten dabei die Strukturen und Bereiche des Freiwilligensektors zeigten Perspektiven auf. Auch für das Bundesministerium für Landesverteidigung führen wir immer wieder Untersuchungen durch – sei es zum Verhalten und zur Einstellung der Bevölkerung, der Milizsoldaten oder auch zu Kompetenzen, welche Soldaten erwerben und für den Zivilberuf mitbringen.

Macht die Public Opinion GmbH auch Politikberatung?

Direkte Politikberatung führen wir nicht durch. Allerdings fließt unsere Arbeit in diverse politische Entscheidungen ein. Dies schon aus dem Grund, da wir immer wieder für öffentliche Auftraggeber (Bund, Länder, Gemeinden) Studien durchführen, die Ergebnisse und die vorgeschlagenen Maßnahmen zumeist auch von den ressortverantwortlichen Politikern präsentiert werden.

Nimmt die Kommunikationsfähigkeit zwischen den gesellschaftlichen Akteuren in Österreich seit den 70er Jahren eher zu oder ab?

Was die Kommunikationsfähigkeit – also die Bereitschaft und Möglichkeit, mit anderen in Kommunikation zu treten - generell betrifft, so hat sich diese schon alleine durch die rasante technische Entwicklung (Internet, soziale Medien …) und den niederschwelligen Zugang zu diesen Medien stark vervielfacht. Die Kommunikationsfähigkeit im engeren Sinn jedoch – und dabei denke ich an den Dialogforscher William Isaacs, der den Dialog als „Kunst, gemeinsam zu denken" bezeichnete – hat seit den 1970er Jahren stark nachgelassen. Es tritt heute zunehmend die Tendenz auf, nicht mehr richtig zuzuhören und stattdessen einzelnen Aussagen oder Sätzen des/der Gesprächspartner sofort die eigene Position entgegenzuhalten. Dabei vergeben wir die Chance, unsere Fähigkeit zu üben, uns in andere Standpunkte einzufühlen. Kommunikationsfähigkeit im engeren Sinn ist für mich der gegenseitige Respekt und die Wertschätzung des Gesagten, denn auch die Erwartungen, Befürchtungen, Interessen, Bedürfnissen oder Perspektiven des anderen sind ein Teil der Wirklichkeit.

Diese „Kunst, gemeinsam zu denken" geht nicht nur in der Politik – wo man es eigentlich besser wissen müsste - zunehmend verloren. Die Anhänger der „Ich-Gesellschaft", die rücksichtslose Macht und Hedonismus in sich vereinen, finden sich in allen Bereichen und Schichten. Kommunikation wird von diesen Anhängern als Mittel zum Zweck betrachtet. Die Folge sind soziale Kälte und Entsolidarisierung, denen letztlich auch diese Anhänger zum Opfer fallen.

Was mich jedoch hoffen lässt, sind die ersten Anzeichen einer neuen Sehnsucht nach tieferem Dialog insbesondere bei Jugendlichen. Ordnungsrufe in diversen Internetforen mehren sich, Fake-News werden als solche bloßgestellt und den Gefühlen der Interaktionspartner wird wieder mehr Raum gewährt. Zudem bieten gerade die sozialen Medien die Möglichkeit, Geschriebenes oder Gesprochenes mit Bildern, Videos, Emoticons usw. zu verdeutlichen. Die Kommunikationsfähigkeit im engeren Sinn mag sich dadurch vielleicht wandeln, doch mit gesteigertem, sicherem Handling könnte dadurch der „Kunst, gemeinsam zu denken" in Zukunft wieder größere Bedeutung zukommen.

Sie sind Herausgeber des zweimonatlich erscheinenden Fachmagazins "Soziologie Heute". Bedeutet es für Sie Freiheit und Selbstbestimmung dieses Magazin herauszugeben?

Von 2003 bis Sommer 2008 veröffentlichte ich monatlich die kostenlose Onlinezeitschrift „Public Observer". Diese entstand aus dem Bedürfnis einiger Bekannter, mehr über gesellschaftliche Phänomene zu erfahren. Im Laufe der Jahre wuchs der Empfängerkreis auf über 4000 Leserinnen und Leser an und es wurde vermehrt der Wunsch nach einer Printausgabe geäußert. So starteten Claudia Pass, Alfred Rammer und ich im Oktober 2008 mit der ersten Ausgabe von Soziologie Heute. Von Beginn an wollten wir uns abheben von den etablierten Fachzeitschriften der soziologischen Gesellschaften. Wir wollten der Soziologie eine Stimme über die universitäre Fachwelt hinaus bieten und Beiträge bringen, welche aktuell sind und dabei auch Lösungen für gesellschaftsrelevante Fragen bieten. Durch das große Netzwerk, das wir schon zu Zeiten des Public Observer aufgebaut hatten, wurde dies erleichtert. Unsere Zielgruppen sind bildungsorientierte Leserinnen und Leser, welche gesellschaftliche Phänomene und Vorgänge hinterfragen wollen, mit Studium, Lehre oder Forschung konfrontiert sind und die als Meinungsführer oder kritische Konsumenten auftreten. Dazu zählen neben Studierenden der Sozial-, Kultur- und Geisteswissenschaften vor allem auch Pädagogen und Pädagoginnen im Schul- und Erwachsenenbildungsbereich, Menschen in Sozial- und Gesundheitsberufen sowie die in diesen Bereichen tätigen Institutionen und Organisationen. Diese Zielgruppen erreichen zu können ist unsere große Freiheit.

Wichtig war und ist uns die Unabhängigkeit. Wir haben uns deshalb nie an irgendwelche Parteien oder deren Vorfeldorganisationen gebunden. Das Magazin wird ausschließlich aus den Einnahmen seitens unserer Leserschaft finanziert, fallweise ergänzt durch Einschaltungen von Bildungs-anbietern und Unterstützern unserer Blattlinie. Die Arbeit des Redaktionsteams erfolgt ehrenamtlich, was – da ja alle einem Brotberuf nachgehen – manchmal ziemlich stressig sein kann. Doch irgendwie schaffen wir es seit nunmehr über 10 Jahren, pünktlich zu erscheinen. Seit einigen Jahren haben wir auch eine Kooperation mit dem Berufsverband Deutscher Soziologinnen und Soziologen e.V. geschlossen. Hier gibt es eine fruchtbare Zusammenarbeit, sowohl was die jeweiligen Artikel als auch die größere Vernetzung betrifft.

Ich persönlich fand 1991, vier Jahre vor meinem Abitur, über ein Buch über das Wiener Prostituiertenmilieu von Roland Girtler zu meinem Interesse für Soziologie. Ist Girtler für Sie auch der wichtigste österreichische Soziologe?

Roland Girtler ist sicherlich der bekannteste lebende österreichische Soziologe. Und für die Soziologie ist er meines Erachtens nach unverzichtbar und somit wichtig. Er ist einer der wenigen, der sich getraut, in Milieus einzutauchen, bei welchen andere Elfenbeinturm-Soziologen die Nase rümpfen. Er eröffnet uns den Blick auf Personen und Gruppen, die von der gängigen Forschung bislang ausgeklammert blieben. Es ist seine begleitende Beobachtung, die uns eintauchen lässt in unser Umfeld, einem Umfeld, in welchem Prostituierte, Wilderer, Kellner, Aristokraten, Bergbauern, Polizisten, Ganoven usf. ihren Platz haben. Seine mediale Publicity weckt natürlich viele Neider. Ich persönlich schätze Roland Girtler als Wissenschaftler, Freund und vor allem als Botschafter für die Soziologie.

Welcher Artikel aus Ihrem Fachmagazin ist Ihnen besonders wichtig?

Das ist schwer zu beantworten. Es gibt einfach zu viele gute Autorinnen und Autoren. Besonders beeindruckt hat mich sicherlich der Beitrag von Yana Milev, welche im Heft 53 der Soziologie Heute ihre Stimme für die Verlierer der deutsch-deutschen Wende erhebt. Manchmal ist es auch so, dass ich selbst einen Artikel zu einem Thema schreibe, das mich persönlich – ich bin Pfeifenraucher - betrifft. Mit „Kein Platz für Raucher?" in Heft 58 bezog ich Stellung zum damals in Österreich laufenden Anti-Raucher-Volksbegehren, für welches rund 500.000 Unterschriften gesammelt wurden. Die Wogen in der Bevölkerung gingen damals sehr hoch, Polemiken, Stimmungs- und Angstmache überdeckten gesellschaftlich bedeutend wichtigere Fragen. In meinem Beitrag sinnierte ich über den Sinn und Unsinn dieser Hetzkampagne und sprach mich einmal mehr für beiderseitige Toleranz aus. Es war ein Artikel, der uns auch zwei langjährige Abonnenten kostete. Oder ein kürzlich geschriebener Beitrag eines Autoren mit dem Titel „Sexorgien, Waffenkäufe und tote Kühe", der sich kritisch mit den Gepflogenheiten mancher Entwicklungshelfer auseinandersetzte, führte prompt zur Abo-Kündigung einer Organisation für Entwicklungszusammenarbeit, obwohl wir dieser einen Raum zur Gegendarstellung anboten. Ich finde es dabei besonders schade, wenn Akademiker aus vermeintlich verletzter Eitelkeit den öffentlichen Diskurs scheuen. Naja, das ist halt der Preis, den wir in der Redaktion im Sinne der Meinungsfreiheit zahlen.

Wie haben Sie Ihre Zeit an der Universität Ende der 1970er Jahre erlebt?

Es war eine schöne Zeit – die verrückten 1970er Jahre – wo vieles erlaubt war, was später verpönt und verboten wurde. Politisch war es die Zeit des Kalten Krieges, der Ölkrise 1973, der Watergate-Affäre unter Richard Nixon, dem Ende des Vietnam-Krieges, der Roten-Armee-Fraktion oder auch des israelisch-ägyptischen Friedensvertrages sowie des NATO-Doppelbeschlusses. Die österreichische Innenpolitik wurde von einem Mann beherrscht: Bruno Kreisky. Gesellschaftsschichten, die bislang kaum Chancen hatten, kamen zu einigermaßen Wohlstand. Es war auch der Höhepunkt der Friedensbewegung, der Beginn der Anti-Atomkraft-Bewegung sowie der Umweltbewegungen. Die Mode war geprägt von dem, was gefiel. Die gleiche Mode konnte von Männern wie Frauen getragen werden. Der Military Look war gefragt und fand Einzug in die zivile Bekleidung.

In dieser Zeit des Umbruchs - von uns Jugendlichen als solcher kaum wahrgenommen – begann ich mein Studium an der Johannes-Kepler-Universität. Nach meiner Matura an der Handelsakademie Linz und der Einjährig-Freiwilligen-Ausbildung beim Österreichischen Bundesheer stand für mich fest: Ich will studieren. Die anfängliche Skepsis meiner Eltern - beide Teile stammten aus eher einfachen bürgerlichen Verhältnisse, waren fleißig, sparsam und stets familienorientiert

– wich bald einem gewissen Stolz. Der Jüngste hat die Matura, ist Milizoffizier und jetzt sogar Student! Leider konnte mein Vater die Sponsion nicht mehr erleben, da er viel zu früh noch während meines ersten Studiensemesters verstarb.

Es war die Soziologie, die es mir angetan hatte, und die auch meinen späteren Werdegang, teils auf Umwegen, prägte. Das Studium dieser Wissenschaft von und für die Gesellschaft faszinierte mich, denn hier konnte ich verstehen lernen, wie gesellschaftliche Phänomene entstehen, verändern und prägen können, welcher Einfluss von Institutionen und Organisationen ausgeht und wie sich Menschen in der Gesellschaft oder in Gruppen verhalten. Beeinflusst wurde ich vielleicht auch durch mein Engagement schon während der Schulzeit in der kirchlichen Jugendarbeit und später dann beim Militär.

Damals verstand es sich von selbst, dass man sich seinen Stundenplan für die zu absolvierenden Lehrveranstaltungen und Prüfungen selbst zusammenzimmerte. Da es noch kein Internet gab, verbrachte ich auch unzählige Stunden in der Bibliothek und nahm mir oft mehr Bücher nach Hause, als ich bewältigen konnte. Zu groß war einfach die Verlockung. Es gab noch keine Studiengebühren und der Lehrbetrieb war – ganz im Gegensatz zu heute – fast familiär. Jeder kannte jeden, man traf sich gerne an den mit Flugblättern übersäten Tischen beim Buffet vor dem Hörsaal 1, ging nach Seminaren mit so manchen Professoren oder Assistenten auf ein Bier oder einen G'spritzten und diskutierte über Gott und die Welt. Studentenfeste waren an der Tagesordnung, ebenso wie Flugblattaktionen oder lautstarke Zwischenrufe im Hörsaal gegen missliebige Professoren, Friedensprozessionen, marxistische Outdoor-Seminare oder tolle Konzerte im Studentenkeller LUI. Und selbst das Rauchen in den Seminarräumen erfreute sich einer gewissen Beliebtheit. Soziologinnen und Soziologen waren aber nicht nur an der Uni präsent. Ich selbst sammelte Erfahrungen bei

Firmenbefragungen, interviewte Leute auf der Straße oder konnte im Rahmen eines Seminars an einem Stadtteilfest im Franckviertel mitwirken. Und wieder waren es die Linzer Soziologinnen und Soziologen, die 1976 – in einer Art Protest gegen die Ignoranz der damaligen Österreichischen Gesellschaft für Soziologie – den Berufsverband der Soziologinnen und Soziologen gründeten, welcher 2016 sein 40-jähriges Bestehen feierte.

Diese Verbindung von Theorie und Praxis, das Heraustreten der Universität durch Professoren, Assistenten und Studenten aus dem gläsernen Elfenbeinturm und die Einbindung in das gesellschaftliche Hier und Heute ist es, was für mich bis heute den Reiz an der Soziologie ausmacht. Soziologie als Wissenschaft, welche die gesellschaftlichen Wechselwirkungen unter die Lupe nimmt, ist gerade für Gesellschaften im Wandel von unschätzbarer Bedeutung. In den 1960er und 1970er Jahren erhob sich die junge Universität Linz inmitten einer Industriestadt und begleitete den Wandel zur Kulturstadt. Die Soziologie war Gründungsdisziplin und das Wort ihrer Institutsleiter hatte nicht nur in der Landeshauptstadt Gewicht. Mit dem Wandel zur Dienstleistungs- und Informationsgesellschaft verlor die Soziologie allerdings mehr und mehr an Einfluss; BWL und Informatik übernahmen die Führungsrolle, mussten diese jedoch bald an die TNF-Fakultät und in Hinkunft wohl an die medizinische Fakultät abgeben. Was in diesem Zusammenhang vielleicht besonders schmerzlich erscheint, ist, dass gerade die Soziologie als Bindeglied-Wissenschaft es verabsäumt hat, ihrer gesellschaftlichen Verantwortung entsprechend nachzukommen. Zunehmend wurden Interpretationen und Erklärungen zu den Auswirkungen neuerer wissenschaftlicher Erkenntnisse, Erfindungen oder Produkteinführungen anderen Disziplinen überlassen. Doch gerade in Zeiten des gesellschaftlichen Wandels erscheint es notwendiger denn je, zu reflektieren, zu analysieren, zu evaluieren, aber auch in Forschung und Lehre gesellschaftliche Entwicklungen vorwegzunehmen.

Im Laufe meines Berufslebens lernte ich immer wieder Soziologinnen und Soziologen kennen, die in Bereichen wie Bildung, Kultur, Soziales, Politik und v.a. auch in der Regionalentwicklung tätig waren und dort Erstaunliches leisteten. Es dürfte wohl dieser breite Zugang zu gesellschaftlichen Phänomenen sein, der Soziologinnen und Soziologen prädestiniert, praxisrelevante Entscheidungen vorzubereiten, zu begleiten und oftmals auch selbst umzusetzen.

Wen heute Themen wie „Industrie 4.0", „Umwelt- und Klimakatastrophe", „Migration", „Sozialhybride Strukturen", „Gesundheitsethik" oder „Bildungsreform" die Tagesordnung beherrschen, so ist die Soziologie gefordert, sich diesem Wandel zu stellen, ihm offensiv zu begegnen und Lösungsansätze zu präsentieren. Manchmal ist es eben auch notwendig, geschützte Bereiche zu verlassen, Neuland zu betreten und selbstauferlegte Fesseln abzustreifen. Und die anderen Disziplinen täten gut daran, sich der Expertise der Soziologinnen und Soziologen vermehrt zu bedienen.

Sie waren einmal Generalsekretär in einem wehrpolitischen Verein. Was war in dieser Funktion Ihre Aufgabe?

Fragen zur Sicherheitspolitik begleiten mich schon seit meiner Zeit als Einjährig-Freiwilliger beim Österreichischen Bundesheer. Als Informationsoffizier war ich im Rahmen der Politischen Bildung an zahlreichen Schulen eingesetzt, diskutierte bei Veranstaltungen mit Friedensaktivisten und half mit bei der Gründung und Etablierung des Milizverbandes, einer Interessensvertretung für Milizsoldaten. Beim UNO-Einsatz in Zypern sammelte ich zudem Auslandserfahrung. Anfang der 1980er Jahre, noch als Student, war ich dann Generalsekretär und später Vizepräsident beim Info Team Landesverteidigung. Ziel dieser Organisation war es, Aufklärungsarbeit zu sicherheits-politischen Fragen in der Bevölkerung zu leisten. Neben Kongressen und Vorträgen organisierten wir damals den sog. „Tag der Schulen" in einer oberösterreichischen Kaserne. Dies war so erfolgreich, dass das Österreichische Bundesheer diesen institutionalisierte. Großteils finanzierten wir uns durch die Herausgabe des alljährlich erscheinenden Bundesheer-Bildkalenders, ein Novum für die damalige Zeit. Als die Tschernobyl-Katastrophe ausbrach, produzierten wir für das Bundeskanzleramt sozusagen über Nacht eine Informationsbroschüre, welche damals an eine Viertelmillion Österreicherinnen und Österreicher verteilt wurde. Heute gibt es das Info Team Landesverteidigung nicht mehr – es war sozusagen eine Organisation, die von idealistischen Studenten getragen war. Dem Österreichischen Bundesheer bin ich jedoch nach wie vor verbunden: meinem Alter entsprechend bin ich für den militärischen Kulturgüterschutz zuständig und im Rang eines Oberst.

Klaus Hempel

Klaus Hempel ist Bürgermeister Stadt Stadtroda seit 01.07.2012.

Herr Bürgermeister Hempel, Sie wurden in 2018 mit über 80% der Wählerstimmen als Bürgermeister von Stadtroda bestätigt. Was machen Sie besser als Ihre Amtskollegen?

Im Mai 2018 wurde ich mit über 80 % wieder als Bürgermeister der Stadt Stadtroda gewählt. Dies sehe ich als Auftrag, die erfolgreiche Entwicklung der Stadt Stadtroda weiterzuführen und mich auch weiterhin für das Wohl der Bürgerinnen und Bürgern einzusetzen.

Besser als andere Amtskollegen sehe ich mich nicht. Vielleicht bin ich glaubwürdiger, da ich nichts verspreche, was ich nicht halten kann. Die mangelnde Glaubwürdigkeit sehe ich als ein Problem in der Politik.

Könnte die große Zustimmung zu Ihrer Arbeit such daran liegen, dass Sie den Bürgern Stadtrodas wirklich helfen wollen?

Als Bürgermeister versuche ich, den Spielraum, den mir die Rechtsordnung eröffnet, vollständig für die Stadt und Ihre Einwohnerschaft zu nutzen. Auch meine Verwaltung habe ich dementsprechend angewiesen.

Bedauerlich ist, dass die Bürokratie immer mehr zunimmt und damit uns auch immer mehr einschränkt.

Nach Ihrer ersten Wahl zum Bürgermeister in 2012 konnten Sie Ihr Amt zunächst nicht antreten. Warum?

Nach der ersten Wahl 2012 habe ich mein Amt als Bürgermeister angetreten. Auf Initiative des Landrates wurde ich kurz danach meines Amtes enthoben. Man hielt mir vor, ich hätte meine Tätigkeit im Ministerium für Staatssicherheit verheimlicht. Das Gericht hat erkannt, dass dies nicht der Fall war. Sowohl auf meiner Internetseite auch auf einem extra Anschreiben habe ich ausdrücklich auf diesen Sachverhalt hingewiesen. Ich stehe zu meiner Vergangenheit und ich persönlich werte das Ganze als schlechten Versuch, ein unbequemes Wahlergebnis zu korrigieren.

Ist mit dem Marktquartier in Stadtroda das Gebiet um den Marktplatz gemeint? Was ändert sich dort gerade?

Das Marktquartier ist das Gebiet, auf dem zu DDR-Zeiten schon einmal ein Kaufhaus gestanden hat, welches in der Vergangenheit als Markt gedient hat.

Mein Amtsvorgänger, der damalige Stadtrat und die Verwaltung haben das Kaufhaus als städtebaulichen Missstand eingestuft. Infolge dessen wurde es, mit einigen benachbarten Häusern, abgerissen, um ein Baufeld für einen Neubau zu schaffen.

Nach mehrfachen Versuchen ist es mir nun gelungen, einen Investor zu finden: das Deutsche Rote Kreuz Kreisverband Jena-Eisenberg-Stadtroda e.V. Dieser ist bereit, am „Marktquartier" 10,5 Mio. € zu investieren, um mehrere Gebäude zu errichten. Geplant ist die ambulante Pflege, DRK-Schulungszentren, Kleiderkammern des DRK sowie Verkaufseinrichtungen und seniorengerechtes Wohnen unterzubringen.

Ich verspreche mir von der Bebauung des „Marktquartiers" eine Belebung und eine qualitative Verbesserung der Innenstadt.

Die Sparkasse Stadtroda hatte früher einen anderen Standort. Wo war dieser?

Die Sparkasse in Stadtroda hat eine lange Geschichte. Bis 1925 war die Sparkasse von Roda im alten Rathaus am Markt untergebracht.

Ab 1925 nahmen die Geschäfte der Sparkasse immer mehr zu. Das machte es erforderlich, dass das Eichamt auf dem Amtsplatz zur Sparkasse umgebaut wurde. 1936 wurde das Gebäude der heutigen Stadtsparkasse errichtet.

Stimmt es, dass zu DDR-Zeiten das Ministerium für Staatssicherheit einen Stützpunkt hatte?

Das MfS hatte mehrere Stützpunkte, Bezirksdienststellen in allen Bezirken und Kreisdienststellen in allen Kreisstädten. Da Stadtroda Kreisstadt war, gab es auch in Stadtroda solch ein Standort in der heutigen Schillerstraße.

Gab es in den 70er Jahren ein großes Kaufhaus in Stadtroda?

Einzig bekanntes Kaufhaus war die sogenannte „Bockwurst" am Markt. Es wurde im Jahr 1976 eingeweiht und 2008 abgerissen. Die „Bockwurst" war eine Kombination aus einem zwei-stöckigem Kaufhaus und einem Wohnhaus mit mehreren Wohneinheiten.

In der FAZ vom 28.August 2018 wird der Film "Gundermann" rezensiert. Er spielt in der thüringischen DDR des Jahres 1975. War Gundermann ein bedeutsamer DDR-Liedermacher?

Herr Gundermann war ein bedeutender DDR-Liedermacher und hat durchaus zu kontroversen Diskussionen angeregt.

Klaus Renft von der" Klaus Renft Combo " wurde 1942 in Stadtroda Gernewitz geboren. Ende 1975 wurde die Band zum zweiten Mal verboten, die Plakate für einen Auftritt im Kulturhaus Stadtroda Ende 1975 waren schon gedruckt. Hatten Sie damals davon gehört?

Gleiches gilt natürlich auch für Klaus Renft und die Klaus Renft Combo.

1974 besuchte ich die 3. Klasse, war also noch ziemlich jung. Aber durch meine älteren Geschwister habe ich viel mitbekommen und kann ich mich an diese Zeit noch erinnern.

Von wann bis wann nach der Wiedervereinigung war Stadtroda selbständige Kreisstadt?

Stadtroda war bis 1994 Kreisstadt des Kreises Stadtroda. Infolge der Gebietsreform entstand der Saale-Holzland-Kreis mit der Kreisstadt Eisenberg.

Was ändert sich dadurch, dass Bollberg und Quirla zukünftig Stadtteile von Stadtroda werden?

Die Eingliederung der Gemeinden Bollberg und Quirla vereinfacht die Verwaltungstätigkeit und ermöglicht den Gemeinden Investitionen, die ohne die Stadt Stadtroda nie möglich gewesen wären. Natürlich wird Stadtroda mit seinen neuen Ortsteilen in seiner Position als Mittelzentrum gestärkt und sieht einer gemeinsamen Zukunft positiv entgegen.

Sie sind Mitglied der FWG. Warum?

Ich bin politisch und weltanschaulich nicht gebunden. Ohne ideologischen Hintergrund konzentriere ich mich auf die Lösung der Sachprobleme.

Und natürlich sind die Freien Wähler in Stadtroda ein tolles Team.

Jürgen A. Kraxenberger

Jürgen A. Kraxenberger (Inhaber eines Automuseums, Verleger, Buchautor u. a. von „U 565 – Das Boot und seine Menschen", „Hans Glas – Ein niederbayerischer Unternehmer" sowie Co-Autor „Das große GLAS-Buch –Chronik einer ungewöhnlichen Automarke", weitere Infos unter: info@carhistory.de.

Herr Kraxenberger, 1991 gaben Sie mir eine Visitenkarte auf der in etwa: "Borgward und Glas Club" stand, was machte dieser Club?

Seit meinem 16. Lebensjahr bin ich Mitglied in der Carl F. W. Borgward-Interessengemeinschaft e. V. und seit meinem 18. Lebensjahr beim Glas-Club International.

Im Januar 1984 gründete ich als Initiator mit zwei „Mitstreitern" die Goggo- und Glasfahrergemeinschaft Dingolfing mit derzeit 150 Mitgliedern und bin deren Vorstand seit der Gründung. Hier in Dingolfing wurde ja das mittlerweile legendäre Goggomobil in über 280.000 Exemplaren gefertigt.

Zeitweise in den 1950er Jahren war das Goggomobil der meistgebaute Kleinstwagen in der Hubraumkategorie bis zu 500 cm³ weltweit, obwohl es nur eine 250 cm³-, 300 cm³- und 400 cm³-Variante in Deutschland gab. Das Goggomobil wurde u. a. auch in Spanien und in Australien in Lizenz gebaut. Später baute der Hersteller des Goggomobils, die ehemalige Hans Glas GmbH, welche ursprünglich auch mal größter Sämaschinenhersteller Europas war, viele weitere Automobiltypen bis zum „Glaserati" (GLAS V8), ein edles Grandturismo Coupé der Oberklasse, welches man aufgrund seines ähnlichen Designs zum Maserati Quattroporte auch der Volksmund „Glaserati" nannte. Als GLAS 2600 V8 und als

BMW/GLAS 3000 V8 entstanden nur knapp über 700 Exemplare.

Die vorgenannten Clubs kümmern sich neben der Traditionspflege der Marken u. a. um die Ersatzteil-beschaffung oder Nachfertigung, jährlich stattfindende Treffen mit den Oldtimern, Ausfahrten, Benzingespräche, Reparatur- und Restaurierungstipps und vieles mehr.

Bis 2015 führten Sie ein Automuseum in Unterhollerau. Worauf lag der Schwerpunkt?

Mein Schwerpunkt und meine große Leidenschaft waren und sind Familienunternehmen der deutschen Automobilindustrie, die leider nicht mehr existieren. Insbesondere seit meiner Kindheit hat mich die Firma Glas in Dingolfing fasziniert. Meine Vorfahren mütterlicherseits haben in dieser Firma auch zeitweise gearbeitet, so war meine Mutter mal dort als Lohnbuchhalterin tätig und mein Urgroßvater sogar mal Betriebsleiter ab November 1918 bevor er sich mit einer kleinen Maschinenfabrik mit einem seiner beiden Söhne selbstständig machte. Mein Großvater betrieb eine eigene kleine mechanische Werkstätte in Dingolfing. Ein weiteres Highlight neben den Produkten und Erzeugnissen der ehemaligen Hans Glas GmbH, welche ich in meinem Museum ausstellte – von der Sämaschine, den Goggo-Motorroller über das Goggomobil, den Glas Isar, den Glas 1004, den Glas 1300 GT, Glas 1700 Limousine bis eben zum Glas V8 ist die ehemalige Borgward-Gruppe aus Bremen mit den Marken Hansa, Goliath, Lloyd und Borgward. Nachweislich seit meinem 9. Lebensjahr, als ich im Februar 1970 ein Zigarettenalbum der Firma Kosmos aus dem Jahr 1953 mit vielen Autobildern geschenkt bekam, bin ich ein leidenschaftlicher Borgward-Fan und habe mir über die Jahrzehnte viele Fahrzeuge dieser Marken zugelegt. Insbesondere der zu vermeidende Konkurs der Borgward-Gruppe beschäftigt mich bis heute. Das dilettantische Vorgehen des Bremer Senats sowie das bewusste Zerstören der Borgward-Gruppe in Verbindung mit dem sogenannten Sanierer und BMW-Mann Dr. Johannes Semler (Aufsichtsratsvorsitzender von BMW, der sein Amt nur kurz während seiner Zeit in Bremen ruhen ließ) kann man nicht begreifen, dass dies der Senat sogar noch einfädelte. Sehr gut wird dieses merkwürdige Geschehen auch in dem Film „Die Affäre Borgward" gezeigt, welcher am 7. Januar 2019 im „Ersten" ausgestrahlt wurde.

Sie wollen das Museum im Jahr 2021 im Bayrischen Wald wiedereröffnen. Was ändert sich?

Mein Museumskonzept habe ich neu überarbeitet. Der Schwerpunkt bleibt natürlich der gleiche. Die Präsentation der zahlreichen Exponate wird verändert und mehr Platz geschaffen, neben den Oldtimern, eine große Modellauto- und Puppensammlung, viele zeitgenössische Gegenstände und vieles mehr. Des Weiteren ist angedacht die Ausstellung behindertengerecht zu gestalten, was am alten Standort nicht möglich war. Insbesondere werden sich auch die Besucherzahlen positiv verändern, da es sich am neuen Standort um eine von Touristen und Urlaubern gut besuchte Region handelt.

Als letztes Modell lief 1969 ein Goggomobil vom Band der Firma Glas. Warum kein V8?

Beim Goggomobil war immer noch eine Nachfrage da, da es noch viele alte Führerschein-Klasse IV-Besitzer gab, die nur Kleinstwägen bis 250 cm³-Hubraum fahren durften. Ursprünglich hatte der Gesetzgeber damit wohl Motorräder gemeint, aber ein paar ideenreiche Unternehmer bauten mit diesem geringen Hubraum Kleinstfahrzeuge, wie das Goggomobil, die BMW Isetta, den Lloyd 250, den Messerschmitt Kabinenroller, den Zündapp Janus, die Heinkel Kabine, Fuldamobil, Kleinschnittger u. a. Hersteller.

Den Glas V8 „beerdigte" leider BMW meines Erachtens viel zu früh, da man ja zur damaligen Zeit keinen eigenen V8 mehr anbot. Aber die sogenannte „Neue Klasse" von BMW lief sehr gut, sehr wahrscheinlich auch weil der Erfinder der sportlichen Limousine in Deutschland Carl F. W. Borgward mit seiner Borgward Isabella TS, kein Mitbewerber mehr war. Die V8-Fertigung war wie auch die GT-Fertigung aufwändig. Die Karosserien wurden in Italien gefertigt und dann nach Dingolfing gebracht und die Fahrzeuge komplettiert und fertiggestellt. Leider kamen die Karossen oft schon mit Rost an. Die Glas 1700 Limousine, obwohl auch das Design von Frua stammte, übrigens ursprünglich für den Hansa 1300 (von der Borgward-Gruppe) gemacht, wurde komplett in Dingolfing gefertigt. Interessant ist beim 1700er, dass hier schon teils verzinkte Bleche verbaut wurden an gewissen Bauteilen.

Was hat ein Goggomobil 1966 gekostet, was war der Kaufpreis eines Glas V8 2600?

Ab November 1966 kostete die Goggomobil Limousine mit 250 ccm³-Motor 3.450 DM und als Coupé 3.850 DM.

Der Glas 2600 V8 kostete bei Serienbeginn 18.880 DM plus 520 DM Aufpreis für die Lenkhilfe.

Als BMW/Glas 3000 V8 kostete der Wagen ab 1967 23.850 DM.

Wie kam es zur Zusammenarbeit der Firma Glas mit dem Autodesigner Pietro Frua?

Schon Anfang der 1960-er Jahre sah sich die Firma Glas nach einem Autodesigner um, um die zukünftig neu angedachten Modelle mit einem ansprechenden Design auf den Markt bringen zu können. Exportleiter Heinrich Stützel knüpfte den Kontakt zu Pietro Frua, dessen Designstudio in Moncalieri bei Turin einen international sehr guten Ruf genoss.

Bis wann produzierte BMW das Glasmodell als BMW/GLAS V8 3000 weiter?

Bis 1968.

Hans Glas galt als sozialer Firmenchef, stand er nach dem Krieg der SPD nah?

Auf einer Wahlveranstaltung der Parteilosen Wählergemeinschaft legte er dar, dass Dingolfings Stadtväter ein Haufen von Trotteln wären, dass der Bürgermeister „a guate Haut, aber a zahnluckerter Erztrottel" sei und sagte noch: „Wann i a Arbeiter wär, tat i sozialdemokratisch wähl`n. Aber i bin a Fabrikant, a Wirtschaftler und deshalb wähl i was andres". Er wurde 2. Bürgermeister von Dingolfing (aus einer Niederschrift von Helmut Dannenberg, welcher Werbeleiter bei der Firma Glas war).

Vor allem aber bleiben seine menschliche Art und sein soziales Engagement unvergessen. Wenn es ihm möglich war, half er seinen Mitarbeitern, Bekannten und Verwandten in allen Notlagen. Aber auch für die Allgemeinheit hatte er ein gutes, stets offenes Herz, sei es bei der finanziellen Bezuschussung beim Neubau der Turnhalle, der Errichtung der gewerblichen Berufsschule, der Bau der Oberrealschule, der Ausbau des Stadtbades, für die Kirche St. Josef, der Volksschule Teisbach, beim Bau des Isar-Wald-Stadions oder beim Bau des BRK-Hauses. Alleine den allgemeinen sozialen Wohnungsbau bezuschusste Hans Glas mit 1.040.000 DM. Außerdem hatte Hans Glas in unzähligen Fällen Zuwendungen an caritative Verbände, an kulturelle Institutionen, öffentliche Einrichtungen und Vereine aller Art geleistet. Und letztendlich nicht zu vergessen, was er für seine Mitarbeiter an freiwilligen sozialen Leistungen erbrachte. Er unterhielt ein eigenes Betriebserholungsheim in der Ramsau oder auch die Betriebsausflüge die vielen noch lebenden „Glaserern" bestens in wunderbarer unvergesslicher Erinnerung sind.

Wie viele Mitarbeiter hatten die Glaswerke?

Zur allerbesten Zeit hatten die Glas-Werke 4.500 Beschäftigte. Glas war damals das größte Industrieunternehmen in Niederbayern

Blieben nach dem Firmenende die meisten Mitarbeiter bei BMW oder wurden auch viele Mitarbeiter von Neoplan abgeworben?

Es gab einen Personalabbau. Viele Mitarbeiter insbesondere in leitenden Stellen gingen zu VW, Audi und Porsche aber auch zu anderen Unternehmen oder wechselten in die BMW-Zentrale nach München. Arbeitnehmer und Angestellte gingen auch zu der Firma Eicher.

Die Firma Neoplan erwarb erst 1973 die Gebäude von der Firma Eicher in Pilsting, was früher ein Zweigwerk von der Firma Glas war. In Landshut hatte die Firma Glas ihr Motorenwerk.

Anfang der 1970-er Jahre baute dann die BMW AG ein neues großes Werk in Dingolfing im Isarmoos, welches bis vor ca. zwei Jahren das größte Produktionswerk von BMW war.

Nun ist Dingolfing das größte europäische Werk. Das größte BMW-Werk ist in Spartanburg, wird aber in Zukunft von einem BMW-Werk in China übertroffen.

In Dingolfing waren zur besten Zeit bei BMW 23.000 Mitarbeiter beschäftigt. Derzeit dürften es ca. 17.000 Leute sein.

Tanja & Patrick

Harry R. Wilkens

Harry R. Wilkens ist ein Schriftsteller und Publizist, der in Genf in der Schweiz lebt.

"Habe Mut, Dich Deines eigenen Verstandes zu bedienen" (Immanuel Kant). Könnte das Ihr Lebensmotto sein?

Ja.

Herr Wilkens, in welcher Lebenssituation wurden Sie erstmals mit der 68er Bewegung konfrontiert?

Ich war junger Angestellter mit Zweijahresvertrag in der Brüsseler EWG-Kommission. Zur Zeit des Einmarsches der Sowjettruppen in Prag befand ich mich auf Urlaubsreise in Rumänien und bekam in Bukarest die Proteste der Rumänen sowie die Ansammlungen von Bürgern der Tschechoslowakei und der DDR mit.

Andererseits ging uns Werktätigen die sogenannte 68er Bewegung am Allerwertesten vorbei. John Le Carré ließ ja damals eine seiner Romanfiguren in seinem Buch "Eine kleine Stadt in Deutschland" feststellen, dass sich die deutsche Jugend nicht erhob, weil ihre Eltern den Zweiten Weltkrieg angefangen hatten, sondern weil sie ihn verloren hatten.

Sie äußerten sich im Jahr 2017 publizistisch zum Begriff der "verlorenen Generation". Welche Generationen nach 1945 betraf dies?

Die Generationen, die nichts anderes mehr als Adenauer, Kohl und Merkel sowie das Horrorregime der Ayatollahs und der Saudis kannten. Eine grausame, abgestumpfte Generation.

Ein Wahlkampfslogan der SPD zur Bundestagswahl lautete: "Deutsche, wir können stolz sein auf unser Land". Haben Sie damals noch gern in der BRD gelebt?

Ich habe nie gern in der BRD gelebt, vor allem nicht, als diese deutschnationalen Scheißhausparolen wieder anfingen.

Wie beurteilen Sie die neue Ostpolitik von Bundeskanzler Willy Brandt?

Ich war dafür, war jedoch skeptisch, denn immerhin war Brandt unter dem NS-Bundeskanzler Kurt Georg Kiesinger, ohne zu murren Außenminister gewesen. In einer GroKo schon damals!

Wurde in den 80iger Jahren noch mehr Demokratie gewagt oder begann schon die Zeit der demokratischen Stagnation?

Wegen des RAF-Terrorismus hielten die Bleiernen Jahre noch an. Ich lebte von 1984 bis 1987 in Athen, u.a. als Korrespondent der Allgemeinen Schweizerischen Militärzeitschrift, und tauschte mich mit dem damaligen Athener SPIEGEL-Korrespondenten Kostas Tsatsaronis aus, der ebenfalls wusste, dass deutsche Einrichtungen in Athen dank eines Deals mit dem RAF-nahen Rolf Pohle nichts von der Terrororganisation "17. November" zu befürchten hatten.

Welchen Beruf übten Sie in den 70iger Jahren aus?

In Brüssel freier Übersetzer, in Paris Fremdsprachenkorrespondent, in Starnberg Vater von zwei Kindern. Und daneben u.a. für die DIA (Defence Intelligence Agency) im Kampf gegen deutschen und griechischen Terrorismus tätig, der gegen die US-Streitkräfte gerichtet war, mit als Beifang Erkenntnisse über den Personenkreis um das spätere Oktoberfest-Attentat von 1980.

"Der Internationale Frühschoppen" mit Werner Höfer war in den 70iger Jahren eine sehr bedeutsame politische Diskussionsrunde. Kannten Sie Werner Höfer persönlich?

Nein. Aber ich schätzte seinen Frühschoppen, umso mehr, als er im Gegensatz zum heutigen Presseclub international war, wie übrigens auch manche Quizsendungen damals. Heute unvorstellbar! Allerdings gibt es Befürworter der Wiedereinführung dieses internationalen Konzepts – ohne dieselben, meist deutschen, Edelfedern und Hofschranzen.

Sie hatten von 1977 bis 1981 CONFLICT, die "Vierteljahresschrift für enttabuisierte Zeitgeschichte", herausgegeben. Was war Ihre Intention?

Eben die enttabuisierte Behandlung der Zeitgeschichte, mit der Veröffentlichung von Beiprodukten meiner DIA-Erkenntnisse.

Inzwischen führe ich meine aufklärerische Tätigkeit in Facebook und Twitter und anderswo im Internet weiter.

Sie werden im Parteien-Handbuch von Richard Stöss, 1980, erwähnt. Ihre Partei war die CBV (Christlich-Bayrische Volkspartei) von Ludwig Volkholz. Was haben Sie dort getan?

Ich war damals in der elsaß-lothringischen Autonomistenbewegung publizistisch tätig, durfte jedoch als damaliger deutscher Staatsbürger nur für die autonomistische CBV bei den ersten Europawahlen 1979 kandidieren.

Herr Wilkens, Sie kennen Siebenbürgen?

Im Sommer 1968 saß ich im Morgenzug, 1. Klasse, Belgrad-Bukarest. Mein einziger Abteilgast war der Postmeister von Temeschburg/Timişoara/Temišvar/Temesvár. Ein großer knochiger Serbe oder Banatdeutscher, aus dem Adriaurlaub kommend, den er im historisch anmutenden Tropenhelm überstanden hatte. Eine Art Zorbas der Grieche von Nikos

Kazantzakis, der ja ursprünglich im damaligen Serbien Bergbau-Fremdarbeiter war... Ich hätte aussteigen können, seine Tochter heiraten, und mit dem "Genie der Karpaten" Ceauşescu untergehen können. Aber so bin ich ein mit einer Marokkanerin verheirateter türkischer Journalist und kenne solche tollen Leute wie Zick, Sie und andere VIPs. Mein Leben ist jedoch immer noch so gefährlich...

Prof. Dr. Roland Girtler

Prof. Dr. Roland Girtler (* 31. Mai 1941 in Wien-Ottakring) ist ein österreichischer Soziologe, Kulturanthropologe, Schriftsteller, Hochschullehrer, Kolumnist und Ausstellungskurator. Er ist Vertreter der „Verstehenden Soziologie" nach Alfred Schütz und hat sich der qualitativen Sozialforschung verschrieben.

Anfang der 1970er Jahre betrieb er Feldforschung in Indien über Die „demokratische" Institution des Panchayat in Indien und veröffentlichte deren Ergebnisse 1971 im gleichnamigen Buch. Seine abwechslungsreiche Forschertätigkeit führte ihn in die Bauerndörfer von Gujarat (Indien) und in die Slums von Mumbai (damals Bombay), aber auch zu „feinen Leuten" (Aristokraten, Politiker, Jäger), in das Umfeld von städtischen Randkulturen (Dirnen, Sandler, Ganoven), zu Bergbauern, Schmugglern, (damals ausschließlich städtischen) Polizisten, den Landlern in Siebenbürgen, zu Landärzten, Klosterschülern und zu Wilderern.

Seine aktuellen Forschungsschwerpunkte sind die Kultursoziologie, Randkulturen und der Bauernstand in Österreich sowie Siebenbürgen. Als unkonventioneller Forscher und akademischer Lehrer stellte Girtler 10 Gebote der Feldforschung auf. (Quelle: Wikipedia)

Herr Professor Dr. Girtler. sehen Sie sich als Sozialphänomenologen?

Ja, denn die Phänomenologie, wie ich sie verstehe, bezieht sich auf die (sozialen) Erscheinungen unserer Welt. Daher sind diese zu beschreiben und entsprechend zu interpretieren. Der Phänomenologe blickt also hinter die Erscheinungen und versucht diese durch seine Einsicht in die Wirklichkeit (dies geschieht vor allem durch Beobachtung) zu deuten bzw. einzuordnen.

In Ihrem Buch: "Vagabunden der Großstadt" von 1980 schreiben Sie: "Eine Soziologie ist nicht viel wert, wenn sie sich nicht mit dem Menschen unmittelbar befasst." War diese Erkenntnis Ihr Ausgangspunkt dafür, in die Randkulturenbeobachtung zu gehen?

Ja, ich habe gesehen, wie spannend es ist, sich mit Menschen, die am so genannten Rande der bürgerlichen Welt leben, zu befassen.

Was kennzeichnet Ihre "Theorie der Unanständigkeit"?

Ich verstehe darunter eine Gesamtschau (Theorie) sozialen Handelns mit alle den dazu gehörenden Symbolen und Ritualen, welches gegen die „guten Sitten“ und rechtlichen Normen einer staatlichen o. ä. Gesellschaft verstößt.

In welchem Jahr nahmen Sie erstmals Kontakt mit dem Sandlermilieu auf?

Das erste Mal war während meiner Studentenzeit um 1968, als ich am Wiener Naschmarkt Gemüse ausführte.

Hat die Existenz von Randkulturen auch etwas mit der herrschenden sozialen Ungleichheit in einer Gesellschaft zu tun?

Meist ist es wohl so.

Wann reisten Sie erstmals nach Siebenbürgen, um dort Feldforschungen durchzuführen? Kennen Sie auch das Banat?

1992 reiste ich das erste Mal mit Studenten nach Siebenbürgen. Den Banat kenne ich auch, allerdings war dort nicht als Forscher, sondern als Begleiter eines Tierarztes, der bei Temeschwar Hunde kastrierte, um sie vor der Tötung zu retten.

Sind Sie durch das Eintauchen in verschiedene Milieus auf die Idee gekommen, die " Zehn Gebote der Feldforschung" zu entwerfen?

Ja, unbedingt.

Peter Hohl

Peter Hohl ist Journalist, Aphoristiker und Verleger.

Herr Hohl, war die Verbrechensaufklärungssendung "Aktenzeichen XY ungelöst" zwischen 1967 -1979 die modernste Sendung im deutschen Fernsehen?

Das Format war insofern revolutionär, als dabei erstmals etwas geschaffen wurde, was später unter dem Begriff „Reality-TV" viele Nachahmer gefunden hat. Die Wirkung der Sendung beruhte wesentlich darauf, dass die Zuschauer zwar eine Spielhandlung sahen, aber davon ausgehen konnten: So hat es sich tatsächlich zugetragen. Dadurch berührte das Geschehen die Menschen emotional stärker als eine fiktive Spielhandlung. Mit Rücksicht darauf war die Sendung andererseits in formaler Hinsicht bewusst nicht „modern". Sie wurde als eine der letzten bedeutenden Sendungen von Schwarzweiß auf Farbe umgestellt, sie verzichtete auf Effekte, die auch damals schon möglich gewesen wären. Es gab weniger spannungstreibende, sondern eher versachlichende Musik. Und auch die Live-Moderation wirkte mit voller Absicht unspektakulär und seriös.

Wie kam es dazu, dass für "Aktenzeichen XY ungelöst " ab Oktober 1967 ein fester Sendeplatz im ZDF eingerichtet wurde?

Zum einen hatte Eduard Zimmermann zu diesem Zeitpunkt im ZDF bereits seit drei Jahren sehr erfolgreich die Sendung „Vorsicht, Falle! Nepper, Schlepper Bauernfänger" produziert. Das ZDF wusste also, dass ein erfahrener Fernsehmacher den Sendeplatz beantragte. In dem speziellen Fall standen aber auch Polizei und Staatsanwaltschaften hinter der Programmidee. Und es gab einen aufgeschlossenen Programmdirektor im Sender: Über ihn schrieb Eduard Zimmermann in seinem Buch „Das unsichtbare Netz – Rapport für Freunde und Feinde" die Widmung: „Mut zu echtem Fortschritt ist nicht jedermanns Sache. Joseph Viehöver hat ihn bewiesen".

Hatten die politisch turbulenten Zeiten in der Bundessrepublik ab 1966 auch etwas mit der Einrichtung der Sendung zu tun?

Nicht mit der Einrichtung. Der Anstoß kam von der Polizei ohne jeden Bezug zum politischen und gesellschaftlichen Umfeld: In einem Betrugsfall in „Vorsicht, Falle!" wurden nicht wie üblich die Fakten verfremdet, sondern eine dringend gesuchte Täterin wurde auf Ersuchen der Staatsanwaltschaft mit Bild und echtem Namen ausgestrahlt – und tatsächlich daraufhin festgenommen. Danach kam von den Behörden die Anfrage, ob so etwas nicht öfter oder gar systematisch möglich sei. Nachdem alle rechtlichen Fragen geklärt waren, war es nur noch ein Schritt zu der Fahndungssendung

Aber natürlich hatte die politische Situation und die Stimmung Ende der Sechziger Jahre mit der Intensität der anfänglichen Anfeindungen zu tun. Die APO und die 68er Bewegung standen weit links. Die Polizei gehörte zu ihren Feindbildern. Eine Sendung, die sich als Unterstützer der Polizei verstand, wurde da fast zwangsläufig zur Zielscheibe der Kritik. Natürlich sagte niemand offen: „Die Sendung ist kritikwürdig, weil sie die Polizei unterstützt". Stattdessen wurde mit unzutreffenden Begriffen wie „Menschenjagd" und „Denunziation" operiert. Beides ist abwegig; denn es ging ausschließlich darum, vorhandenes Wissen abzufragen, das für die Polizei nicht gezielt zugänglich war. Vergleichbar einem Buch, in dem Inhaltsverzeichnis und Register fehlen und das man darum komplett lesen müsste, um einen bestimmten Satz zu finden. Das Fernsehen ermöglichte es, alle Seiten dieses Buches gleichzeitig nach diesem Satz abzufragen.

Es war bis ungefähr 1974 nicht üblich, dass jeder Privathaushalt einen Fernseher oder Telefon hatte. War die

Zuschauerresonanz auf XY in den ersten Jahren trotzdem hoch?

Heute ist das Fernsehgerät ein Einrichtungsgegenstand, der zeitweise ausgeschaltet ist oder der läuft, ohne dass jemand zuschaut. In den ersten XY Jahren mit gerade mal zwei Fernsehkanälen (plus den wenig frequentierten „Dritten", damals „Kulturprogramme der Länder") haben die Besitzer von Geräten die Programmstunden vom Nachmittag bis zum Schlafengehen intensiv genutzt. Oft kamen noch Nachbarn und Freunde dazu. Es gab weniger Geräte, aber dafür Sehbeteiligungen von über 80%, was heute bei der Vielzahl der 24-Stunden-Programme völlig illusorisch ist. Also: Ja, die Zuschauerbeteiligung war von Anfang an sehr hoch.

Wie kam es dazu, dass Sie Redakteur bei XY wurden? Hat Sie Eduard Zimmermann ausgesucht und eingestellt?

Ich war ab 1965 Redakteur, Ressortleiter, Reporter und Moderator beim damaligen Südwestfunk in Baden-Baden (damals SWF, heute mit dem früheren SDR Stuttgart fusioniert zum SWR). Für eine Hörfunkserie „Achtung, Ihr Geld" hatte ich den Autor der ZDF Sendung „Vorsicht, Falle!" Eduard Zimmermann als freien Mitarbeiter gewonnen. Er kannte mich also, als er – bis dahin Einzelkämpfer – einen Mitstreiter für seine neue Sendungsidee Aktenzeichen XY brauchte. Er fragte mich und ich sagte freudig Ja, denn Fernsehen war für den damals gerade 26jährigen Zeitungs- und Radiojournalisten Peter Hohl eine interessante Perspektive.

Wer sich die frühen Folgen von XY heute anschaut, dem wird deutlich, dass Sie und auch Eduard Zimmermann die Sendung nicht nur moderierten, sondern die Methode und die Sendung absolut authentisch lebten und an deren Erfolg glaubten. Stimmen Sie mir zu?

er eine liebliche Sendung macht, kann friedlich handwerkeln. Wer weiß, dass er auch im Gegenwind stehen wird, braucht Engagement, Überzeugung und Standfestigkeit. Diese Voraussetzungen waren bei uns beiden von Anfang an gegeben, und sie wurden mit jeder Sendung und mit jedem Opferschicksal, in das wir Einblick gewannen, weiter gefestigter.

War es in den Anfangsjahren so, dass jeweils fast alle Fälle, die in einer Folge behandelt wurden, bis zur Ausstrahlung der nächsten Sendung aufgeklärt waren?

Nein. Schnelle Erfolge gab es immer in Einzelfällen. Aber dazu kamen dann die Geduldsresultate. Ein Beispiel: Ein junger Mann aus Winterthur kam von einer Reise nach Südfrankreich nicht mehr zurück. Sein Auto wurde verlassen in Monaco gefunden. Auf einer Postkarte hat er noch mitgeteilt, dass er einen Tramper aus Biel mitgenommen habe. Wir zeigten sein Bild und die Gegenstände, die aus seinem Besitz fehlten, darunter einen Fotoapparat, und fragten nach dem „Bieler Tramper". Daraufhin meldeten sich mehrere deutsche Urlauber, die in Südfrankreich in der fraglichen Zeit einem jungen Schweizer mit dem Spitznamen „Zwingli" begegnet waren. Und eine Frau hatte ihn sogar fotografiert. Wir zeigten das Bild in der nächsten Sendung. Danach stand fest: Der Mann hieß Josef H. Er wurde in Deutschland festgenommen. Den Fotoapparat des Mannes aus Winterthur hatte er verkauft, den unentwickelten Film daraus einem Mädchen aus einer Jugendgruppe geschenkt. In der nächsten Sendung meldete sich das Mädchen. Die Polizei ließ den Film entwickeln (das war damals noch der Stand der Technik). Eines der Fotos zeigten das Auto des Vermissten. Auf dem Beifahrersitz: Josef H. Schließlich gestand "Zwingli", den jungen Mann aus Winterthur – angeblich unabsichtlich – umgebracht zu haben und beschrieb den Tatort: Ein verfallenes Haus in der Nähe der französischen Mittelmeerküste. In der nächsten Sendung führte diese

Beschreibung zu einem konkreten Hinweis auf das beschriebene Haus, in dessen Keller kurz nach der Tatzeit tatsächlich die Leiche eines Mannes gefunden und als unbekannter Toter beerdigt worden war. Er wurde exhumiert. Es war das Opfer aus Winterthur.

Können Sie bestätigen, dass die Verbrechen Raub oder sonstige Eigentumsdelikte meist von der gesellschaftlichen Unterschicht begangen wurden?

Ich kenne etwa 1000 Kriminalfälle im Detail. Dennoch würde ich es für anmaßend halten, auf Grund der nicht repräsentativen Auswahl Einschätzungen zu verkünden, die sorgfältigen kriminologischen Studien vorbehalten bleiben sollten. Die Zugehörigkeit zu einer gesellschaftlichen Gruppe ist sicherlich ein Aspekt in den vielfältigen Ursachen für eine kriminelle Karriere. Schon vor 50 Jahren stritten sich die Kriminologen ob Menschen auf Grund freier Entscheidung kriminelle Energie entwickeln oder weil sie von der Gesellschaft abgestempelt werden (Stichwort Labeling approach). Sie werden für alles Beispiele und Gegenbeispiele finden. Eduard Zimmermann zum Beispiel war uneheliches Kind einer 16jährigen Kellnerin. Er war nach dem Krieg Schwarzhändler und blinder Passagier, wurde in der damaligen Sowjetischen Besatzungszone von den Russen wegen „Spionage für eine westlich kapitalistische Zeitung" zu 25 Jahren Arbeitslager verurteilt, verbrachte stattdessen fünf Jahre in Zuchthäusern mit massiv kriminellen Zellengenossen – und kriegte trotzdem die Kurve zu einem seriösen und außerordentlich erfolgreichen Berufsleben. Es gibt sicher keinen zwangsläufigen Weg von sozialen Problemen in die Kriminalität. Es ist aber sicher unstrittig, dass Verwahrlosung und Perspektivlosigkeit den Schritt in die Eigentums-kriminalität eher fördern als die sogenannten „geordneten Verhältnisse".

*Warum haben Sie 1979 als Redakteur bei „XY ungelöst"
aufgehört?*

Viele Menschen stellen mit ungefähr 40 fest, dass das Leben
nicht unendlich ist, wovon man bis dahin irgendwie
ausgegangen war. Sie merken, dass sie noch etwa 25 Jahre
arbeiten müssen und fragen sich, ob sie noch so lange das tun
wollen, was sie zurzeit tun. Ich war 38 und wollte ausprobieren,
wie es sich als Selbstständiger lebt. Die Entscheidung erwies
sich als richtig.

*Hatten Sie ein Mitspracherecht bei der Bestellung von Frau
Irene Campregher zu Ihrer Nachfolgerin?*

Nein. Das war eine Entscheidung, die ich nicht zu verantworten
hatte und bei der ich mich darum auch nicht eingemischt habe.

*Blieben Sie nach Ihrem Ausscheiden bei XY mit Eduard
Zimmermann im persönlichen Kontakt?*

Ja, ich habe von Eduard Zimmermann enorm viel gelernt. Und
es gab auch nach meinem Ausscheiden viel gegenseitige
Wertschätzung. Die letzte persönliche Begegnung gab es bei
der 400. Sendung 2007, zwei Jahre vor seinem Tod.

*Eines Ihrer späteren Werke als Buchautor heißt: "Seid froh,
wenn's schwierig ist". Wie meinen Sie das?*

Es handelt sich um ein Buch mit Aphorismen. Der Titel ist der
erste Teil eines Spruchs, der insgesamt lautet: „Seid froh,
wenn's schwierig ist. Die leichten Sachen machen alle. Da ist
die Konkurrenz riesig." Ein Wahlspruch, der immer über meiner
Arbeit stand und den sicher auch Eduard Zimmermann für sich
und die XY-Sendung akzeptiert hätte.

182

Diethelm Ferner

Diethelm Ferner (* 13. Juli 1941 in Kragau, Ostpreußen) ist ein deutscher Fußballtrainer und ehemaliger Spieler im defensiven Mittelfeld.

Der von Rhenania Bottrop zum VfB Bottrop in die 2. Liga West gekommene Mittelfeldspieler wurde mit den Schwarz-Weißen vom Jahnstadion 1962/63 Meister und wurde zur Runde 1963/64 von Trainer Willi Multhaup zu Werder Bremen in die neu gegründete Fußball-Bundesliga geholt. Er zählt zu den Spielern, die am 24. August 1963, dem Premierenspieltag der Bundesliga, als Aktive auf dem Platz standen

Spielerdaten und Erfolge

1962/63   Meister in der 2. Liga West mit dem VfB Bottrop

1963–1969:   Werder Bremen (188 Spiele/20 Tore);

1965   Deutscher Meister

1969–1973:   Rot-Weiß Essen (114 Spiele/12 Tore);

1973   Meister in der Regionalliga West

Trainerkarriere

1973 wechselte Ferner bei Rot-Weiß Essen auf die Trainerbank. Zur Saison 1975/76 ging er zum Wuppertaler SV. 1976 nahm ihn der FC St. Pauli unter Vertrag. Am Ende der Saison 1976/77 belegte St. Pauli nach nur drei Niederlagen in 38 Spielen Platz 1 und stieg damit in die Bundesliga auf – aber schon nach der nächsten Saison 1978 wieder ab. Ferner ging daraufhin zurück zu Rot-Weiß Essen. Doch schon Ende der nächsten Saison verließ Ferner den Verein, obwohl ein passabler achter Platz in der 2. Bundesliga Nord erreicht wurde, und schloss sich Hannover 96 an. In den nächsten drei Spielzeiten verpasste die Mannschaft dreimal den Wiederaufstieg in die Bundesliga und am 28. November 1982 wurde Ferner wegen ausbleibenden Erfolges entlassen.

Zur neuen Saison 1983/84 machte sich der FC Schalke 04 seine Dienste zunutze. Dem Verein blieb er bis 1986 treu und 1984 schaffte er den Sprung aus der 2. in die 1. Bundesliga. Dort konnte sich der Verein etablieren und belegte bis 1986 zweimal Plätze im Tabellenmittelfeld. Ferner verließ Schalke in Richtung Alemannia Aachen, wo er aber im Januar 1987 schon wieder entlassen wurde. Nach einer Auslandsstation bei Iraklis Thessaloniki in Griechenland kehrte er im September 1988 wieder zum FC Schalke 04 zurück, um sein Engagement im April 1989 wieder zu beenden.

Von 1990 bis 1995 war er bei Apollon Limassol auf Zypern tätig, in dieser Zeit wurde er zweimal zyprischer Meister und einmal Pokalsieger. 1995 wechselte er zum Stadtrivalen AEL Limassol, mit dem er den vierten Platz in Zyperns Erster Liga erreichte. 1996 wechselte er zum ägyptischen Fußballverein Zamalek Kairo, mit dem er den Supercup und die afrikanische Champions League gewann. Dennoch schloss er sich 1997 dem Klub al-Dschahra in Kuwait an.

Im Januar 1998 verließ er den Verein, um im Februar desselben Jahres den Posten des Nationaltrainers der libanesischen Nationalmannschaft zu übernehmen. Diese Stellung hatte er sechs Monate inne, im August 1998 wurde das Arbeitsverhältnis wieder beendet. Ferner übernahm noch im Oktober desselben Jahres wieder den Trainerposten bei Apollon Limassol auf Zypern.

Diesmal blieb er bis 2000 beim Verein, dann ging er wieder nach Ägypten zu Etahad Alexandria und erreichte mit der Mannschaft den zweiten Platz. 2003 wechselte er erneut das

Land, als er sich dem Klub al-Merreikh im Sudan anschloss. Auch dort landete er mit der Mannschaft auf dem zweiten Platz, ehe er erneut zurück nach Zypern ging und dort den Hauptstadtklub Olympiakos Nikosia übernahm. Die Mannschaft erreichte Platz 8, Ferner verließ den Verein bereits 2006 wieder.

Von März bis Juli 2008 war er als Trainer für Al Ahli Tripolis in Libyen tätig, dort erreichte er den zweiten Platz der nationalen Liga.
(Quelle: Wikipedia)

Haben Sie, bevor Sie Profifußballer wurden Straßenfußball gespielt?

Ja.

Wann haben Sie das erste Mal Geld für das Fußballspielen bekommen?

1961.

1963 gingen Sie zu Werder Bremen, obwohl Sie mit dem VfB Bottrop gerade Meister geworden waren. Warum?

Fußballprofi werden.

Waren Sie ab 1969 froh, wieder für Rot- Weiß Essen im Ruhrgebiet zu spielen?

Beides war gut.

Bis 1973 spielten Sie für RWE, danach wurden Sie bruchlos. Trainer von Rot- Weiß Essen. Wie haben Sie das geschafft?

Wunsch des Präsidiums.

Warum blieben Sie 1975 nicht Trainer von RWE, sondern gingen zum Wuppertaler SV, der gerade aus der Bundesliga abgestiegen war?

RWE wollte Udo Lattek verpflichten.

Ab 1975 spielte Horst Hrubesch für RWE. Haben Sie von seiner Verpflichtung noch etwas mitbekommen?

Horst Hrubesch wurde von RWE auf meinen Wunsch verpflichtet.

Wo sehen Sie rückblickend Ihre schönste Zeit als Trainer?

Kein spezieller Klub.

Gehörte viel Mut dazu, in 1989 vom FC Schalke 04 zu Apollon Limassol zu wechseln?

Nein, es war eine schöne, erfolgreiche Zeit.

In 2008 wurden Sie Trainer in Tripolis in Lybien. Damals herrschte dort Revolutionsführer al Gaddafi. Wie waren Ihre Arbeitsmöglichkeiten als Fußballtrainer dort?

Waren gut.

Ingo Insterburg

Ingo Insterburg, eigentlich Ingo Wetzker, war ein deutscher Musik-Kabarettist, Komiker, Sänger, Multiinstrumentalist, Schriftsteller, Schauspieler, Komponist, Maler, Zeichner und Bastler. Wikipedia

Geboren: 6. April 1934 in Insterburg in Ostpreußen.

Gestorben: 27. Oktober 2018, Berlin-Charlottenburg, Berlin

(Ingo Insterburgs Antworten leitete sein Manager Frank Nietsch an mich weiter.)

Herr Insterburg in einer Rezension über Ihre Autobiographie steht:" Nicht das Buch ist ein Gesamtkunstwerk, sondern Ingo Insterburg. Dieser Mensch ist einfach unglaublich. Sobald er irgendwo auftritt - hingehen und genießen". Herr Insterburg, sind Sie ein Gesamtkunstwerk?

Bundeskanzler Gerhard Schröder hat mal in einem Brief zum 70. Geburtstag vom Musikkomödianten geschrieben. Das trifft es am besten.

Sie sagten mal, "Ich sitze in einem Kaffee und die Gedanken kommen mir einfach so, dann schreibe ich Sie auf". Stimmt das?

Ja.

Sie bauten viele Instrumente selber, viele Erwachsene, die heute ihre Smartphones benutzen, können sich diese nicht selber zusammenbauen. Ist Digitalisierung Mist?

Krieg und Flucht, da gab ja nichts und ich habe Spielsachen für meine Schwestern gebaut, später dann auch Instrumente.

Fortschritt finde ich gut, früher gab`s Telegramme und Postkutschen ...

Insterburg & Co haben 1967 in einer Kneipe in Westerlin zusammengefunden. "Dann gingen irgendwie alle Türen auf." Was passierte danach konkret?

Wenn man 4 Ziegen in eine Schafherde steckt, finden die bald zusammen. So war es auch bei uns. Peter und Karl kannten sich schon, Jürgen und ich auch.

Der erste gemeinsame Auftritt mit der Gruppe war so erfolgreich, dass wir nur noch als Quartett aufgetreten sind. Nachfragen für Auftritte, auch im TV oder Mitwirkung bei Spielfilmen kamen wie von selbst.

Denken Sie, dass es für junge Menschen heute schwerer ist, " dass irgendwo alle Türen aufgehen"?

Ja, es ist schwerer, man muss sehr viel dafür machen und Ausdauer besitzen.

Ist Ihnen damals, Ende der 60er Jahre, in Westberlin Rudi Dutschke begegnet?

Nein.

Wie wurden Sie 1959 zum "Guitar-Ingo", der Klaus Kinski begleitete?

"Also, Klaus Kinski war befreundet mit einem Mädchen, das Yorka hieß, und die Yorka war befreundet mit Heinz, und Heinz war befreundet mit mir. So habe ich ihn kenngelernt.

Klaus Kinsky brauchte einen Gitarristen, der ihn zu Brecht-Balladen begleiten sollte, und deshalb sagte er der Yorka, und die Heinz, und der mir, ich sollte mal vorbeikommen und zeigen was ich so kann auf der Gitarre. Es gefiel ihm sehr gut ...

… Vor dem Auftritt sagte er mir: "Gib'" mir mal den Anfangston, den merk' ich mir dann. Dann ging er auf die Bühne. Nach dem Begrüßungs- Applaus kam ich, und nach meinem Begrüßungs- Applaus, der kürzer war, fing er an zu singen, aber in einer ganz anderen Tonart als verabredet. Das machte mir aber nichts und er dachte dann immer, dass er die richtige Tonart getroffen hätte. Aus pädagogischen Gründen ließ ich ihn auch in diesem Glauben. Manchmal wechselte er auch mitten im Lied die Tonart und ich immer hinterher. Das Publikum merkte aber nichts und dachte sicher, das wäre seine moderne Art, Brecht-Balladen zu singen. In den Kritiken stand auch nichts davon, wobei Kritiker ja nicht unbedingt musikalisch sein müssen. Ich wurde in manchen Kritiken auch lobend erwähnt. Er nannte mich "Guitar-Ingo". So stand es auf den Plakaten."
Auszug aus "Die ersten 23456 Tage meines Lebens" - Ingo Insterburg

Wurde Klaus Kinski auch zu Ihrem Freund?

Ja, jeder hat den anderen geachtet und wir haben uns nie gezankt.

Sie wuchsen in Insterburg in Ostpreußen auf, wie lebten Sie dort mit Ihrer Familie?

Mein Vater hatte eine Drogerie mit Fotohandlung, es ging uns gut.

Mögen Sie das " Land der dunklen Wälder"?

Ich wollte das Lied auch auf einer CD bringen aber der Verlag hat die Änderung einer kleinen Synkope nicht zugestimmt. Deshalb ist es nichts geworden.

Das Orakel sagte Ihnen, Sie werden 93 Jahre alt. Sind Sie froh, dass Sie diese Information haben?

Also das waren 87 1/2 Jahre. Wenn man jung ist, ist das gut, wenn man dann in die Nähe kommt nicht mehr.

Harald Großkopf

Harald Großkopf, Schlagzeuger, Elektroniker, Musikproduzent, 1949 in Hildesheim geboren.

Herr Großkopf, ich spreche Ihnen mein Kompliment aus für Ihre bisherige musikalische Lebensleistung, für mich sind Sie der Rainer Werner Fassbinder des deutschen Musikraums. Ermunterten die 1970er / 1980er Jahre Sie zur Produktivität?

Erstmal vielen Dank für das Kompliment. Mit der Ikone Fassbinder verglichen zu werden ist schon eine ungewohnte Dimension.

Zu Ihren Fragen:

Die 1970er Jahre waren zweifellos ein ganz besonderes Jahrzehnt. Die Gesellschaft befand sich mitten in einer großen epochalen politischen Umwälzung. Ich gehörte zu der jungen Generation, die mit den immer noch weit verbreiteten Einflüssen der Nazigeneration brachen. Gleichermaßen im privaten wie im öffentlichen Leben. Wir rebellierten gegen väterliche Bevormundung, deren Verdrängung historischer Fakten aus der Nazi-Ära und sexuelle Verklemmungen. Das trug zur Suche nach neuer Identifikation bei. Vorbild war zunächst die amerikanische Hippie-Bewegung, deren Utopien, Musik, Drogen und naive Hinwendung zu östlichen Weisheiten und Religionen. Bald war ich aber dieser neuen Einflüsse von außen überdrüssig. Die Begegnung mit Tangerine Dream, Klaus Schulze und Ash Ra Tempel beeinflussten meine Entscheidung mich von Anglo-Amerikanischer Musik abzuwenden. Mit den Berlinern waren Akteure am Werk, die ganz eigene Wege des Musik-Machens eingeschlagen hatten. Zumal mit dem damals modernsten Musikinstrument der Zeit dem analogen Synthesizer, welcher gerade erfunden worden war. Diese Musik ist auch zu verstehen als eine Reflexion auf die damals allgemein positiv vorherrschenden technische Utopie die mit dem Versprechen verbunden war: Alles ist möglich! Der Weltraum als Spielwiese für Flucht-Fantasien fernab dieser Welt. LSD als Transportmittel. Timothy Leary als der weise, sexy Messias mit neuen Heilbotschaften.

Sie spielen in der Band Lilli Berlin mit als Schlagzeuger, besonders wichtig ist das Album "Süß und Erbarmungslos " von 1982. Wie kommt es, dass Sie Schlagzeug und nicht Keyboard in der Band spielten?

Mit der Produktion meines ersten Soloalbums „Synthesist" gegen Ende 1979 hatte ich mich erstmalig hinter ein Keyboard getraut. Auf eine Bühne hätte ich mich mit den bescheidenen Fähigkeiten an diesem Gerät damals nicht gewagt. Ich war von Hause aus Schlagzeuger und fühlte mich ganz und gar nicht als Keyboarder. Schon gar nicht in einer Pop-Band wie Lilli Berlin. Manfred Opitz war da schlicht der bessere Mann.

Jürgen Barz, vormals Insterburg & Co, schrieb die Texte. Erinnern Sie sich noch, wie die Resonanz war als Barz der Band den Text des späteren Hits " Ostberlin- Wahnsinn" erstmals vorstellte?

Das war schon ganz schön frech und provokant im damaligen West-Berlin. Wir solidarisierten uns ja damit positiv mit den Ostberlinern, machten uns über den DDR Stasi lustig und kritisierten das isolierte Dasein West-Berlins („West-Berlin ist abgeschrieben!"...). Entsprechend positiv waren die Reaktion unserer Fans im Osten. Udo Lindenberg, der unseren Videoclip gesehen hatte rief mich an und fragte ob er etwas für uns tun könne. Ein halbes Jahr erschien sein „Sonderzug nach Pankow". Ich spekuliere mal, dass das einen Zusammenhang hatte. Jürgen (Barz) ist ein sehr feinsinniger Beobachter der Welt um ihn herum. Er hatte viel Kontakt zu den schrägsten gesellschaftlichen Randfiguren, die ihn zu faszinieren schienen.

Dabei wertete er aber nie. Durch seine lange Bühnenerfahrung bei „Insterburg und Co" hatte er ein intensives Gespür für Ironie und Absurdität entwickelt. Er sagte mir mal, dass selbst wenn die sehr erfolgreiche Blödel-Truppe sich auf der Bühne ernsthaft stritt, was wohl öfter vorkam, die Besucher im Saal stets vor Lachen tobten.

Sie spielten Synthesizer auf dem Album "Silberblick " von Joachim Witt aus dem Jahr 1981. Wie kam der Kontakt zustande?

Achim war Sänger und einer der Gitarristen der Hamburger Band „Duesenberg". Deren Sologitarrist Micky (Michael) Wolf (jetzt Van Wolfen) hatte Lilli Berlin im berühmten Hansa Studio an der Mauer produziert. Als wir im Hamburger Szene Laden „Onkel Pö" mit Lilli einen Auftritt hatten übernachtete ich bei Achim und seiner Frau, der Tochter von Theaterregisseur Jürgen Flimm. Sie lebten mit ihrem Kind in einer bescheiden kleinen Wohnung von Sozialhilfe. Achim war ja auch Schauspieler und war in einer Fernseh-Serie nach der Bestseller Buchvorlage „Tadellöser & Wolff" (1971) von Walter Kempowski zu sehen. Achim spielte mir 8-Spur Basic-Aufnahmen vom „Goldenen Reiter" vor. Ich ihm im Gegenzug eine Audio-Kassette auf der mein damals noch unveröffentlichtes „Synthesist" Album zu hören war. Mir gefiel sein origineller Gesang und diese ungewöhnlichen Texte, die so herrlich mit der deutschen Sprache spielten. Mal keine Anglizismen! Ein halbes Jahr später rief er mich an, erzählte dass er einen guten Platten-Deal hatte und fragte ob ich Lust hätte auf dem Album mitzuwirken. Hatte ich. Das passierte dann im „Inner Space Studio" von „Can". Dort lernte ich auch Jaki Liebezeit kennen. Einer der ungewöhnlichsten deutschen Trommler, der auf dem Album trommelt. Zu meiner Bescheidenheit muss ich sagen, dass ich lediglich ein paar abstrakte Synthesizer-Sounds beigesteuerte. Von Keyboard spielen kann keine Rede sein.

Mich haben die Songs "Heavan" und "Goldener Reiter" sehr nachdenklich gemacht. Sind Psychiatriekritik und Kneipeneinsamkeit Themen, die damals im gesellschaftlichen Diskurs waren?

Psychiatrie-Kritik im gesellschaftlichen Diskurs? Nein! Achim, so glaube ich, brachte mit „Goldener Reiter" seine Angst vor Erfolg und den möglichen Folgen zum Ausdruck. Ich traf Achim nach langer Zeit in Potsdam wieder und ich hatte den Eindruck, dass der plötzliche Erfolg ihm damals tatsächlich eine gewisse Zeit lang eine schwere Bürde war. Das Album ist sehr persönlich. Es reflektierte seine damalige Situation, seine Beobachtung und Erfahrungen. Achim`s Unmittelbarkeit berührte viele. Seine Authentizität machte das Album sehr, sehr erfolgreich. Persönlich drückte ich mich weniger sprachlich aus und politisch war ich eher ein naives Greenhorn. Meine Sprache fand auf dem Trommelfell und mittels Musikelektronik statt. Natürlich hatte sich die Nachkriegsgesellschaft seit Ende der Sechziger bereits gewaltig gewandelt. Anfang der Achtziger rebellierte der Punk gegen alles was sich etabliert hatte. Die konnten mit elektronischer Musik wenig anfangen. Ich fühlte mich mit Anfang Dreißig alt, weniger als Pionier Elektronischer Musik. Es war eine Zeit permanenter Hausbesetzungen und blutige Krawalle am jeweiligen 1. Mai. Der Widerstand gegen die entsprechenden Polizeiaktionen die der spätere Bundespräsident „Ritchie" Weizäcker noch als Regierender Bürgermeister anordnete. Weizäcker war in seiner Zeit als Geschäftsführung der Chemiefirma Boehringer verantwortlich für die Lieferung der chemischen Grundstoffe des sogenannten „Agent Orange" an die US Armee. Ein Entlaubungsmittel, welches die Amerikaner in entsetzlich großen Mengen im Vietnamkrieg versprüht hatten und mit dessen Folgen die Bevölkerung des kleinen asiatischen Staates bis heute zu tun hat. Das Dreckszeug schädigt das Erbgut menschlicher Föten mit der Folge furchtbarer Missbildungen. Ein US Präsident

Ronald Reagan durfte sich Anfang der Achtziger per Autokolonne nur mit Hochgeschwindigkeit und bei abgesperrten Seitenstraßen durch Berlin trauen. Sein Außenminister Alexander Haig wurde mit einem Hagel aus Pflastersteinen begrüßt. Es brannten teure Autos in der „Frontstadt"....

TAKE YOUR HEADPHONES LP (1974) Gilles Zeitschiff, Ash Ra Tempel Cosmic Jokers Popol Vuh, Wallenstein. Herr Großkopf, Sie spielten bis 1975 bei Wallenstein, gibt es eine Gemeinsamkeit im Musikstiel der Bands auf dieser Compilation-LP?

Aus meiner Sicht können die Musikstile nicht unterschiedlicher sein. Popohl Vuh waren Vertreter einer meditativen, hauptsächlich akustisch produzierten Klangwelt. Ash Ra Tempel verarbeitete noch Spuren von Rockmusik. Sie verwendeten Rockgitarre, Bass und Schlagzeug. Allerdings auch schon mit experimentellen Techniken wie Echomaschinen und Kompressor am Bass, der bewirkte das Basstöne in die Länge gezogen werden konnten. Wallenstein machte sehr konstruierte Rock-Musik mit Klassikeinflüssen während Alben wie Cosmic Joker unter LSD Einfluss vollkommen improvisierte Musik war. Zu einigen dieser Veröffentlichungen hatte ich schon damals ein gespaltenes Verhältnis, was nicht an der Droge lag, sondern eher an der musikalischen Qualität einiger dieser Alben.

In welchem Jahr hat Sie Klaus Schulze eingeladen bei ihm Gastmusiker zu sein?

Ich habe mich im Prinzip selber eingeladen, nachdem ich sein 2. Soloalbum „Blackdance" begeistert im Radio hörte. Ich hatte ich mich gerade von Wallenstein getrennt und wollte eigentlich bei Popohl Vuh einsteigen. Florian Fricke hatte gehört, dass ich frei war und suchte einen Drummer. Daniel Fiechelscher hatte auf den Alben Schlagzeug und Gitarre bedient und live ging das nicht. Ich fuhr voller Tatendrang nach München. Im Studio seines Hauses stand ein Flügel und ein kleiner Gitarrenverstärker. Ich war lautes, kraftvolles Rock-Drumming gewohnt und das passte leider nicht zu den leisen Klängen Popohl Vuh's. So bin ich dann vollkommen frustriert wieder nach Hause gefahren. Dann schrieb ich Klaus eine Postkarte und berichtete ihm von meiner Begeisterung. Ein Telefon hatte ich damals nicht. Wir kannten uns ja persönlich durch die diversen Begegnungen im Studio von Dieter Dierks. Er lud mich ein ihn zu besuchen. Klaus lebte seit einiger Zeit in der Lüneburger Heide. Ich in Mönchengladbach. Im Keller seines Hauses stand der große Moog Synthesizer, den ich gerade beschrieben hatte. Den er ursprünglich von Florian Fricke gekauft, der damit nichts hatte anfangen können, wie er mir erzählte. Klaus schaltete das Gerät ein und brachte eine Sequenz zum Schwingen. Ich griff mangels Schlagzeug nach einem Plastikeimer und begann darauf zu trommeln. Klaus gefiel das sehr, denn er lud mich spontan ein, auf seinem nächstes Album mitzuwirken (Moondawn).

In welchem Jahr hat Sie Manuel Göttsching eingeladen bei Ashra mitzuspielen? Bei welchen Alben von Ashra haben Sie mitgespielt?

Er hatte mich ja schon 1972/73 eingeladen auf dem Album „Ash Ra Tempel Starring Rosi" mitzuwirken. 1975 ging ich, nachdem ich ein halbes Jahr bei Klaus gewohnt hatte, nach Berlin und nahm Kontakt zu Manuel auf. In Folge spielten wir in London und tourten mit Ashra in Frankreich und der Schweiz. 1977 gerieten wir am Ende der Tour im französischen Mulhouse in eine RAF Polizeikontrolle, bei der wir mit quietschenden Reifen angehalten wurden und mit vorgehaltener Schusswaffe aufgefordert wurden uns auszuweisen. Einen Tag vorher hatte man in Mulhouse die Leiche des von der RAF ermordeten Arbeitgeberpräsidenten Hans-Martin Schleyer im Kofferraum

196

eines Autos entdeckt. Wir passten altersmäßig ins Schema der Fahnder. Dazu Mercedes S-Klasse und langhaarig. Dass wir ziemlich bekifft und alkoholisiert waren, interessierte die Herren nicht. Das erste gemeinsame Ashra Album (Correlations) erschien 1979 in London bei Virgin Records. Inzwischen sind es, mit Compilations eingerechnet glaube ich insgesamt 13 Alben.

War Ashra in den 70ern in Westberlin stadtbekannt?

Wir waren bekannt. Sicher nicht so wie in Frankreich und England.

Wann haben Sie beschlossen hauptberuflich im Musikbereich aktiv zu sein?

Zwischen Wollen und Realität gab es noch eine erhebliche Diskrepanz. Aber im Prinzip mit 15 als ich in einer Beatband auf Kochtöpfen und runden Waschpulverkartons zu trommeln begann. Meine Band nannte sich „Stuntmen". Die andere Kapelle im kleinen Städtchen südlich Hannovers waren die „Scorpions". Mit Scorpions Gründer Rudolf Schenker spielte ich schon im Sandkasten des Kindergartens. Später drückten wir uns noch zwei Jahre lang auf eine Schulbank der gleichen Klasse.

Wann haben Sie das erste Mal Synthesizermusik gehört und welchen Musiker hörten Sie da?

Den ersten Kontakt mit einem Synthesizer hatte ich in den Dierks Studios Anfang der Siebziger während einer der ersten Wallenstein Album Sessions. Als ich Tangerine Dream, Klaus Schulze und Manuel Göttsching kennen lernte benutzen die alle noch Gitarren und Orgeln. Kurze Zeit später schleppte dann Klaus Schulze diese Moog Model 15 Serie ins Studio, der aus vier gleich großen schwarzen sehr befremdlichen Kästen voller Regler bestand, welche mittels Spaghetti ähnlich angeordneten

Kabeln miteinander verbunden waren. Hatte was von Raumschiffsteuerung und Gerätschaft aus wissenschaftlichem Labor. Ich konnte mir nicht vorstellen, dass man damit Musik machen konnte. Irgendwann sprang dann aber der Funke über. Bewusst Synthesizer generierte Musik hörte ich zum ersten Mal bewusst und mit großer Faszination, als ich eines Abends im Radio das Album „Blackdance" von Klaus hörte. Erst ab diesem Zeitpunkt beschäftigten mich die Alben von Edgar (Froese/TD) und Manuel. Vorher fand ich deren Musik nicht sonderlich spannend. So als höre man ohne Pause die ganz ruhigen Stellen von Pink Floyd ohne deren Gesang. Meine Haltung änderte sich radikal mit deren nachfolgenden Alben, angefangen mit „Atem" bis „Stratosfear". Durch Klaus bekam ich Zugang zu den amerikanischen Minimalisten um Steve Reich, Philippe Glas und Terry Riley, den ich später persönlich kennen lernen durfte und mit dem ich einen Tag lang Freunde in Ost-Berlin besuchte. Diese Protagonisten der „Minimal Music" waren ein inspirierendes Vorbild. Auf dem 2. Meta-Musik Festival in der Berliner Nationalgalerie am 5. Oktober 1976 http://www.rockinberlin.de/index.php?title=5._Ok tober_1976_Klaus_Schulze, bei dem ich mit Klaus auftrat, hatten wir das große Vergnügen Steve Reich bei einer Nachtprobe beizuwohnen. Immerhin war die „spezialisierte Minderheit" die unser Konzert hörte ca. 2.000 Personen groß. Unter ihnen David Bowie. Ich hörte auch Walter, später Wendy Carlos. Fand seine aus meiner Sicht sehr intellektuell konstruierten Bach-On-Synthesizer Adaptionen aber emotional eher weniger ansprechend. Auch wenn es zur damaligen Zeit ein sehr ungewöhnliches Klangerlebnis war Klassik mit elektronischen Klängen zu hören.

Wann erfuhren Sie davon, dass Ihr Titel als Intro der zunächst alle vierzehn Tage im WDR-Radio laufenden Sendung "Schwingungen " von Winfried Trenkler lief?

198

Das hatte ich eine ganze Weile gar nicht mitbekommen. Ich lebte ja in West-Berlin und dort hörte ich den WDR nicht. Das ging auch technisch gar nicht glaube ich. Irgendjemand erzählte mir das dann. Für die angefangene Minute gab's dafür 7,- DM. Also über Jahre lang 14,- DM einmal in der Woche. Immerhin ein Frühstück.

Was es damals in den 1970ern in Westberlin wirklich so, dass sich eine bestimmte Szene von Musikern immer wieder in den gleichen Cafés und Kneipen begegnete?

So war es tatsächlich. Am Paul-Linke Ufer wo es jede Menge Proberäume hatte traf ich regelmäßig Herwig Mitteregger von der Nina Hagen Band, später Spliff im „Krokodil", einer ganz normalen Berliner Kneipe. Die hatten preisgünstig Bouletten und Kartoffelsalat im Angebot. Klaus Renft besuchte uns einmal dort in unserem Probekeller. Er suchte, nach seinem Rauswurf aus der DDR Musiker für seine neu zu gründenden Band. Es war die Zeit als auch ein Manfred Krug im Zuge der Wolf Biermann Ausbürgerung rausgeworfen wurde. Anschließend gingen wir in eine Szenekneipe nach Schöneberg und trafen dort ein paar seiner Dissidenten Kollegen. Unter ihnen eine sehr extrovertierte junge Frau, die aussah wie eine Schwester von Mireille Matthieu und welche unsere Versammlung permanent in verschiedensten Dialekten, lautstark unterhielt. Dabei kaum jemand zu Wort kommen ließ. Eine Woche danach las ich dann im Spiegel, dass das Nina Hagen war. Im „Harlekin", einer Szenekneipe in Wilmersdorf traf man auch alle wieder. Von Kant-Conny, dem Manager des Kant Kinos bis Ulla Meineke und Spliff Sänger Alf Klimek.

Wissen Sie, was der Bandname Ashra Tempel bedeutet?

Richtig schreibt sich der Bandname ohne jegliche Bedeutung Ash Ra Tempel

Herr Großkopf, wie war Ihr Lebensweg vor der Musik?

Bürgerliche Existenz.

Mein Vater war Büromaschinenmechanikermeister. Den Beruf des Vaters mussten wir zu Beginn jedes neuen Schuljahres immer zum Eintrag ins Klassenbuch angeben was, wegen der Länge immer allgemeines Gelächter auslöste. Mein Vater arbeitete im Betrieb meiner Großmutter. Eine Fa. in Hannover welche Büromaschinen verkaufte und reparierte. Zu den Kunden zählte Geha-Pelikan und Bahlsen Kekse. Meine Mutter war im Wesentlichen Hausfrau. Später arbeitete sie dann auch in dem Betrieb. Wir lebten zu viert in einer kleinen städtischen Wohnung in einem von drei Häusern in denen jeweils vier Familien lebten. Es gab immer viele Kinder. Zur Mondlandung der Amerikaner durften wir bis spät in die Nacht aufbleiben. 1969 hatten wir den ersten Fernseher. Ein sehr teures Schwarz-Weiß Gerät welches meine Großmutter uns zu Weihnachten geschenkt hatte. Urlaub wurde ab und zu in den österreichischen Alpen gemacht. Das Wandern fand ich immer sehr schön. Meine Eltern waren im ev. Kirchenchor, mein Vater auch im Gemeinderat. Ich wuchs sehr ländlich auf mit vielen Gärten, weiten Feldern und Wäldern. Konfirmandenunterricht fand ich furchtbar. Diese Erfahrung verstärkte sicher meine allgemeine Abneigung gegen alles Kirchliche. Ich war ein schlechter Sportler auf dem Platz und in der Halle, aber ich schwamm sehr gut, weil ich im Schwimmverein einige Jahre Leistungssport betrieb. Mit 15J. dann meine erste Band, die Stuntmen.

Ist ein Mensch musikalisch, wenn er kein Instrument spielt?

Selbstverständlich ist man musikalisch, wenn man kein Instrument spielt. Die Kategorisierungen Musiker/Nicht-Musiker, musikalisch/Nicht-musikalisch stammen wahrscheinlich aus arroganter Sicht klassisch europäischer Musikerziehung. Einen afrikanischen Trommler, der seit seiner Jungend trommelt in diesem Sinne als Nicht-Musiker oder gar als unmusikalisch zu bezeichnen, wäre mehr als absurd. Jemand der Rachmaninov perfekt nachspielen kann, muss nicht zwangsläufig in kreativem Sinne auch musikalisch sein. Es reicht in den meisten Fällen so lange fleißig zu üben, ähnlich einem Leistungssportler, bis sein Lehrer dann die „Reife" ausspricht und entsprechende Diplome aushändigt. Das ist Handwerk und Fingerfertigkeit, die man aber durchaus bewundern kann. Der Mensch der Musik empfinden kann benötigt dafür das gleiche emotionale Instrumentarium, welches der kreative Musiker besitzen sollte, um Musik zum Ausdruck bringen zu können.

Gab es für Sie ein berufliches Leben vor der Musik?

Mir war eine Uni-Karriere nicht möglich. Ich hatte es „nur" zur Mittleren Reife gebracht. Auch mit sehr mäßigen Abschluss-Zensuren. Anschließend eine Lehre als Dekorateur in Hannover im Deutschen Familien Kaufhaus (DEFAKA). Es gehörte zum Horten Konzern. Die schlimmste Zeit meiner Jugend. Bis heute traumatische Auswirkung beim Betreten von Kaufhäusern. Wäre nach meinem Zivildienst im Kreiskrankenhaus Seesen (Harz) und in der Uniklinik Freiburg auch gerne Mediziner geworden. Ein kleiner und kurzer Traum. Eher eine vage Idee. Ich habe dort viel Elend und Glück zugleich erlebt. Auch in den OPs, in die man uns damals schickte und wo ich allen Arten von Operationen zuschauen durfte. Spannend! Zuweilen auch sehr gewöhnungsbedürftig. Ich hatte allerdings mangels Disziplin nicht den Ehrgeiz Abitur nachzumachen, um dann zu studieren. Wahrscheinlich eine Folge beruflich bedingter Abwesenheit tagsüber meiner Eltern. Ich konnte tun und lassen was mir in den Sinn kam. Schon so ab dem 8. Lebensjahr. Das habe ich natürlich voll ausgekostet. Nach dem Zivildienst, einer der schönsten Zeit meiner Jugend, beschloss ich mich wieder der Musik zu widmen. Bundeswehr und Zivildienst hatten meinen „Stuntmen" letztlich den Garaus gemacht. In London scheiterte mein Karriere-Traum dann zunächst schmerzlich bis ich, wieder zurück in Deutschland, „Wallenstein" begegnete, beziehungsweise sie mir begegneten, zu einem Zeitpunkt als sie sich, herrlich provokant zur damaligen Zeit noch „Blitzkrieg" nannten.

Die Geschichte begann mich leidenschaftlich zu interessieren. Ich las viel bei Bernt Engelmann. Wohl auch meine Reaktion auf die ständigen Auseinandersetzungen mit meinem Vater, der NSDAP-Mitglied war und als Wehrmachtssoldat Polen und die Tschechoslowakei 1939 überfallen hatte und diesen unsäglich ideologischen Dreck permanent verteidigte. Als politischer Mensch kann man eigentlich nur links stehen. Im Prinzip auch das Ur-Anliegen jeder Religion. Sobald sich aber Utopien, seien sie politischer oder religiöser Natur institutionalisieren verwandeln sie sich, einem Naturgesetz ähnlich, immer (!) in ihr Gegenteil. Mit meist tödlichsten Folgen. Machtgier, Machtmissbrauch und Anhäufung von „Besitz" deren Geschwür. Menschliche Natur? Daher sind mir Parteien und Religionen zutiefst suspekt. Sie müssen, ihrer „Natur" nach denjenigen ausgrenzen, der nicht zu ihnen gehört. Hier liegt einer der vielen Haken von Gruppierungen begraben. Die Welt aus meiner Sicht ist gut und böse gleichzeitig. So war sie schon immer. So wird sie bis zum Verglühen in der Supernova unserer Sonne in fünf bis sechs Billionen Jahren sein. Das es früher immer besser gewesen sein soll ist Quark und hängt nur vom Betrachter selbst ab. Ob der Mensch in fünf Billionen Jahren noch eine Rolle spielt? Da habe ich meine Zweifel. Ganz besonders wenn der Mensch es immer wieder zulässt das sogenannte „Volksvertreter" wie ein Trump an die Macht gelangen können und wir uns alle, mich eingeschlossen immer mehr mit Fernreisen, Chemie, Müll und Plastik ersticken. Utopien wären ja reichlich vorhanden die vorgeben zu wissen, wie all das besser gelänge. Langsam sind wir aber müde ihnen zuzuhören. Die Lüge scheint aktuell attraktiver zu sein. Besonders bei einer lautstarken Klientel, die gern fälschlich behauptet, sie vertrete und spreche für eine Mehrheit. Die absurde Lüge verbreitet sich dabei auch, anders als noch vor wenigen Jahren, so absurd schnell und kaum gebremst. Politische Ohnmacht der Gemäßigten dabei augenscheinlich......

Was verstehen Sie unter Kunst?

Kunst kann man nicht lernen. Man kann sie nur machen. Sie ist so persönlich und im wahrsten Sinne des Wortes einzigartig. Eben nicht zwei- oder dreiartig. Es gibt nur einen Beethoven, einen Mozart, einen Eric Clapton etc.!

Es sagte mal jemand Kluges: "Diejenigen welche es können, machen es, diejenigen welche es nicht können lehren es!".

Kunst ist emotionaler Ausdruck des persönlichsten, intimsten Selbst. Nicht das Interpretieren von Vorbildern. In der intensiven Beschäftigung und intellektuellen Analyse durch das Studium großer Künstler besteht immer die Gefahr sich selbst aus den Augen zu verlieren. Kunststudierende enden zumeist in einer beamtenartigen Anspruchshaltung eines mehr oder weniger perfekten Interpretentums. Das zwangsläufige Nicht-Erreichen der künstlerischen Größe dieser selbstgewählten oder durch Studium vorgesetzten Vorbilder führt in den meisten Fällen zu der tragischen Schlussfolgerung sie selbst seien im Vergleich unbedeutend. Es ist halt extrem anstrengend, jemand anderes zu sein als man selbst und erfordert sehr viel Übung bis zur „Meisterschaft" im Imitieren. Ihr „Versagen" in der Schule war aus meiner Sicht also kein wirklicher Beinbruch. Eher Erlösung von etwas Unangenehmen. Traditionelle afrikanische und indische Musik zwingt den Nachwuchs zu nichts. Man sitzt zusammen und spielt improvisierend einfach drauf los bis die Magie und der psychische Rausch, den jede gute Musik inne hat, ganz „nebenbei" entdeckt wird.

Wer etwas für Musik empfinden kann, muss (!!) musikalisch sein, auch wenn er kein Instrument beherrscht. Die Beherrschung eines traditionellen Instrumentes hat oft etwas von sportlichen Höchstleistungen und findet sicher großes Interesse und Anklang. Es hat aber auch etwas von „Guck mal was ich alles kann! Meine Anstrengungen dafür im Vorfeld müsst ihr jetzt auch gefälligst honorieren". Ich selber habe immer Musik gemacht. Bis heute kann ich keine Noten. Weder lesen noch schreiben. Aber ich kann perfekt improvisieren und meine Ideen und Gefühle mit modernsten Mitteln konservieren. Ich fühle mich trotz der Mängel im Vergleich mit „richtigen" Musikern als ganzer Musiker. Das Interpretieren hat mich nie sonderlich interessiert. Eher gelangweilt. Dem Einen ist ein Klavier das Medium zum Glück dem Anderen wie mir ein Computer, der mir hilft, mich vollkommen auszudrücken. Und es ist immer eine große Freude und Spaß, wenn ich mit meinen Klängen Menschen erreiche. Aber in erster Linie tue ich es für mich selbst. Es ist ein hoffentlich nie endendes Spiel und versetzt mich stets in die magische Zeit meiner Kindheit. Vollkommen losgelöst und unabhängig von Erfolg, Beifall oder monetärer Belohnung. Das Musikmachen ist all das zusammen.

Winfried Trenkler

Geb. am 13.04.1942 in Berlin

1961 Abitur am Luise-Henriette-Gymnasium in Berlin-Tempelhof

1961 Praktikum bei der AEG

Ab 1961/62 Studium der BWL und Soziologie an der FU Berlin

Ab 1962 Fortsetzung des Studiums an der Albertus-Magnus-Universität in Köln

in den 60ern Mitarbeit im Institut für vergleichende Sozialforschung unter Leitung von Prof. Dr. Erwin K. Scheuch

Ab 1967/68 freier Autor für viele große Tageszeitungen und Musikmagazine

Ab 1970 freier Mitarbeiter beim Westdeutschen Rundfunk (WDR)

Ab 1971 regelmäßiger Programmgestalter und Moderator von diversen Musikprogrammen im WDR, am bekanntesten "Pro Pop Music Shop", "Rock In", "Radiothek" und "Schwingungen" ("Schwingungen" eine Sendung ausschließlich für Elektronische Musik, EM)

Ab 1971 regelmäßiger Verfasser und Moderator von Musikprogrammen in der Deutschen Welle

Ab 1972 freier Mitarbeiter für mehrere Sender des öffentlichen Rundfunks, inkl. Deutschlandfunk

Ab 1995 Fortsetzung von "Schwingungen" als monatliches CD-Abonnement. Siehe ZEIT-Artikel vom 18.07.1997 "Radio aus dem Briefkasten - Winfried Trenkler, ehemals beim WDR, lässt seine Sendungen von der Post austragen" von Karl Hübner

Ab 2001/2002 "Schwingungen" von Jörg Strawe fortgesetzt, siehe CUE-Records.

Winfried, es ist meine Überzeugung, dass Du im WDR in Deiner Zeit dort die wichtigsten Radiosendungen moderiert hast, wenn sich jemand für innovative Rockmusik und Elektronik interessierte. Du kamst 1972 zum WDR. Wie kam es dazu?

Mit meinen regelmäßigen Musiksendungen begann ich dort im Januar 1971. Aber ich war schon in der ersten Hälfte der 60er Jahre zum WDR gekommen. Nur an anderer Stelle. Ich hole mal etwas aus, damit ich die Frage, wie es dazu kam, ausführlicher beantworte, als mit dem kargen Satz: "Im Herbst 1970 bot ich dem WDR ein Musikprogramm an."

Natürlich wird's nun autobiographisch. Wenn man konzentriert auf sein Leben zurückblickt, wächst die Fülle der Erinnerungen nicht nur stündlich, sondern von Minute zu Minute. Und es wird einem bewusst, dass die Zahl der Details, von selbst fernen historischen Ereignissen bis zu innersten persönlichen Entscheidungen, die alle den Lebenslauf mitbestimmt haben, unendlich ist. Damit diese Antwort hier nicht auch unendlich wird, muss ich abschneiden und aussortieren. Aber hinter den Zar Peter den Großen werde ich nicht zurückgehen.

Sowohl der und seine Nachfolger hatten sich gezielt weiter-westliches Know-how ins Land geholt. Diesen Lockrufen folgten unter anderen gewisse Trenklers aus Westpreußen und gewisse Steinmüllers aus Schwaben. Ich greife ja nur deshalb so weit zurück, um zu erklären, warum es mich als Sohn eines in St. Petersburg geborenen und aufgewachsenen Johannes Trenkler 1962 von Berlin nach Köln verschlug. Ohne Umzug nach Köln keine musikalische WDR (und Deutsche Welle) Karriere meinerseits.

Das Überleben nach der Oktoberrevolution war Glücksache. Lenin und Co. waren sogleich zur "sozialen Chirurgie" übergegangen und liquidierten genüsslich (allzu oft mit Folter) den Klassenfeind. Ein solcher musste ja sein, der keine schwieligen Arbeiterhände vorzeigen konnte. Als unterbrochener (wg. 1. Weltkrieg) Ingenieur-Student hatte mein Vater solche nicht. Nach abenteuerlicher und lebensbedrohlicher Odyssee via Sibirien gelang es ihm, seiner Mutter und einer Schwester ins Land der Vorväter zu entkommen. Genauer, nach Berlin. Dort lernten meine Eltern sich kennen. Meine Mutter, Tochter eines Dorfschneiders, stammte aus Schlesien. 1934 wurde mein Bruder Eberhard geboren. Ich folgte acht Jahre später. Uns beiden war die Leidenschaft für Musik wohl in die Wiege gelegt. Er war der größte Klassik-Fan, den ich jemals kennenlernte. Abgesehen davon, dass er meine Liebe zu Beethoven, Brahms und Co. befeuerte, sollte ihm, dem Banker, später die kulturelle Großtat seines Lebens gelingen. Er war es, der die Deutsche Bank zum ersten und Hauptsponsor der Berliner Philharmoniker machte, der sie nach wie vor ist.

Nachdem die Russen (pardon, so durften sie sich schon lange nicht mehr nennen, sie waren "Sowjetmenschen" geworden) zum Ende des 2. Weltkriegs Berlin erobert hatten, mochten sie zwischen den Trümmern "Kalinka, Kalinka" gesungen und getanzt und viel Wodka getrunken haben. Das allein genügte ihnen nicht auf die Dauer, sie strebten auch nach Höherem. So bauten sie für sich und ihre nachgerückten Familien in Karlshorst (im Osten der Stadt) sage und schreibe eine.........Oper. Es bedurfte eines in Russisch und Deutsch perfekten Dolmetschers. Mein zweisprachig aufgewachsener Vater, zumal in technischen Termini immer noch bewandert, schien der richtige Mann zu sein. Und... er konnte auf seine wahrhaftige Liebe zur russischen Opernkunst verweisen, hatte er doch seine bleischweren Schellack-Scheiben mit dem "Jahrhundert-Bass" Fjodor Iwanowitsch Schaljapin über all die kriegerischen und chaotischen Jahre herüber gerettet. Die sowjetischen Bauherren waren gerührt. Johannes T. hatte den Job. Und die Familie zu essen.

Leider bauten die Sowjets zusammen mit dem volkseigenen Betrieb VEB Bau an der Oper nicht so lange wie die heutige Politik-Kaste zusammen mit den kapitalistischen Baufirmen am BER, dem neuen bzw. eventuellen Berliner Flughafen. Mit anderen Worten, der 1947/48 begonnene Job war im Laufe von 1949 mit der ersten Premiere schon wieder zuende. Der VEB Bau aber übernahm meinen alten Herrn. Er war nun ein "Grenzgänger". Wohnen in West-Berlin (Tempelhof), Arbeiten in Ost-Berlin.

Etwa im Alter von 10 begann mein Klavierunterricht. Meine Eltern bezahlten den Piano-Lehrer mit Mehl, Zucker, Erbsen, Bohnen, Linsen usw. Alles in Ost-Berlin eingekauft, weil diese Grundnahrungsmittel dort billiger waren. An dieser Währung hat es nicht gelegen, dass mein Klavierspiel äußerst bescheiden blieb. Bei meinem nächsten und zugleich auch letzten Klavierlehrer, dem Kantor der Herz-Jesu Kirche in Tempelhof wurde es geringfügig besser. Er hievte mich auf die Ebene der Haydn-Sonaten (darin finden sich einige fantastische Dinge - viel zu wenig berühmt!), der Impromptus und Moments musicaux von Schubert, der Kinderszenen von Schumann ("Träumerei" u.a.). Es reichte gerade noch für Mozarts berühmtes "Alla turca" aus der 11. Sonate und für ein winzig Kleinwenig von Beethoven: für die beiden ersten Sätze der Mondscheinsonate (der dritte Satz - so schnell man ihn spielen muss, so schnell stürzte er mich damals wie heute in die Verzweiflung des Unvermögens) und Teile der Pathetique, besonders der melodische Mittelsatz "adagio cantabile". Ansonsten hatte der Pianist in mir seine technischen Grenzen erreicht. - Selbstbenotung (nicht Selbstbeweihräucherung!): Musizieren....5+, na ja, vielleicht eine gnädige 4-. Musikliebhaben .....1, nach wie vor.

Mein Gestümper am Instrument hätte mir die Liebe zur Musik trüben können. Glücklicherweise geschah das nicht. Ein Schlüsselerlebnis wie ein Tür..., ach was, wie ein T O R - Ö F N E R hatte mich längst in die Wunderwelt der klassischen Musik eintauchen lassen. Ich war noch 11 oder gerade mal 12, als die ganze Familie zu "Tannhäuser" in die Oper ging. Ich sass auf dem billigsten Platz. 3. Rang ganz vorn rechts. Ohne Einblick in die Bühne. Zum Trost gab es nur an diesem Platz ein kleines Lämpchen mit Pult, so dass man sich eine Partitur hinlegen konnte, wenn man denn eine hatte. Ich hatte keine. Also, es ging nur um das Hören, nur um die nackte Musik. Der Vorhang war noch nicht geöffnet. Kein Wort war gesungen. Da war ich nach wenigen Minuten schon verzaubert von dem, was aus dem Orchestergraben dort unten zu mir empor drang. Noch nie hatte ich Musik so stark empfunden. Noch nie war ich zuvor von Musik so fasziniert wie durch diese hinreißende Ouvertüre. Von nun an war ich süchtig und wollte mehr, mehr, mehr. - Nebenbei bemerkt, keiner hatte mir gesagt, dass ich das gut finden müsste, dass ich dann was Besseres sei. - Ich fand, dass die pure Musik eine ungeheure Bereicherung meines Lebens darstellte. Über viele meiner Teen-Jahre gehörte es zu meinem Tagesablauf, dass ich mich nach der Schule, die Welt vergessend, auf den Teppich legte und mir eine Sinfonie, ein Klavier- oder Violinkonzert reinzog. Fand sich alles im Plattenschrank meiner Eltern. Ich erinnere mich und kann heute noch nachfühlen, wie ich zu Tschaikowskys späten Sinfonien auf einem Pferdeschlitten durch die winterliche Taiga schwebte. Und welche Hochgefühle Beethovens 5. Klavierkonzert und meine damalige Lieblingssinfonie, Beethovens Siebte, auslösten! Zum ersten Mal begriff ich, fühlte ich, das Wort "Erbauung". Die erste LP (Langspielplatte), die ich mir von meinem Taschengeld kaufte, war das erste Klavierkonzert von Brahms, gespielt von Wilhelm Kempff. Meine ersten zwei Singles waren sogenannte EPs (extended play): Beethovens "Lieder an die ferne Geliebte", mit dem Bariton Dietrich Fischer-Dieskau, der seine Jahrhundert-Stimme während seiner Kriegsgefangenschaft entdeckte, und die Schlussarie "Mild und leise" aus Richard Wagners "Tristan und Isolde", gesungen von der unvergleichlichen norwegischen Sopranistin Kirsten Flagstad. Übrigens eine Furtwängler-Aufnahme.

Bald zählte ich zu den unermüdlichsten und strapazierfähigsten Klassikfans der Stadt. Ganz leicht daran zu erkennen, dass wir für jedes bessere Musikereignis langlebige Schlangen vor den Ticket-Schaltern bildeten. Ob für Oper oder Konzert, der Kartenverkauf begann sonntags um 10.00 Uhr. Für Gutes begann die Ansteherei am Abend vorher, für Besseres Samstagmorgen, für Hochklassiges am Freitagnachmittag. Alle 2 Stunden war Aufruf. Wer nicht anwesend war, verlor seinen Platz. Ob Sommer oder Winter. Den absoluten Rekord an Leidenschaft und Hartnäckigkeit rief das erste Gastspiel der Mailänder Scala nach dem Krieg hervor. Wer sicher sein wollte, Maria Callas in ihrer Paraderolle als Lucia di Lammermoor zu erleben, begann am Dienstag anzustehen...... So viel, um einmal mehr die leidenschaftliche Liebe zur Musik zu dokumentieren.

Wichtiger Einschub, weil ich es, meiner Profession folgend, nicht lassen kann: Ich war (und bin) für jeden Tipp dankbar, der mich zu Musik führte, die mir bleibend gefiel und zugleich die Welt bereichert. Sei es persönliche Mund-zu-Ohr-Propaganda, eine Rezension oder was auch immer. Schließlich wurde ich selbst mit Hilfe vom WDR und anderen ARD-Sendern, mit Hilfe von der Deutschen Welle, zahlreichen Tageszeitungen und Musikmagazinen ein Multi-Mega-Tipp-Geber. Und will genau an dieser Stelle hier einen besonderen Tipp abgeben. In der Hoffnung, ach, mit der Gewissheit, wenigstens einige

Leserinnen und Leser zu beglücken: Wenn Ihnen in Ihrer Liebe nach intensivster Liebesmusik zumute ist, dann hören Sie sich den 2. Akt von "Tristan und Isolde " an. Und auch "Mild und leise". Nach Tausenden und Abertausenden Stunden Musik hören und ab-hören, Klassik, Jazz, Rock und Elektronik, weiß ich für die Zeiten der Liebe keine schönere Musik als diese.

Am Rande sei erwähnt, dass ich auch das Pflichtprogramm Tanzschule durchlaufen musste. Ich fuhr dafür von Tempelhof quer durch Berlin nach Pankow, also Ostberlin, weil es dort billiger war. Neben Walzer, Foxtrott und Co. musste ich auch Lipsi lernen. Im Westen hatte schon das Rock'n'Roll-Fieber begonnen. Die DDR-Regierung beauftragte ein Leipziger Tanzlehrerpaar damit, einen sozialistischen Gegentanz zu kreieren. Daraus wurde der Lipsi, weil in Lipsia erfunden. So heißt Leipzig auf Neulatein. Den Abschlussball schenkte ich mir. Mein Tanzunterricht hat mich jedenfalls meiner späteren Karriere als Rock-DJ nicht näher gebracht. Es sei denn in unbewusster Gegenbewegung.

Wie schon erwähnt, hätte meine Antwort auf die ganz oben stehende Frage von Frank Wolfram Wagner, dem Herausgeber und Spiritus rector dieses Buches, viel kürzer ausfallen können. Aber sie hat bei mir einen autobiografischen Schub ausgelöst. So wurde und wird es nun um einiges länger, weil ich mir jene Eingangsfrage zu "Wie wurde ich zu dem, was ich war?" umgemodelt habe. Diejenigen, die Biografien nichts abgewinnen können, bitte ich um Nachsicht. Zu meiner Beantwortung der Frage gehören nun mal folgende Komplexe (Faktoren) hinzu:

1. Von St. Petersburg über Sibirien und Berlin nach Köln. Oder: Zarenreich, Revolution, Weltkriege, (abebbender) Kalter Krieg.

2. Leidenschaftliche Liebe zur Musik und was sie am Leben hält.

3. Mama und Papa entlasten.

4. Geplanten Pfad verlassen und Studium abbrechen.

Nun wieder etwas Weltgeschehen und wie es in meine Familie durchschlug bzw. hineinwirkte. Ich will nicht unerwähnt lassen, dass sowohl der real existierende Sozialismus à la Lenin und Stalin als auch das Nazi-Regime in meine Herkunftsfamilien hineingemordet hatten, d. h. ihnen missliebige Onkel von mir umgebracht hatten. Was nun aber näher meinen Lebenslauf mitbestimmte, war etwas anderes. Gemäß dem Viermächtestatus Berlins war zu den Wahlen in West-Berlin auch die SED zugelassen. Die rechnete sich wenigstens paar Sitze im Abgeordnetenhaus aus. Als aber das Ergebnis der 1954er Wahlen offenbarte, dass nicht mal die Grenzgänger und ihre Angehörigen SED wählten, war die DDR-Führung beleidigt und warf sie alle raus. D.h. 40.000 westliche Grenzgänger verloren von einem Tag auf den anderen Arbeit und Brot. Es herrschte ja eh Kalter Krieg zwischen Ost und West.

Etwas weniger allerdings zwischen der Sowjetunion und der westdeutschen Wirtschaft. Unter der Ebene wechselseitiger Feindseligkeiten bahnte sich schon in den 50ern ohne großes Gedöns Ex- und Import an. Die Sowjets hatten viele Wünsche und nicht die geringsten Hemmungen, sie an bundesrepublikanische und West-Berliner Firmen zu richten und sich von denen erfüllen zu lassen. Nun hatten die wenigsten Firmen eigene Russland-Abteilungen. Das nutzte eine Ex- und Importfirma aus, die sich genau darauf spezialisierte. Sie benötigte dringend technische Übersetzer und stellte meinen Vater an.

Offiziell waren sich Bonn und Moskau spinnefeind. Man hatte nicht mal Botschaften. Es war wieder die Wirtschaft, die der späteren Normalisierung ungezwungen voranging. Bevor es neue Botschaften gab, richteten die Russen Ende der 50er Jahre eine Handelsmission ein. Nicht in der langweiligen

Hauptstadt Bonn, sondern in Köln. Jene Ex- und Import-Firma faltete ihre Niederlassungen in Berlin und Essen zusammen und zog nach Köln um. Mein Vater, inzwischen Chef-Dolmetscher, zog unmittelbar mit. Ich machte noch in Berlin 1961 das Abitur. Ich wurde nach dem schriftlichen Abitur und aufgrund der Vorzensuren vom mündlichen Abi befreit. Das war eine neue Auszeichnung, mit der drei von 90 Abiturienten belohnt wurden. (Kann's mir nicht verkneifen, bin immer noch ein bisschen stolz darauf.) Schönes Abitur, und was nun?

Ich konnte mich zu nichts entschließen und ließ mich zuerst zu VWL (Volkswirtschaftslehre) und dann zu BWL (Betriebswirtschaftslehre) überreden. Firmen wollen Betriebswirte anstellen, an Volkswirten seien sie kaum interessiert. Diesem eindringlichen Rat glaubte ich kurz, ganz kurz vor Semesterbeginn folgen zu müssen. Ich war schon für VWL eingeschrieben und hatte nur noch Stunden Zeit das zu ändern. In der Verwaltung der FU beschied man mir, dass nur der Dekan das noch bewilligen könne. Der war aber gerade nicht in der Uni. Dann müsse ich ihn zuhause anrufen. Ich bekam seine Telefonnummer. Natürlich zauderte ich, aber das "Nur der Dekan" ließ mir ja keine Wahl. Ich rief den Politikwissenschaftler Herrn Professor Dr. Otto Heinrich von der Gablentz an und bat ihn, ...erst mal um Entschuldigung für die Störung und dann um seine Erlaubnis, von VWL zu BWL wechseln zu dürfen. Nach seinem Warum kam ich nur noch zu ein, zwei Worten, als er mich unterbrach und anbrüllte: „Dann sind Sie ein Idiot!" Ich erstarrte und war stumm. Hatte er nun etwas Erbarmen, nachdem er mich gerade vernichtet hatte? Mitnichten. Mit diesen fünf Worten donnerte er mich nochmal an. Noch lauter: „DANN SIND SIE EIN IDIOT!!" Dann folgten auch gleich seine Schlussworte: „Und außerdem verbitte ich mir Anrufe abends um sechs Uhr." Und Klack! Ende. Das war mein erster Kontakt mit dem akademischen Lehrkörper einer

Universität, der FREIEN Universität. Den vergisst ein Noch-nicht-mal-Erstsemester nicht.

In meinen Kopf gemeißelt hatte der Herr Dekan diese Worte zwar, aber in mein Studienbuch geschrieben wurden sie glücklicherweise nicht. Kurz gesagt, ich studierte BWL mit Desinteresse und Wahlfach Soziologie mit Neugierde. Mit diesem Fach folgte ich dem Ratschlag eines älteren Freundes, der mir noch auf eines meiner Lehrbücher "ad multos annos!" ("Auf viele Jahre!) kritzelte. Verdammt, er sollte leider Recht behalten! Hätte er mir nicht mit einem "auf wenige Jahre" ein zügiges Studium wünschen können? Während mich die BWL mitsamt der Propädeutika nur langweilte, fand ich Soziologie schon interessanter, obwohl der Dozent unter der Überschrift "Einführung in die Soziologie" ein ganzes Semester lang fast nur über ein einziges Buch redete, über David Riesmans "The Lonely Crowd" (Die einsame Masse). Nach einem dem Studium vorgeschaltetem Praktikum bei der AEG und einem Semester an der Freien Universität, alias FU, folgten meine Mutter und ich meinem Vater nach Köln.

Die WiSo-Fakultät der Kölner Uni hatte zu dieser Zeit einen legendären Ruf. Aus guten Gründen. Zwei davon waren Erich Gutenberg, der Papst der modernen BWL, und René König, Soziologie-Koryphäe von internationalem Rang. BWL ließ mich nach wie vor kalt. Aber im soziologischen Seminar fand ich es immer interessanter. Dort sollte ich Kontakte von Dauer und auch neue Freunde gewinnen. Das sollte meine neue geistige Heimat werden.

Ich war erst mal ein anonymer Neuankömmling unter 8000 WiSo-Studenten. Mich dort um das Pflichtprogramm zu kümmern, war das Eine, mir in Köln einen Ferienjob zu suchen, war das Andere. Denn ich wollte meinen Eltern nicht gänzlich auf der Tasche liegen, sondern in den Semesterferien etwas eigenes Geld verdienen. Was ich schon in Berlin gemacht hatte, klappte auch hier auf Anhieb. In einer Brauerei zu jobben. 2,80 DM pro Stunde galt unter Studenten als gutes Geld. In Berlin hatte ich mir an den Scherben des zurückkommenden Leerguts jeden Tag blutige Finger geholt. Hier in Köln war es auch kein Zuckerschlecken: Den ganzen Tag Fässer stapeln, schwefeln und wieder stapeln. Das ging auf die Lunge und auf die Knochen. Kein Gejammer, ich war freiwillig da. Und es gab ja noch jeden Tag 6 Flaschen Freibier. Damit konnte man sich abends zuhause besaufen. Für die geleerten Flaschen gab's am nächsten neue volle. Sechs Flaschen jeden Tag schaffte ich nicht annähernd. Ich mochte das Bier bald gar nicht mehr. Anders unser Nachbar, der Trommler der Kölner Philharmoniker. (Sie nannten sich damals Gürzenich-Orchester, weil sie in dem gleichnamigen Ballsaal spielten. Seit einigen Jahren haben sie eine eigene Philharmonie.) Dem brachte ich nach Feierabend die vollen Flaschen, am nächsten Morgen standen sie leer vor meiner Tür.

Apropos Nachbarn. Unter dem Paukisten, also schräg unter uns, wohnte der erste Fagottist desselben Orchesters. Ich war in bester klassischer Gesellschaft gelandet. Nicht immer zum Vergnügen. Ich hatte mal wieder Anlauf am Klavier genommen, da stand eines Nachmittags das Fagott vor der Tür. "Herr Trenkler, sie halten die Mittagsruhe nicht ein." Mein "Verzeihung!" reichte ihm nicht, er musste mir noch unbedingt richtig eine reinhauen: „Und außerdem höre ich jeden Fehler von Ihnen." Damit war ihm der finale Todesstoß gegen meine Tastenkarriere gelungen. Zwei Vollprofis, die mit ihren philharmonischen Ohren jeden Tag gequält mithören, das war der Einschüchterung zu viel. Dabei, ich hätte sie ja täglich mit zusätzlichen Fehlern und ordentlichem fortissimo foltern können, denn die Herrschaften verließen ja erst abends das Haus in Richtung Arbeit. Doch wollte ich so etwas Beethoven, Schubert und Co. nicht mal posthum antun. Mir selbst auch nicht. Und, der Paukist, den ich jeden Tag mit meinem Bier abfüllte, war ja nicht so streng mit mir. Sein Glück, er hätte sonst keinen Tropfen mehr gekriegt.

Außerdem musste ich ihm zugutehalten, dass er mir einmal aus einer nicht alltäglichen Verlegenheit geholfen hatte. Meine damalige Freundin hatte eine bildschöne Schwester, die in Berlin lebte und mit dem derzeit jüngsten US-Konsul verbandelt war. Der hatte eine noch höhere Karriere im Sinn. Er wollte Operntenor werden und nahm in Berlin viele teure Gesangsstunden. Nachdem er als ausgebildet galt, meldete er sich in mehreren deutschen Opernhäusern zum Vorsingen an. Er startete in Köln und wollte sich vor dem Termin mit meiner Hilfe warm singen. Ich sollte seine ausgewählte Arie am Klavier begleiten, d. h. vom Blatt spielen. Das konnte ich nicht aus dem Hut. Was nun? Er hatte in gutem Glauben mit mir gerechnet. Ich klingelte nebenan, und der Trommler zeigte, dass er mehr drauf hatte, als korrekt zu schlagen. Er begleitete am Klavier und der Opernstar in spe sang. Natürlich den größten Hit der italienischen Oper, "Nessun dorma" aus Puccinis Turandot. Nach einigen Da Capos bedankte sich der Noch-Konsul bestens eingestimmt und schritt zur nahen Oper seinem - leider, leider - Fiasko entgegen. Was eben noch das Wohnzimmer erbeben ließ, erwies sich im großen Haus als zu schwach. Der singende Ex-US-Konsul fand in der Opernwelt nie statt. Und nach Liederabenden in kleineren Kreisen stand ihm wohl nicht der Sinn. Jedenfalls hatte der trommelnde Pianist von nebenan sein Bestes gegeben. An dieser Stelle fällt mir ein, dass Johann Sebastian Bach täglich noch viel, viel mehr als 6 Flaschen Bier getrunken, mit zwei Frauen 20 Kinder gezeugt und weit mehr als tausend Werke komponiert hat.

Beim nächsten Ferien-Job hatte ich's bequemer und meine erste Berührung mit dem WDR: Hausbote. Du trägst paarmal am Tag die Post, auch die interne, durch die Abteilungen. Lernst dabei auch einige Leute kennen. So habe ich z. B. meine Freundin aus Berlin nachgeholt und ihr die Anstellung als

Sekretärin in der Kammermusik vermittelt. Was mir wiederum zu einem sehr ausgefallenen Erlebnis verhalf. Sie durfte eine Begleitung zu einer höchst exklusiven, nicht öffentlichen Musikveranstaltung innerhalb des WDR mitbringen: Zum ersten Auftritt von Wolf Biermann im Westen. Aufnahmen in einem Studio vor kleinstem hausinternem Publikum.

Der akademische Hausbote wird schon mal anderswo benötigt. Z. B. in der Fotokopieranstalt. Eines Tages bekam ich einen Brief von Heinrich Böll an den Intendanten des WDR zum Kopieren in die Hände. Da werden einem nun nicht die Augen verbunden. Wie soll man denn sonst das DinA4 Blatt korrekt in die Maschine legen. Der Nobelpreisträger an Herrn von Bismarck. Kein Wort an dieser Stelle hier über den Inhalt. Was mir den Brief so unvergessen machte, war sein saumäßiges Erscheinungsbild. Fehlerhaft getippt und mit Ergänzungen und Verbesserungen von oben bis unten vollgekrakelt. So formverachtend hätten unsereins und andere Normalos sich nicht an den Intendanten wenden können. Auch an anderen Stellen unserer gesamtgesellschaftlichen Kommunikation wäre ein solches Schriftstück undenkbar gewesen. Was folgerte der kleine Soziologiestudent daraus? Nachdem man sich in die Spitzen der gesellschaftlichen Segmente hochgehangelt und dabei immer schön auf die passende Form geachtet hat, gewinnt man als eine der Belohnungen (neben viel Kohle) die Befreiung von allerlei formalen Zwängen. Besonders im Umgang unter Gleichen, also von Spitze zu Spitze. Eh deren Lieblingskommunikation. Die Top-Leute haben lieber mit anderen Top-Leuten zu tun als mit denen, die sie beim Aufstieg hinter sich gelassen haben. Einen schönen Beweis dieser Behauptung stellt das erfolgreiche Geschäftsmodell des Party-Königs Manfred Schmidt dar. Top-Leute, die sich nicht alle Tage über den Weg laufen, zu ein und derselben Party einzuladen. Das begann in den 70ern, sage und schreibe, in meiner Kölner Wohnung, setzte sich in teuerster Immobilie neben dem

Brandenburger Tor fort und machte nicht mal vor der Nummer "1" im Staat halt. Christian Wulff feierte seine Wahl zum Bundespräsidenten Stunden später bei Manfred Schmidt, den er zuvor als "besten Gastgeber Deutschlands" geadelt hatte. Ministerin und Minister, Bundestagspräsidentin, Firmenbosse, Chefredakteure, Sportler etc. wurden geladen und kamen. Selbst Hollywood-Größen wurden eingeflogen und verschafften allein mit ihrer Anwesenheit den versammelten Top-Leuten weitere bebauchpinselnde Top-Kontakte.

Schon als Gymnasiast bin ich in den großen Ferien gern per Anhalter durch die Lande gereist. 1963 sollte es England sein. Der erste kurze Lift von Dover nach Folkestone sollte sich als eine etwas größere Weichenstellung in meinem Leben erweisen. Ein ehemaliger ukrainischer Kriegsgefangener sass am Steuer. Er und seine englische Frau luden mich ein, am Ende meiner großen Rundreise (London, Oxford, Cambridge, Bristol Channel, Lake District) bei ihnen zuhause in Northampton vorbeizukommen. Ich tat es und ließ bei diesem kurzen Aufenthalt durchblicken, dass ich für mein Studium unbedingt mein Englisch optimieren müsse. Und schon war ich für den nächsten Sommer eingeladen. Auf so lange, wie ich wollte. Die herzliche und selbstverständliche Gastfreundlichkeit dieser beiden war einfach umwerfend.

Fußnote (Zu wichtig, um unten zu landen, deshalb auf Augenhöhe): John Ostafichuk hätte eigentlich seit der zweiten Hälfte der 40er Jahre tot sein müssen. Denn auf der Konferenz von Jalta hatte Stalin Churchill gebeten, ihm alle Leute, die jemals nach der Oktoberrevolution das Gebiet der Sowjetunion verlassen hatten und sich in englischem Einflussbereich befanden, auszuliefern. Denn die wollten ja nicht unterm Kommunismus leben, waren also dessen Widersacher und damit auch eine potenzielle Gefahr für Stalin. Und England lieferte, genau wissend, was diese armen Leute erwartete. Schiffsladungen mit Tausenden, die nach der Ankunft in der

UdSSR gleich getötet oder, wenn arbeitsfähig, in den Gulag verfrachtet wurden, was nichts anderes als Töten mit Zeitverzögerung bedeutete. Alles festgehalten in dem 1977 erschienenen Buch "The Victims of Jalta", deutsche Ausgabe "Die Verratenen von Jalta" von Nikolai Tolstoy, einem entfernten Verwandten des berühmten Leo Tolstoy. Ein Kapitalverbrechen von Genozid-Dimension, das in der westlichen Politik und in den westlichen Medien beharrlich verschwiegen wird. Es kann nur einer glücklichen Fügung zu verdanken sein, dass England ca. 500 ukrainische Kriegsgefangene für sich behielt, die dann später in Coventry, Northampton und Umgebung eine lose ukrainische Gemeinde bildeten. (Ich fragte kürzlich einen jungen deutschen Geschichtslehrer danach. Antwort: Null. Keine blasse Ahnung.)

Warum ich mehr als verdämmerndes Schul-Englisch draufhaben wollte? Das meiste, was Kölner Soziologiestudenten lesen mussten, war von Amerikanern geschrieben. Ich wollte den damaligen Soziologen-Papst Talcott Parsons und Größen wie Robert K. Merton, George Homans, Paul Lazarsfeld etc. möglichst flüssig lesen können. Dermaßen ambitiös gepolt machte ich mich 1964 nach Northampton auf, um, ja, fremdsprachlich etwas verbessert, aber vor allem mit einem Kopf voller neuer Musik zurück zu kommen.

Hatte ich schon Logis frei, brauchte ich doch für Kost und Taschengeld einen Job. Mein hilfsbereiter Gastgeber dachte an den Freizeitpark Billings Aquadrome, ein gutes Stück östlich von Northampton. Kaum angekommen liefen wir dem Juniorchef in die Arme. Der fragte mich nur, ob ich weiß, was "admission" bedeutet. Nachdem das geklärt war, drückte er mir ein Paket Eintrittskarten in die Hand und positionierte mich am Eingangstor. Es war ein schöner und warmer Sommertag, und der Besucher-Andrang war enorm. Nach ein, zwei Stunden war ich vollgestopft mit Pfundnoten. Ab und wann erschien der Junior, befreite mich von dem Vermögen und gab mir das nächste Bündel Tickets. Ich war von solch einem Vertrauensvorschuss gegenüber einem Unbekannten aus Germany beeindruckt. Ich war von einer Minute auf die andere für den Sommer engagiert und bekam noch ganz andere Dinge zu tun. Das Aquadrome konnte sich hundertprozentig auf mich verlassen. - Vorschlag an alle Chef-Leser dieses Buches: Ein Vertrauensvorschuss kommt gut an und zahlt sich aus. Ja, ja, "Vertrauen ist gut, Kontrolle ist besser" (angeblich von Lenin). Aber warum auf das Gute durch Vertrauen verzichten?!?!

Dieser Job hat mir nicht nur bei bestem Betriebsklima das nötige Kleingeld gebracht, sondern obendrein eine schöne Richtungsänderung in meinem Leben bewirkt. Wo war übrigens das gefürchtete englische Regenwetter? Keine Spur davon. Dieser 64er Sommer in den Midlands war paradiesisch. Sonnig und warm ohne Ende. Und...jetzt kommt's...: Voller Musik. Ja, die Luft über Billings Aquadrome war geschwängert von gut gelauntem, frischem und lautem Beat. So nannte man damals das, was die Beatles, die Beach Boys, Rolling Stones, Animals, Kinks, Herman's Hermits und andere sangen und spielten. Es tönte aus den Lautsprechern, die übers Gelände verteilt in zig Bäumen hingen und törnte mich alten Klassik-Fan richtig an. Es machte auch innen sonnig und gut gelaunt. Und viele der Songs waren ja auch richtig gut. 1964 war das schon nicht mehr der früheste Anfang von alledem, aber es war ein Stadium, dem immer noch der berühmte Zauber des Anfangs innewohnte. Und eine Riesenwelle neuer Musiker und Formationen sollte ja unmittelbar, also Mitte der 60er folgen. Ein faszinierender Aufbruch musikalischer Talente in der westlichen Hemisphäre war im Gange. Erfasste Clubs, Tanzdielen, Radio und TV und stülpte sich als Klangwolke über alle meine Open-air-Arbeitsplätze. Ob ich nun am Parkeingang stand, Ruderboote auslieh, Abfälle einsammelte, im Kiosk Snacks und Süßigkeiten verkaufte, die kleine Eisenbahn voller Kinder, Muttis und Omas um den See herum fuhr oder schließlich auf dem Traktor half, den Park zu pflegen und paar Bäume zu fällen. UK-Beat, "You really got me"!! Und den ersten TV-Auftritt der Kinks mit dieser zupackenden Single und dem berühmten Gitarrenriff habe ich auch miterlebt. Zurück in Köln kaufte ich meine ersten Beat-LPs. "A Hard Day's Night" von den Beatles und das erste Album von den Kinks.

Am idealsten ist es für den Gelderwerb eines unfertigen Studenten in seinem Studienfach zu arbeiten. Ich hatte mich erfolgreich am Institut für vergleichende Sozialforschung der Kölner Uni (Leiter: Professor Erwin K. Scheuch) beworben und war jetzt eine Studentische Hilfskraft. Um mich herum waren soziologische Karrieren von Rang im Gange. Heiner Treinen und Theodor Harder wurden bekannte Professoren, Hartmut Esser sollte mit seinen "Allgemeinen Grundlagen" ein Standardwerk der Soziologie schaffen und Manfred Güllner sollte Gründer und Chef von Forsa werden. Um nur einige zu nennen. Wenngleich ich alles sehr interessant fand, an vielen Untersuchungen teilnahm und viel über Sozialforschung lernte, entwickelte sich meine Hauptkompetenz jedoch in Sachen Musik, und ich versorgte einen soziologischen Freundeskreis laufend mit neuer Rockmusik. Ich hatte die englische Musikzeitung Melody Maker abonniert, las oft auch die International Times und war damit über das Rockgeschehen der westliche Welt bestens informiert. In kurzen Abständen trampte ich nach London und schaffte jede Menge LPs heran. Auch solche, die es in Deutschland noch gar nicht gab. Dabei war ich natürlich auch gierig nach so viel Live-Musik wie möglich. In Klubs, in Konzerthallen und auf Festivals erlebte ich Bands in ihrem Frühstadium und andere, die schon Weltruhm genossen, wie z. B. Jimi Hendrix im Saville Theatre. Wenn sich die Doors, Jefferson Airplane oder Grateful Dead in London ansagten, war es für mich Grund genug für die nächste Reise.

Studentische Hilfskraft ist man nicht für immer, sondern nur auf Zeit. Kein Problem, ich mutierte zum freien Journalisten und schrieb non stop Musikartikel und Plattenrezension für Tageszeitungen, Zeitschriften und Musikmagazine. Durch meine vielen Reisen nach England, durch die Live-Erfahrungen, durch tagelanges Abhören in den Kabinen Londoner Plattengeschäfte und als Abonnent englischer Musik-Presse befand ich mich, was das Rock-Geschehen anging, an vorderster Front. Ich wäre in dieser Sphäre nicht geblieben, auch nicht der Honorare wegen, wenn die Nadel meines inneren Musik-Empfindungs-Sensors (oder des Musikalischen Befriedigungs-Messers oder des Musical Satisfaction Meters) nicht immer wieder bis zum Anschlag ausgeschlagen hätte. Das konnte sich gelegentlich mit Top Twenty Musik decken, wenn Jimi Hendrix, Bob Dylan, The Doors, Jefferon Airplane oder Pink Floyd mit einigen Titeln oder Alben in diese Kommerzlisten emporschnellten. Öfters aber empfand ich dieses edle Vergnügen jenseits der Verkauf-Charts. Z. B. wenn ich Soft Machine, Pink Floyd, Caravan, Love, Quicksilver Messenger Service, Cream, Lifetime und Traffic (um nur einige wenige zu nennen) hörte.

Wir kennen alle die Frage nach der oder dem Lieblings... Dingsbums. Farbe, Essen, Film, Land, Komponist, Dichter usw. Je mehr man kennt, desto schwerer fällt einem die Antwort. Wenn ich in den späten 60ern nach meiner Lieblingsband gefragt wurde und nur eine nennen durfte, dann sagte ich: Soft Machine. Dieser aus der Canterbury-Szene hervorgegangenen Band schrieb ich den einzigen Fan-Brief meines Lebens. Fünf Seiten lang. Ich hatte sie in Londoner Klubs wie dem Marquee und dem Speakeasy, öfters aber in den psychedelischen Zentren erlebt und war jedesmal hin und weg. Im UFO, Middle Earth und Roundhouse, wo sie neben Pink Floyd zu den aktivsten Hausbands gehörte. Diese beiden Bands waren für mich der Inbegriff dessen, was man damals "Progressive Rock" nannte. Soft Machine mehr jazzaffin, weit entfernt von Schablonen, kreativ und sehr eigen. Unverwechselbar allein durch ihren Sound, den vor allem der Keyboarder Mike Ratledge mit seiner Fuzz-Orgel, einer Lowrey Holiday de Luxe erzeugte. "Whasp in the brain sound" nannte das ein Rezensent treffend. Pink Floyd eher in Richtung Klangexploration unterwegs. Bildhaft und episch. Von Soft Machines ersten beiden LPs hatte es mir besonders "Volume Two" angetan. Als die Gruppe im Januar 1970 zu einer Drei-Länder-Tournee auf den Kontinent kam, fuhr ich zu ihrem Gig im De Doelen in Rotterdam. Nach dem Konzert sprach ich sie irgendwo zwischen Bühne und Garderobe an: „Ihr wart wieder toll. Danke! Ich bin extra aus Deutschland angereist. Nebenbei gesagt, ich bin der, der Euch einen 5 Seiten langen Brief geschrieben hat." Ich hatte noch keine Erfahrung mit einer solchen Situation. Wie reagieren die verehrten Künstler so? "Dankeschön! Schade, dass du keine Frau bist" oder "Welchen Brief?" oder "In der Lobby kannst du unsere Platten kaufen"? Es kam ganz anders. Robert Wyatt, der Drummer, zeigte sich fast begeistert, stieß Mike Ratledge an: „Da, das ist der mit dem langen Brief". Und sie luden meine Gefährtinnen und mich ins Hotel ein, wo wir noch bis in die Nacht hinein klönten.

Ich hatte nicht nur übermäßig viel Musik pur gehört, sondern auch schon allerlei von der Welt des Musikgeschehens mitbekommen. Aus unterschiedlichsten Perspektiven. Es sollte viel mehr hinzukommen. Wir fuhren den kompletten Holland-Teil der Tournee mit und wurden Teil vom ganzen Tross: Musiker, Management, Roadies, Journalist, Fotografin und Fan. Freier Eintritt zu allen Konzerten. Ich konnte meinen Erfahrungsschatz wesentlich erweitern. Das war mehr, als vor der Bühne zu stehen oder zu sitzen und mehr, als Artikel zu lesen: Transport, Auf- und Abbauen, neuer Soundcheck in jedem Saal, immer wieder technische Probleme und Abstimmungen, Backstage vor und nach dem Konzert,

Medienkontakte, ein bisschen Nachtleben, das immer leicht misstrauische Verhältnis zwischen Musikern und Manager u.a.m. Hinzu kamen die mittelbaren Erfahrungen, also was einem die Musiker und der Manager in den vielen Gesprächen zu erzählen wussten. Z. B. von frühen gemeinsamen Auftritten mit der befreundeten Pink Floyd. Als enttäuschte Studenten auf Campus-Konzerten beide Bands mit Bierdosen bewarfen und anbrüllten: „Spielt uns was zum Tanzen!"

Und über die 68er USA-Tournee mit Jimi Hendrix. Soft Machine und Eire Apparent spielten als Vorgruppen. Die Tournee war auf 6 Wochen angesetzt. Hendrix stieg in diesen Tagen in den USA wie ein Komet auf. Ein Gig nach dem anderen wurde drangehängt. Am Ende wurden 7 Monate daraus. Soft Machine die meiste Zeit dabei. Sie verstanden sich bestens untereinander. Hendrix war kein bisschen abgehoben und sehr kollegial. Just zu dieser Zeit wurde eine künstlich zusammengestellte Band, Vanilla Fudge, von ihrer Plattenfirma vehement gepusht. Um sie schnellstmöglich bekannt zu machen, packte man sie mit in die Hendrix-Tournee. Wer solche Wünsche erfüllt bekommen will, muss sich hineinkaufen. So geschehen. Dabei geht es auch um die Reihen- bzw. Rangfolge. Eire Apparent wollte ihren Platz nicht räumen. Den vergeblichen Protest bezahlten sie obendrein mit blutigen Nasen. Gedankenstrich. Nicht rein zufällig bringe ich an dieser Stelle versteckt unter, dass Mann(!) in der Welt der Musik von der Klub-Mucke über alle Jazz- und Rock- und Opernszenen der Welt bis in die geheiligten Philharmonien, reichlich Gelegenheit bekommt, sein Bild von den Mädchen und Frauen als lieben, sanften und engelgleichen Wesen, die unser bestmögliches Bemühen und Werben verdienen, zu korrigieren. Inwiefern? "....Bemühen und Werben", das erledigt ein Großteil von ihnen in dieser Welt selbst. Im Nu. Hier fällt mir ein Uralt-Schlager ein: „Man müsste Klavier spielen können, wer Klavier spielt, hat Glück bei den Fraun...." (Huch! Lese gerade, dass

der Text von Johannes Heesters ist) Wenn man den Text Jimi
Hendrix und Co. vorläse, ...hier, liebe Leserschaft, zum
Nachempfinden. Warum nicht?!

"Man müsste Klavier spielen können,
Wer Klavier spielt hat Glück bei den Fraun.
Weil die Herrn, die Musik machen können,
Schnell erobern der Damen Vertraun.
Der Klang des bespielten Klavieres
Wirkt auf jede erregend wie Sekt,
Und ihre geheimsten Gefühle
Werden piano doch forte geweckt.
Dem Manne, der das kann, macht sie Avancen,
Er wird von ihr mit Zärtlichkeit belohnt.
Die andern Männer haben keine Chancen,
Sie schaun aufs Instrument und in den Mond.
Man müsste Klavier spielen können,
Wer Klavier spielt hat Glück bei den Fraun,
Denn nur er kann mit Tönen
Den lauschenden Schönen
Ein Luftschloss der Liebe erbau'n.
In der Liebe Glück zu haben
Ist nicht immer leicht,
Doch es gibt verschied'ne Wege,
Wie man das erreicht:
Mit Musik geht es am besten,
Und wir zeigen hier,
Wie man schöne Fraun bezaubert
Am geduldigen Klavier:
Man müsste Klavier spielen können,
Wer Klavier spielt hat Glück bei den Fraun,
Denn nur er kann mit Tönen
Den lauschenden Schönen
Ein Luftschloss der Liebe erbau'n"

.........., wenn man diese Verse Jimi Hendrix und Co. vorläse, würden sie sich wegschmeißen vor Lachen und dem kleinen Heesters ihr herablassendstes Lächeln zukommen lassen.

Oh, jetzt merke ich gerade, dass ich etwas übersehen habe. Die liebe Weiblichkeit nimmt den Musikern doch nicht die Werbung ab, denn das Bühnengeschehen ist die Werbung, auf das die Umworbenen nur reagieren. Robert Wyatt sagte es mir Wort für Wort so: "To play in front of an audience is like making love.

Der Höhepunkt der Holland-Tour war, jedenfalls nach dem Rang der Spielorte, das Koninklijk Concertgebouw in Amsterdam. 1888 mit Werken von Beethoven, Bach, Händel und Wagner eröffnet und seither einer der edelsten Musiktempel des Planeten. Hier gastieren gestern wie heute die besten Orchester und Solisten der Welt. Eben auch eine Soft Machine. Auch hier, wie üblich, vom Publikum mit tosendem Applaus gefeiert. In Groningen erlebte ich dann einen Ausdruck von Begeisterung wie noch nie. Einen lautlosen, einen unübertroffenen. Der zuständige Journalist sollte in der regionalen Zeitung über das Konzert geschrieben haben. Aber er konnte nicht. Doch, doch, er war anwesend, aber er konnte trotzdem nicht. In der Ausgabe des nächsten Tages klaffte auf der Feuilleton-Seite ein großes, weißes und leeres Viereck. Darüber diese knappen Zeilen: "Liebe Leser, ich bitte um Entschuldigung. Ich sollte hier über das Soft Machine Konzert von gestern in De Harmonie berichten, aber es war so fantastisch, und ich war so begeistert, dass ich es nicht in Worte fassen kann. Es hat mir einfach die Sprache verschlagen." Ist das nicht einmalig?! Und was für eine großartige Chefredaktion, die das durchgehen lässt, die das mitmacht. Wäre ich ein Soft Maschinist, diese Zeitungsseite hänge auf ewig neben meinem Garderobenspiegel. Und, einmal mehr erfuhr ich, dass ich nicht allein auf der Welt war mit meiner gesteigerten Wertschätzung für diese Band.

Die Gigs in Deutschland ließ ich aus, denn ich wollte und musste meinen Platz im Kölner Stadt-Anzeiger, den ich mir für meinen Soft Machine-Artikel erkämpft hatte, füllen. "Soft Machine auf Europa-Tournee". Der Stadt-Anzeiger war mein Hauptstandbein als Schreiberling. In jeder Wochenendausgabe bot das Blatt eine Seite für Pop-Musik. Zusätzlich eine Drittelseite für Schallplatten-Rezensionen. Ich war nicht der einzige Anbieter. Man musste um jede Spalte kämpfen. Aber ich kam ganz gut weg dabei. Als ich in Belgien wieder zu meiner Leib- und Magen-Band stieß, konnte ich einen stattlichen Artikel vorzeigen. (Kann mich noch gut an das Honorar erinnern. Tagelang auf eigene Kosten unterwegs, einen Mehrspalter im Blatt und dafür lausige 80,00 DM.) Jedoch, ich konnte mich mit Lohn in anderer Münze trösten. Die Musiker und ihr Manager zeigten sich beeindruckt. Sie konnten sehen, dass dieser Fan nicht nur einen privaten Brief schreibt, sondern auch einen nützlichen Artikel auf dem nicht unbedeutenden deutschen Markt zustande bringt. Ich sollte noch viele und zum Teil exklusive Momente mit Soft Machine haben. Gut für beide Seiten.

Nur gut zwei Monate später, Anfang April, sollte Kölns erstes großes Zwei-Tage- Rockfestival in der Sporthalle stattfinden. Kurz zuvor war eine heftige Kontroverse über den zu erwartenden massenhaften Drogenkonsum entbrannt, die auch in der Presse ausgetragen wurde. Viele Eltern waren um ihre Kinder besorgt. Zu diesem Thema verfasste ich einen Artikel für den Kölner Stadt-Anzeiger. Der war mir aber zu lang geraten, und ich wollte ihn nicht gewaltsam kürzen. In dieser Zeit hörte ich regelmäßig eine gute kultur- und gesellschaftskritische Abendsendung in WDR 3, "Das Kritische Tagebuch". Zwanzig Minuten lang mit meistens 4 Beiträgen, moderiert vom jeweiligen Redakteur. Da hinein könnte mein Artikel passen. Es war schon Nachmittag, als ich die betreffende Redaktion anrief: "Ich habe hier was, das vielleicht......" Dann lesen se mal vor," sagte Wolfgang Korruhn, der diese Woche Redakteur war. Auf halber Strecke unterbrach er mich: „Kommen Sie her, wir machen das noch heute Abend!" Der WDR hatte mich wieder. Nur in anderer Funktion. Ich lieferte nicht nur den Text ab, sondern sprach ihn auch selbst. Das war so üblich in dieser Sendung; die Verfasser sprechen ihre Texte selbst. Über so etwas freut sich der freie Journalist. Türen gehen zu, andere gehen auf. Ich brachte in den nächsten Monaten mehrere Beiträge unter. Nicht nur mit Wolfgang Korruhn (später auch durch seine TV-Karriere bekannt) auch mit der Redakteurin Marianne Lienau war die Zusammenarbeit ein reines Vergnügen.

Nun kam das große Kölner Rockfestival. Und mit ihm Soft Machine. Ich konnte mich ein wenig für die Holland-Privilegien revanchieren und hatte die Band bei mir zu Gast. Wenn man das Doppelalbum "THIRD" aufklappt, füllt ein großes Foto von den vier Musikern beide Innenseiten. Aufgenommen in meinem Wohnzimmer von einem Fotografen, auch ein Soft Machine-Verrückter, der extra aus Hamburg angereist war. Kurz danach wohnte ich drei Wochen lang bei Robert Wyatt. Ein Versuch, meine Leidenschaft für gute Musik und Soziologie-Studium zu vereinen. Eine berufssoziologische Diplomarbeit war angedacht. Mit den Methoden der teilnehmenden Beobachtung und des Interviewens rückte ich meinen geduldigen und immer freundlichen Berufsmusikern zu Leibe. Ich durfte exklusiv den letzten Detailarbeiten und dem Abmischen ihres dritten Albums "THIRD" beiwohnen, das am 6.6. des Jahres veröffentlicht wurde. Es gilt vielen Soft Machine- Kennern als das beste ihrer Karriere. Und es wird sogar auf die gleiche Stufe mit Miles Davis' Meisterwerk "Bitches Brew" gestellt, das nur drei Monate zuvor erschienen war. Nicht wenige Kritiker bezeichnen diese beiden Alben als die Meilensteine auf dem Weg zur Fusion Music.

Ich hatte überdies das Glück, Soft Machine eine Woche lang in dem Jazzclub Londons zu erleben, im Ronnie Scott's in Soho. Der Superdrummer Elvin Jones war für vierzehn Tage gekommen. Im Vorprogramm eine Woche Tasavallan Presidentti aus Finnland mit dem Edelgitarristen Jukka Tolonen, die andere Woche Soft Machine. Robert Wyatt und ich gingen auch hin, wenn die Finnen spielten. Robert konnte sich entspannt auf sein Idol Elvin Jones konzentrieren. Gastgeber und Conférencier Ronnie Scott war frech und selbstironisch in einem. Ich schnappte z. B. den Satz auf, mit dem er öfters seine Gäste begrüßt haben soll: "Ich mag diesen Ort hier. Es ist wie zuhause: Dreckig und voller Fremder." - Einen weiteren Soft Machine-Auftritt konnte ich in der Royal Albert Hall genießen, wo Mike Ratledge zudem mit einigen anderen Keyboardern Minimal Music im Stile Terry Riley's spielte.

Der vollständigen Wahrheit halber muss ich gestehen, dass jene geplante Diplomarbeit nie zustande kam. Sie fiel der Hingabe an die Musik zum Opfer. Aber es gibt doch auch Musiksoziologie. Hätte ich alles zusammengerafft, was ich bis dato schon geschrieben hatte, u.a. auch laufend in dem Magazin "SOUNDS" ab dessen Nummer 3, hätte es schon mal für die eine Hälfte der Diplomarbeit gereicht. Zumal, wenn ich meinen langen Soft Machine-Artikel für das Magazin "FLASH" hinzugerechnet hätte. 40 (!) Seiten über zwei Hefte verteilt. Ein schreibender Kollege fragte mich: „Vierzig Seiten über Soft Machine! Sag mal, hast Du keine Freundin?"

Doch, hatte ich. Wir waren viel zusammen unterwegs. Sie machte die Fotos zu meinen Artikeln. Schrieb nach einer Weile auch selbst und belieferte besonders den Springer Verlag. Ich tippte meine Artikel in unterschiedlichen Versionen mit jeweils mehreren Durchschlägen (dünne transparente Blätter, dazwischen jeweils ein Blatt Kohlepapier - ältere Leser und Leserinnen werden sich erinnern) in eine alte Schreibmaschine. Denn fast jede Zeitung wollte es anders. Und manche wären über einen Durchschlag beleidigt gewesen. Also neu tippen, damit es wie original aussah. Oft rannte ich noch um Mitternacht von außerhalb des Kölner Ringes bis zum Hauptbahnhof (gleich neben dem Dom), um die Artikel direkt am allnächtlichen Postwaggon abzugeben, damit sie am nächsten Tag in München, Berlin, Kiel, Aachen, Trier, Stuttgart, Hannover usw.. ankamen.

Und dazwischen immer wieder mal was fürs Kritische Tagebuch. Wenn ich von mir aus etwas anbot, hatte es immer mit Musik zu tun. Das war aber nicht der Schwerpunkt dieser Redaktion. Es war öfters so, dass die Redaktion die Themen bestimmte und einen fragte, ob man das machen könne. Da wurde ich z. B. nach Bonn geschickt, um über eine Protestdemonstration der deutschen Kriminalbeamten zu berichten. Mit Tonbandgerät hin, Interviews gemacht, mit O-Tönen zurück ins Studio. Am selben Abend geht der Beitrag über den Sender. Ganz normale Reporter-Arbeit eben. Aber lieber, viel lieber würde ich doch anderes im Rundfunk machen. Und das möglichst noch in eigener Regie. Ich begann, von einer eigenen Musik-Sendung zu träumen. Eine Sendung, die angesichts des endsechziger Aufbruchs und Fortschritts, der sich von der Westküste der USA bis England abspielte, einfach fällig war. Und auch in Deutschland selbst waren bereits höchst eigenständige und wegweisende Formationen unterwegs wie z. B. Can, Amon Düül II, Tangerine Dream, Ashra Tempel und Kraftwerk. Und z. B. die Scorpions, die bald genauso gut rocken konnten wie die besten Bands der Welt.

Wen im WDR muss ich ansprechen und wer kann das entscheiden? "Da gehen Sie am besten in die Redaktion für Tanzmusik," bekam ich zu hören. Dort traf ich auf den Redakteur Wolfgang Kischka. Es war ein Tag mitten im Herbst 1970. In vier Wochen könne ich einen Gesprächstermin haben, beschied er mir. Türen gehen zu, Türen gehen auf. Die ständige Situation aller Freischaffenden. Hatte das eben geheißen, dass sich diese Tür einen kleinen Spalt geöffnet hatte? Also erzählte ich ihm einen Monat später, was mir vorschwebte. Im WDR höre man ja nur Top Twenty oder, wenn's hochkommt, Top Fourty. Es gäbe aber inzwischen noch viel mehr Musik, die interessanter, gehaltvoller und progressiver sei als die in den Charts. Ich kenne mich da sehr gut aus, gehe seit Jahren in den Londoner Klubs und Konzertsälen ein und aus, war auf Tourneen und bei Plattenproduktionen dabei und habe auch auf den britischen Jazz- und Bluesfestivals alle wichtigen Bands erlebt. Cream, Pink Floyd, Emerson, Lake und Palmer, Yes, King Crimson, na, Soft Machine usw., usw. Kenne mich mit der neuen Musik von der amerikanischen Westküste aus und bin mit der deutschen Avantgarde wie z. B. Amon Düül 2, Can, Tangerine Dream, Kraftwerk und Embryo auf Du und Du. Das alles würde die Zukunft werden. Ich könne die entsprechende Sendung machen. Ich hatte hier ohne Übertreibung eine Menge im Gepäck und wusste, wovon ich redete. Zur Unterstützung meiner großen Töne präsentierte ich ihm eine ziemlich dicke Pressemappe mit meinen Artikeln aus zig verschiedenen Zeitungen, Magazinen und Fanzines. Unter anderem eine Serie über die eigenständigen deutschen Gruppen im Kölner Stadt-Anzeiger. Nach etwa einer halben Stunde war ich mit meiner Tirade fertig. Der Termin dauerte aber nochmal so lang. Der Redakteur fragte mich dies und das und das und ...das. Dabei ging es längst nicht immer um Musik. Er machte sich ein umfassenderes Bild von mir. Mir schien, die Tür habe sich bisschen weiter aufgetan. Mir wurde aber auch klar, dass es hier keinen flotten Durchmarsch geben würde. Stattdessen alles in Trippelschritten.

In einem Monat solle ich ihm mein Sendekonzept vorstellen. Das tat ich nur zu gern: Progressive Musik mit sachkundiger Moderation. Progressiv bedeute hier oft eine Mischung aus Rock und Jazz. Kann aber auch in Richtung Klangexploration und Elektronik gehen. Kreativ und zukunftsweisend sollte sie sein, die Musik. Progressiv sei, was dafür sorgt, dass es weiter geht mit der Musik. So in etwa war meine Rede. Und siehe da, der Redakteur hatte schon mal vorsorglich ein kleines Zeitfenster für mich frei gehalten. Im Januar habe er eine Stunde, dafür könne ich eine Probesendung machen. Ich bekäme vorher einen Produktionstermin von vier Stunden mit einem Produzenten. Mit dem solle ich mich mal demnächst zusammensetzen, damit der wisse, was auf ihn zukommt. Und wie man ins Mikrophon reinredet, wisse ich ja schon. Er käme dann hinzu und höre sich das mal an. All das war nach 20 Minuten gesagt. Den Rest der Stunde wurde ich wieder allgemein und rundherum abgeklopft. Am Ende hieß es dann "schon mal Schöne Weihnachten!"

Eine Stunde Musikprogramm nach meinem Gustos, zugleich in der Hoffnung, dass es so viel Hörern wie möglich auch gefällt. Eine herrliche Aufgabe. Herrliche Arbeit. Ich war voll von tausend ungelegten Eiern und musste die berühmte Qual der Wahl durchstehen, bis alles heruntergesiebt war. Nur eine Stunde für Musik und Wort. Ein überaus freundlicher Produzent sorgte für ein makelloses Endprodukt. Der Redakteur war leibhaftig zugegen und kündigte für den Tag danach seinen Anruf an. Der begann mit einem harschen Anraunzer: „Sie reden zu viel!" Oh je! Was nun? Er ließ mich aber keine zwei Sekunden unnötig zittern und fuhr fort: „Die Musik gefällt mir sehr gut. Wir senden das jetzt, und ab März haben Sie alle 14 Tage eine Stunde. Immer dann, wenn im Fernsehen 'Der Kommissar' läuft. Und, was mir wichtig ist, machen Sie mir keinen Ärger!" Der erlösende Startschuss war gefallen.

So, die Eingangsfrage ist hiermit sehr, sehr und sehr ausführlich beantwortet. Bevor jemandem mit leidendem Aufstöhnen eine ähnliche Analogie einfällt, karikiere ich mich schon mal selbst. Was ich hier "verbrochen" habe, erinnert mich an einen Cartoon noch aus meiner Schulzeit. Im Mittelpunkt der Zeichnung ein großes Bild, das an einem Kartenständer hängt. Es zeigt die

Anatomie des menschlichen Körpers mit allen Organen, Knochen, Muskeln und Blutgefäßen. Daneben steht ein Mann, der mit einem Zeigestock erläuternd auf die Anatomie deutet. Im Vordergrund ein verzweifeltes Gesicht, aus dessen Mund die einzige Sprechblase ragt: „Dabei habe ich ihn doch nur gefragt, wie es ihm geht."

Ich erlaube mir, nicht gleich mit dem ersten kleinen Schritt in mein Radio-Dasein aufzuhören. Wenigstens etwas darüber, wie es weiter ging und eine geraffte Darstellung meiner WDR-Sendungen. Doppelpunkt: ....

Diese Minderheitenmusik ins Radioprogramm zu stellen, hielt der Radakteur für ein Experiment, das man wagen kann, wenn eh kaum jemand Radio hört. In jenen Tagen gab es einen riesigen Straßenfeger. Die Krimi-Serie "Der Kommissar". Alle Welt hatte den Fernseher und nicht das Radio an. Ich musste also möglichst die Leutchen anlocken, die trotz Erik Ode und Co. lieber das Radio anknipsten. Ob das gelang oder nicht, interessierte keinen; denn der Hörfunk hatte an dieser Stelle keinen Ehrgeiz. Aber schon nach der Probesendung kamen sieben Briefe und Karten von angenehm überraschten Hörern hereingeflattert. Im WDR informierte man mich damals, dass hinter einem Hörerbrief durchschnittlich 10.000 Hörerinnen und Hörer stehen. Also Hörerpost, die echt und frei von Kampagnen ist. Die Hörerschaft fürs Progressive wuchs schnell. Auch die Presse stieg auf die neue Sendung ein, und plötzlich war ich mal der Interviewte.

Ein anderer Produzent hatte meiner Stunde einen musikalisch irreführenden Vorspann verpasst. Mit abseitiger Bigband-Musik von Maynard Ferguson. Darüber sagte ein Sprecher sehr eckig die Wörter „Pro....Pop....Music....Shop" auf. Das Pro stand für progressiv. Das stimmte. Und mit Pop für "popular" konnte man nicht viel falsch machen. Shop war ein Modewort. Vieles wurde in einen Shop gesteckt. Z.B. auch eine Jugendsendung im

Südwestfunk, Pop Shop. Hingegen, das Etikett störte mich wenig, solange ich den Inhalt frei gestalten konnte. Der Redakteur für Tanzmusik hatte mir Vertrauen und völlig freie Bahn gegeben und nicht mal gefragt, ob und was man zu meiner progressiven Musik tanzen kann. Einzig der Satz "Machen Sie mir keinen Ärger!". Ich bitte, das ist ein Wort! Ich war ihm immer dankbar. Auch für die größeren Dinge, die noch kommen sollten.

Vorab: Ich habe alle meine Sendungen nicht nur moderiert, sondern habe sie komplett selbst gestaltet. D. h.

(1.) nach ungemein zeitaufwändigem Abhören die Musik ausgewählt,

(2.) für die Moderation recherchiert,

(3.) die Moderation verfasst und gesprochen,

(4.) Gäste ins Sendestudio eingeladen, interviewt und gegebenenfalls gedolmetscht,

(5.) Musiker auch außerhalb interviewt, z.B. nach Konzerten bis spät in die Nacht, bei Pressekonferenzen und exklusiven Terminen. Die Interviews mit dem Technikpersonal des WDR zu Einspielbändern verarbeitet,

(6.) Musiker auf Tourneen begleitet und neben den Interviews zahlreiche sogenannte O-Töne aufgenommen und eingespielt. Z. B. mit Nektar in USA, mit Can und Amon Düül 2 in England, mit Soft Machine wie schon beschrieben, mit Rufus in Nordnorwegen entlang dem Eismeer. Für zwei mal zwei Stunden allein über die Japan-Tournee der Scorpions hatte ich 88 bearbeitete Einspielungen im Programm,

(7.) Hörerbefragungen durchgeführt,

(8.) jährliche Polls mit Tausenden von Einsendungen veranstaltet,

(9.) Hörerpost gelesen und beantwortet,

(10.) Konzerte veranstaltet, vor allem für die "Nachtmusik im WDR".

(11.) Einzelereignisse gestaltet, allen voran das Mega-Open Air vor 15.000 Leuten neben dem Kölner Dom, das als "Dome Event" in die EM-Geschichte eingegangen ist.

Also, wenn ich dann irgendwo zu meinen Sendungen lese "...hat moderiert", so greift das ahnungslos und extrem zu kurz.

Fürs Progressive und Innovative war nun gesorgt. Aber es fehlte noch die Sendung, die das Rockgeschehen in voller Breite abbilden konnte. Auch das, was einerseits nicht in den Top Fourty vorkommt, andererseits bis Unterkante Progressives reicht. Dafür dachte ich mir "Rock In" aus. (Zugegeben, das "in" war auch eine Modeerscheinung. Es gab "sit ins", "love ins", "teach ins" und andere "ins".) Diese neue Sendung machte ich ab Sommer 1972. Diesmal besorgte ich mir meinen Vorspann selbst: Ein Auszug aus dem zweiten Album von Caravan (Canterbury Szene) "If I Could Do It Again I Would Do It All Over You". Später wechselte ich zu dem zweiten Album von dem schwedischen Keyboarder Bo Hansson, zu "Magician's Hat" (Originaltitel: "Ur Trollkarlens Hatt")

Um die heimischen Rockgruppen zusätzlich zu unterstützen, schuf ich die Sendung "Popmusik aus Deutschland". Die hatte keinen festen Sendeplatz, stand aber immer rechtzeitig im Programm und damit auch in den Programm-Zeitungen. Die Radaktionskonferenzen legen das Programm in der Regel sechs Wochen vorher fest.

1972/73 dachte sich der WDR eine zweistündige Abendschiene besonders für das jüngere Publikum aus. 80% Musik, 20% Wort. Von 19:05 bis 21:00 Uhr. Diese Sendung hieß

"Radiothek" und lief die ganze Woche durch. Jeder Tag hatte seine Musikfarbe. Ich bekam den Donnerstag für das Progressive. Mit Beginn der Radiothek 1973 wurde der Pro Po Music Shop geschlossen. Der ging ja nun in der Donnerstag-Radiothek auf. Der WDR hatte den Rahmen geschaffen. Eine Wortredaktion war für den Wortanteil zuständig. Wie ich meine 80% Musik gestaltete, war allein meine Sache (s.o.). In einem weltweit bekannten Internet-Lexikon steht geschrieben, dass ich den Donnerstag "meist" moderierte. Das stimmt nicht, denn ich gestaltete den Donnerstag immer. Auch hierfür wählte ich einen eigenen Vorspann aus: Einen Auszug aus Bo Hanssons erstem Soloalbum "Lord of the Rings".

Die Radiothek war eine Live-Sendung. Die Wortredaktion war immer mit mehreren Leuten vertreten. Moderator, öfters auch die Autoren der einzelnen Wortbeiträge, Redakteur und ein Regisseur. Alle hatten für die jeweilige Sendung schon vorgearbeitet und rückten dann geschlossen an. Die Wortredaktion hatte gewissermaßen die Produktionshoheit über die Radiothek. Aber Einfluss auf die Musik zu nehmen, war nicht vorgesehen. Dennoch gab es einen Wort-Regisseur, der sehr wohl eine Meinung dazu hatte, welche progressive Musik zwischen seinen Wortbeiträgen zulässig war und welche nicht. Ich saß wie immer im Sendestudio und hatte gerade einen ca. Achtminuten-Titel von Harmonia aufgelegt, als mich der Regisseur nach zwei bis drei Minuten in rüdem Tonfall auf den Flur bat. Er kam aus der Regie auf mich zu und brüllte mich an: „Was spielst du da für eine Scheiße!!" Weiteren missbilligenden Text habe ich vergessen. Auch meine unmittelbare Erwiderung. Viele Worte konnten eh nicht mehr gewechselt werden, ich musste ja rechtzeitig zurück an Plattenspieler und Mikrophon sein, um meine Scheiße abzumoderieren und möglichst eine weniger beschissene Scheibe aufzulegen. Das spielte sich 1974/75 ab. Hätte ich danach unter dem Motto, "Warum soll ich mir vermeidbaren Ärger machen", den Schwanz eingekniffen, hätte die Elektronische Musik über ein halbes Jahrzehnt kraftvolle Unterstützung eingebüßt.

Fast genau zur selben Zeit machte ich in Hamburg mein zweites Interview mit Brian Eno. Ich hatte außerdem vor, zu einem Konzert von Harmonia in der berühmten Fabrik in Altona zu gehen. Wohl wissend, dass ich Eno zu einem ungekannten Musikerlebnis verhelfen könnte, überredete ich ihn mitzukommen. Er hatte in der Tat etwas Derartiges noch nie gehört und war sichtlich beeindruckt. Natürlich stellte ich die Musiker nach dem Gig einander vor. Noch auf den Stufen nach draußen, wollte ich von dem Ex-Roxy Music-Mann und späteren U2-Produzenten wissen, wie er das fand, was er gerade gehört hatte. Brian Eno Wort für Wort: „Das ist die wichtigste Rockmusik, die heute auf der Welt gemacht wird." Rockmusik sagte er natürlich, weil ihm nicht sofort eine neue Kategorievokabel einfallen musste. Was für ein Satz! Ich habe ihn schon hundertmal zitiert. Und dann wollte er die Adresse von den Harmonia-Musikern haben, die ich ihm gab. Eine alte Burg im Weserbergland, in der sogar Wallenstein einst Quartier bezogen hatte. "Mit denen will ich 'was zusammen machen." Das haben sie ja dann auch getan. Nicht nur hinter dicken Mauern, sondern auch veröffentlicht.

Ja, was denn nun? Scheiße oder die wichtigste Rockmusik ihrer Zeit??

Die Radiothek an den Sonntagen war ein eigenes Ding und hieß "Open Box". Offen für unterschiedlichste musikalische Themen und ohne Wortbeiträge. Über den Daumen gepeilt teilten wir "Musikleute" die Open Box unter uns gleichmäßig auf. Ich brachte in diesen 2 Stunden oft meine oben erwähnten großen Tournee-Berichte unter. Auch Portraits ganzer Musikszenen wie z.B. die Canterbury Szene, die sog. Berliner Schule, die Independent Rockszene Schwedens oder den Hannover-Rock

(Scorpions, Eloy, Jane u.a.) und Portraits einzelner Musiker wie z. B. Kitaro, Les McCann oder Bo Hansson.

Ich mag über mein Berufsleben nicht berichten ohne meinen Lobgesang auf diese zwei letztgenannten Musiker. Denn diese Keyboarder haben Unikate zeitloser Schönheit geschaffen. Der Schwede Bo Hansson mit seinem 1970er Album "Lord of the Rings" und Les McCann aus Kentucky mit seinem Ende 1972 eingespielten Album "Layers". Auf beide bin ich nur rein zufällig gestoßen. Für die großen Plattenfirmen in Deutschland spielten sie keine Rolle.

Nachdem sich das Duo Hansson und Karlsson aufgelöst hatte, zog sich Bo Hansson einige Wintermonate in die Inselwelt vor Stockholm zurück und schuf inspiriert von J. R. R. Tolkiens Saga "Lord of the Rings" sein erstes Soloalbum. Mit unverwechselbarem eigenen Sound, mit profilstarken Melodien, reich an bildhaften Stimmungen, von verwunschen bis mitreißend wie eine Stampede. Dieses Album hat mit Abstand die meiste Hörerpost in all meinen Radiojahren ausgelöst. Weil es so unkonventionell und schön zugleich ist. Das empfanden offenbar sehr viele Hörer ebenso.

Dabei war "Lord of the Rings" in Deutschland nicht mal veröffentlicht worden. Einige große Plattenfirmen unterhalten ausgegliederte Importfirmen. Für die gibt es nicht mal einen Werbeetat. Zwei-, dreimal im Jahr tippen diese geduldeten Importeure Listen von dem, was sie sich aus aller Welt in die Regale gestellt haben. Die schicken sie dann rund an viele Plattengeschäfte im ganzen Land, in der Hoffnung, dass ihnen so viel wie möglich abgekauft wird. In den meisten Plattenläden wandern diese Listen ungelesen in den Papierkorb, weil dieses importierte Zeug nur zu Einzelbestellungen führt und man damit keine nennenswerten Umsätze machen kann. Ab und wann veranstalten diese Importfirmen einen Tag der offenen Tür. Dann sind die Plattenhändler zum Stöbern eingeladen. Nur die wirklichen Musikliebhaber unter den Händlern kommen jetzt angepilgert. Ich kannte einen solchen gut. Ein belgischer Verkäufer in einem Platten- und HiFi-Laden in der sogenannten Schweizer Ladenstadt neben der Kölner Oper. Auf meinem Weg zum und vom WDR guckte ich oft bei ihm vorbei. Wir konnten uns gut über Musik austauschen. Nach einem seiner Import-Ausflüge drückte er mir eine LP in die Hand: "Hör dir die mal an!" Bo Hansson, Lord of the Rings. Hatte ich nie gehört. Dieser Name war auch sonst in Deutschland unbekannt. Keine deutsche Plattenfirma hatte auch nur eine Mark für Reklame oder PR ausgegeben. Es gab keine Artikel, und sein Name tauchte in keiner Überschrift auf. Als ich diese Platte dann wenige Tage später das erste Mal im WDR spielte, überzeugte Bo Hansson allein durch seine pure Musik.

Über meine drei Begegnungen mit ihm könnte ich eine unterhaltsame Novelle schreiben. Über einen Mann wie ein scheues Reh, der mitten im Interview und bei laufendem Tonband sagt: "Oh, meine Zigaretten sind mir ausgegangen. Ich hol' mir mal eben neue." Er kam nach zwei Tagen zurück und erklärte mit Unschuldsmine: "Auf dem Weg zum Laden habe ich eine alte Freundin von mir getroffen." Bosse, wie man landläufig jeden Bo nennt, fuhr einen VW-Bus mit Vorhängen innen. Darin konnte man sich's schon eine gute Weile gemütlich machen. Die Mitglieder der kleinen Hausgemeinschaft kauften ihrem Unschuldslamm auch sonst fast alles ab. Er musste weder abwaschen noch Staub saugen. Ich stellte mir vor, was es für die Musikwelt bedeutet hätte, wenn Beethovens Frau darauf bestanden hätte, dass er die Haushaltsarbeit mit ihr teilt. Dann gäbe es womöglich einige Sinfonien weniger, vielleicht gar die siebte und die neunte nicht. Und kein 4. und 5. Klavierkonzert. Nicht auszudenken! Ob es wohl eine Frau Elise war, die für ihn Staub gewischt und geputzt hat, und die er dafür aus Dankbarkeit mit seinem Klavierhit "Für Elise" gewürdigt und verewigt hat? (Ich habe jetzt bewusst nicht den historischen Faktencheck gemacht, weil nicht nötig.)

Bosse wohnte zusammen mit den Leuten seiner kleinen "independent" Plattenfirma Silence Records außerhalb von Stockholm. Ich verbrachte dort einige Tage, um das oben erwähnte Radio-Portrait zu machen und Artikel über ihn zu schreiben. Dabei erlebte ich einen frühen Morgen von unglaublichem und unvergesslichem Zauber. Bo kam von irgendwoher spät in der Nacht nach Hause. Hatte aber keine Lust, schlafen zu gehen. Ich war noch wach, und er nahm mich mit unters Dach in sein Studio. Die Nächte waren kurz. Die frühe Sonne strahlte noch fast horizontal durch ein Giebelfenster. Bosse ließ ein großes Studio-Tonband laufen. Das Dachgeschoss wurde erfüllt vom Klang einer E-Gitarre und einer Hammond-Orgel. Bo setzte sich jetzt an eine ebensolche Orgel und improvisierte zu der Tonbandmusik. Bo Hansson spielte zu Bo Hansson und .... Jimi Hendrix. Wie das? Beide kannten und schätzten sich schon aus den Hansson und Karlsson-Zeiten. Wann immer es sich einrichten ließ, verbrachte Hendrix in Stockholm paar Tage mehr als nötig. Er soll dort auch eine Freundin gehabt haben. (Wo nicht?! Anm. des Autors). Bo und Jimi trafen sich in einem Klub und jammten zusammen. Das wurde aufgenommen. Die Bänder hütete Bo Hansson wie einen Schatz. So kam ich bei romantischer Morgendämmerung zu dem unwiederbringlichen Genuss, dem einzigartigen Trio Hendrix, Hansson und Hansson zuzuhören. UNVERGESSLICH........

Auf einer meiner ersten Reisen von Köln nach Schweden machte ich in Hamburg bei einer großen US-Plattenfirma halt, um mich für die langen Fahrten noch besser mit neuer Musik bestücken zu lassen. Wir kannten uns, und sie wussten, was für Sendungen ich machte. U. a. gaben sie mir eine Cartridge Kassette von Les McCann mit auf den Weg. Mit dem nichtssagenden Titel "Layers", zu Deutsch "Schichten". Mit Les

McCann verband ich Soul-Jazz und Soul-Funk. Ich schob sie erst später, also weiter oben im Norden, ins Gerät. Was ist das denn?! Das ist kein Soul Funk wie sein berühmter Hit "Compared To What". Ja, funky ist es schon streckenweise, aber es ist vor allem erst mal Elektronik. Elektronik wie ich sie noch nie gehört habe. Ein Kaleidoskop von Synthesizer-Farben in entspanntem Fluss über jazzig pulsierendem Bass- und Rhythmus-Fundament. Mal zügig vorantreibend mit verdichteter Power als wäre eine Synthesizer Big Band zugange. Dann ein Schweben und Gleiten in tiefen Klangräumen, angefüllt von unterschiedlichen Stimmfäden, die sich umeinander ranken und ein einzigartiges Harmoniegeflecht erzeugen. Wie es die Titel "Soaring at Dawn" und "Soaring at Sunset" ahnen lassen. Dann Ruhepole von sanfter Sensibilität und Kontemplation. Betörende und unverbrauchte Harmonien. Ach, alle meine verbalen Annäherungsversuche reichen nicht hin zum Abbild des einzigartigen Gesamtbildes. Es gibt keine zweites Album wie dieses. Für Solches ist das Wort Unikat geschaffen.

Es kam noch etwas hinzu, was dieses unerwartete und so wunderbare Musikerlebnis zu einer traumhaften, zu einer geradezu paradiesischen Gesamterfahrung machte: Licht und Landschaft. Ich fuhr eingehüllt in die Klänge von "Layers" im Licht der Mitternachtssonne durch die Regionen nördlich des Polarkreises. Die Synergie war unbeschreiblich. Licht und Landschaft machten die Musik noch schöner. Die Musik machte die Polarsonne und die Landschaft noch schöner. Und ich wurde immer langsamer. Ich meine die Geschwindigkeit des Autos. Irgendwas um die 40 km/h. Ein Achtelchen Auge für den kaum vorhandenen Verkehr reichte. Das vereinte Hören und Sehen wollte mir nicht vergehen.......

Les McCann hatte keine Ahnung davon, wie fantastisch seine "Layers" und Lappland zusammenpassten. Bis ich ihm davon vorschwärmte. Als ich 1974 das erste Mal in die USA kam, rief ich gleich nach der Ankunft in New York seine Plattenfirma an, ob Les McCann vielleicht irgendwo in Reichweite spielte. Ja, im Klub Soundso in Philadelphia. Wenige Tage später war ich vor Ort. Mit den Worten, dass ich aus Deutschland fürs Deutsche Radio hier sei und mit einem Fingerzeig auf mein transportables Tonbandgerät kam ich sogar umsonst rein. Les McCann und seine Band spielten u. a. mehrere Titel von "Layers". Ich schwebte auf Wolke 7. In einer Pause stellte ich mich Les McCann vor und verabredete mich mit ihm für ein Interview am nächsten Vormittag in seinem Hotel. Jetzt war ich auf Wolke 8. Ich bedankte mich auch gleich noch bei der freundlichen Frau im Box Office und brachte ihr ein Glas Rotwein. Sie war sichtlich gerührt. Das passierte ihr offenbar nicht alle Tage. Sie könne bald ihr Kassenhäuschen verlassen und zu mir in den Klub kommen, wenn ich nichts dagegen hätte. Gerne doch. Als sie dann kam, konnte ich sie ja nicht auf dem Trocknen sitzen lassen. Von Les McCann verzaubert und den Interview-Termin in der Tasche, wuchs meine Spendierlaune ins Unermessliche. Also Rotwein für zwei. Sie bot mir nach Ende der Musik an, mich ins Hotel zu fahren. Ich hätte besser dankend ablehnen sollen. Erst als wir bereits auf der Straße waren, bemerkte ich allmählich, dass die Gute von den zwei Glas Rotwein so betrunken war, dass sie mehr und mehr die Kontrolle über ihren Renault verlor. Immer wieder steuerte sie sogar in den Gegenverkehr, der panisch ausweichen musste. Unser beider Schutzengel müssen alle Hände voll zu tun gehabt haben, dass das kein tragisches Ende nahm. Gibt es da nicht eine Redeweise ultimativer Lobpreisung wie z. B. "Rom sehen und sterben"? "Layers live von Les McCann hören und sterben", nein, so weit wollte ich nun wirklich nicht gehen. Außerdem wollte ich doch noch das Interview mit ihm erleben.

Am nächsten Vormittag war ich in seinem Hotel zur Stelle. Natürlich verkürzt es die Distanz zwischen Interviewer und Künstler, wenn man diesem die Begeisterung über sein Werk ausdrückt. Und es erleichtert Beginn und Fortgang des Interviews, wenn man darauf hinweisen kann, dass man schon etwas dafür getan hat, das Oeuvre bekannt zu machen. So schwärmte ich Les McCann vor, wie toll ich "Layers" fand und dass es wie der ideale Soundtrack zur Mitternachtssonne und ihren Gefilden passe. Und ich ließ ihn wissen, dass ich dieses Album im Westdeutschen Rundfunk schon rauf und runter gespielt habe und einen Titel daraus in jeder Sendung als Unterlegmusik benutze.

Er schilderte mir nun, wie er es eingespielt hatte. Zuerst hatte er sich von seiner drei Mann starken Rhythmus-Sektion und dem Bassisten ein aus zig Instrumenten geflochtenes Fundament legen lassen zu dem, was er in einer Art Erst-Version auf dem Klavier spielte. Dann ging er mehrere Nächte lang allein ins Studio, um Spur für Spur seine Melodien und Harmonien darüber zu spielen. Er hatte 32-Spuren zur Verfügung. Und er holte so viel aus seinem neuen Synthesizer heraus, dass er sagte: Ich wurde das Orchester. Er erzählte es mir genauso, wie er es ein Vierteljahrhundert später für eine Neuveröffentlichung niederschrieb:

"I asked the guys to give me some rhythm and I began playing on the piano what I had been hearing in my head. They came out in pattern after pattern-unrolling in endless layers, one after another. After the rhythm tracks were done, I really thanked the guys as they left. As for me, I went back to the keyboards. I asked the engineer to turn out the lights and rerun the tapes. Then like a kid left alone in a candy store - and with the foundation set from what we had recorded - I became the whole orchestra.... It was like magic - magic from my childhood - magic for now - and magic for all time. It wasn't only the first night that I became the whole orchestra and all the music; I went back night after night. So what you hear is actually one continuous song.

Ich empfahl ihm gemäß meiner Empfindungen, zur Zeit der Mitternachtssonne in die nördlichen Landschaften zu reisen. Da würde er bestimmt reichlich inspiriert werden. Dabei hatten ihn hauptsächlich Erinnerungen an seine Kindheit zu diesem Album inspiriert. Das zeigt einmal mehr, dass Produktion und Interpretation weit auseinander liegen können. Allen Musikern, mit denen ich über diesen Punkt sprach, war es egal, wie die Hörer ihre Musik empfinden und was sie damit verbinden, so lange ihnen die Musik gefällt. Dessen unbenommen war es eine meine Standardfragen, was die Musiker inspiriert habe. Das kann ja durchaus interessant sein.

Es ist mir nicht bekannt, ob Les McCann jemals meinem Reisetipp folgte. Aber zumindest konnte er sich ein Jahr später noch gut an die Empfehlung erinnern. Wir trafen uns wieder anlässlich der Klaus Doldinger Jubilee Tour'75, die die Plattenfirma ihrem deutschen Vorzeige-Jazzer spendiert hatte. Doldinger durfte sich dafür Musiker aus der ganzen Welt aussuchen. Egal wen, die Firma besorgte ihn. Es ging höchstens um eine Handvoll, es sollte ja kein Orchester werden. Von allen Jazzpianisten des Planeten wählte Doldinger Les McCann. Ein Konzert in Köln war Teil der Tournee. Gegen Mittag desselben Tages saßen alle Musiker vor einem Café unweit des Funkhauses. Ich war auf meinem Weg dorthin noch zwanzig, Dreißig Schritte entfernt, als eine vertraute Stimme rief. "Hey, Mister midnightsun!

Nicht lange danach bot sich mir die Gelegenheit zu einem weiteren Versuch, Inspiration und Kreativität durch die ideale Umgebung anzuregen. Die deutsche Filiale von WEA, Warner Brothers, Elektra und Atlantic, bekam großen Besuch. Doppelt großen. Einmal von einem der beiden Ertegun Brüder, denen mit Warner Brothers einer der größten Medienkonzerne der Welt gehörte. Und zum zweiten von Rod Stewart, den Warner Brothers zu dieser Zeit unter den Fittichen hatten. Man gönnte sich neben dem Geschäftlichen einen halben Tag Angenehmes im Luxushotel Atlantic. Zur gepflegten Belebung der illustren Runde, die schöne Schwedin Britt Ekland, Stewarts damalige Freundin, gehörte auch dazu, hatte der deutsche Geschäftsleiter zwei Musikjournalisten eingeladen. Einmal Dr. Manfred Sack von der ZEIT und zum anderen meine Wenigkeit. Es ging nur um geselliges Beisammensein. Keine Interviews oder Ähnliches. Konversation, Drinks, Kaffee, Konversation, Dinner.

Wenn es auch keinen Themenzwang gab, so wurde doch meistens über Ereignisse aus der Musikwelt parliert. Ich nutzte die Zeitspanne, in der ich auf einem kleinen Barocksofa neben Mister Nesuhi Ertegun zu sitzen kam, für ein Loblied auf seinen Atlantic-Künstler Les McCann. Ich erzählte ihm gezielt davon, dass man in Deutschland herausragende Schriftsteller mit einem längeren Aufenthalt in der Toscana belohnt in der Hoffnung, dass daraus weitere literarische Qualität hervorgehen möge. Solches könne man doch auch mit Musikern machen. Bis ich schließlich meinen konkreten Vorschlag an den Mann brachte: "Sie sollten Les McCann ins Reich der Mitternachtssonne schicken. Wenigstens für die Zeit, in der sie scheint. Ich bin sicher, er wird mit mehr fantastischer Musik à la 'Layers' zurückkommen.

Leider hat der Medien-Mogul meinen Vorschlag nie umgesetzt. Wohl aus reiner Höflichkeit hat er mir nicht gesagt, dass die große Gospel-, Soul- und Funk-Gemeinde der USA mit diesem Meisterwerk McCanns nicht viel anfangen konnte. Kommerziell gesehen war "Layers" ein Flop. Gesunde kaufmännische Folgerung: Warum weiter in Musik investieren, die sich nicht verkauft. Deshalb gab es leider keine Fortsetzung in diesem Stil. Und nicht mal, was Les McCann in jenen Nächten noch geschaffen hat, wurde veröffentlicht. Er sagte mir in unserem Philadelphia-Interview, dass das für circa sechs weiter LPs reichen würde. Mit anderen Worten: Da gibt es einen Schatz zu heben.

Bevor jener Kollege, der so süffisant über meinen langen Soft Machine Artikel gelästert hatte, mich fragt, ob ich denn immer noch keine Freundin habe, komme ich jetzt zum Schluss meines "Layers"-Kapitels. Und zwar voller Genugtuung. 1999 wurde "Layers" neu als CD veröffentlicht. Mit zum Teil sich überschlagenden Begleittexten. Zwei Sätze daraus muss ich zitieren, die mir wie Sahne runtergehen: "This is the record that showed me how cool synthesizers are. It's probably the most important synthesizer record nobody talks about." Das schreibt ein gewisser Adam Dorn mit dem Zusatz "Enjoy!!" "..... nobody talks about"? Mister Dorn konnte nicht wissen, dass er "apart from the range of the WDR" hätte hinzufügen müssen. Auch von einer Rezension auf der Website allmusic.com fühle ich mich voll bestätigt. Es lohnt sich, sie ganz zu lesen. Hieraus ganz kurz: "This groundbreaking jazz synthesizer record is really unlike any other Les McCann ever made." Und:" In truth, it's pretty avant-garde. This music is truly forward-looking and ahead of its time." Und ein User schreibt sehr richtig:" This is ambient prog jazz of the highest merit. Les may have invented his own style here. All music lovers should give this one a spin." Und zu allerletzt unter der Kategorie Album Moods: Ethereal and Hypnotic.

Seit Anfang der 70er gab es an den Samstagabenden in WDR 3 die Sendung "Nachtmusik im WDR". Konzerte, meistens im großen Sendesaal, die direkt übertragen wurden. Auch hier war ich von Anfang an über viele Jahre regelmäßig vertreten und konnte einladen, wen ich wollte. Dort veranstaltete ich ein breites Spektrum von Jazz (Rainer Brüninghaus mit seiner Gruppe Eiliff), Elektronik (Kraftwerk, Achim Reichel mit AR and Machines, Gandalf usw..) und jede Menge Rock im weitesten Sinne, was auch heißen konnte Gruppen, die sich jeder Kategorisierung verweigern wie z.B. Can.

Jetzt muss ich einen Satz schreiben, der schwer nach Selbstlob riecht, das jeder gut Erzogene in unserer Kultur tunlichst vermeidet. Aber es gehört als Feststellung einfach hierher: Ich habe die sog. elektronische Musik à la Tangerine Dream, Kraftwerk, Klaus Schulze, Ashra und Co. von ihren Anfängen an mehr unterstützt als jeder andere in der deutschen Medienlandschaft. Ein Engagement, das umso mehr zählt, da es über den größten deutschen Sender und zugleich einen der größten europäischen Sender mehr Hörer erreicht als sonst wo im Land. Alle diese genannten Musiker waren von Anfang 1970 an mit jedem Album in meinen Sendungen ausgiebig vertreten. Sie verkörpern den originären Beitrag Deutschlands zur weltweiten Musikszene ab dem letzten Drittel des 20. Jahrhunderts.

Mir fallen kurzerhand drei Bestätigungen für meine Behauptung ein. Erstens. Gidon Kremer, einer der größten Klassik-Geiger der Welt und Orchesterleiter, bezeichnet Klaus Schulze als den wichtigsten Komponisten des letzten Jahrhunderts. Zweitens. Billboard, die große US-Zeitschrift fürs Musikbusiness, bezeichnet Tangerine Dream als "die wohl meist beklaute Band der Welt". Drittens. Das Schwedische Fernsehen sendet ein Portrait über Kraftwerk und bezeichnet Ralf Hütter und Co. als die einflussreichste Band seit den Beatles.

Die Elektronische Musik, kurz EM, blühte auch in anderen Ländern auf. Besonders in Holland, Frankreich, Japan und Skandinavien. Dieser Strom innovativer und glücklicherweise auch zugänglicher Musik war so angeschwollen, dass ich unbedingt eine eigene Sendung dafür haben wollte. Es gelang mir, die Leitung der U-Musik nach einer Kostprobe an Heiligabend 1982 zu überzeugen. Ab Januar 1984 konnte ich „Schwingungen" regelmäßig in den Äther schicken. EM pur. Mit Harald Großkopfs genialem Titel "So weit, so gut" als Vorspann. Nur der Abwechslung halber ersetzte ich den nach zehn Jahren durch "Departure" von dem US-Amerikaner Michael Garrison. Über Vangelis (Griechenland) und Ralph Lundsten (Schweden) machte ich zehn- bis zwölfteilige Serien.

"The Dome Event" am 11. Mai 1991, das EM-Ereignis des WDR, wäre ohne die zwanzig Jahre meiner elektronikgetränkten Sendungen, insbesondere Schwingungen, nicht denkbar gewesen. Es war nicht ein einziges Plakat für dieses Open Air gedruckt worden. Ich habe nur in "Schwingungen" darauf hingewiesen. Und es kamen 15.000 Fans, viele in Bussen von weither, um Klaus Schulze, Ashra und das Blue Chip Orchestra zu erleben. Klaus Schulze machte aus seinem Auftritt das Album "The Dome Event", erschienen 1993.

Die deutsche EM habe ich auch an anderer Stelle im wahrsten Sinne bis zum geht nicht mehr unterstützt. Ich war über anderthalb Jahrzehnte lang Mitarbeiter der Deutschen Welle in Sachen Pop und Rock aus Deutschland. Es ist die Aufgabe dieses Senders, das Kulturgeschehen in Deutschland weltweit bekannt zu machen. Also habe ich immer wieder und betont die deutsche EM dargestellt. Mit Echos aus allen Regionen des Globus. Mein letzter und sehr langer Ritt auf dieser Welle war eine mehr als zwanzigteilige Serie über die deutsche EM. Dann hatte der Sender genug von mir.

Da war es wieder: Türen gehen zu, Türen gehen auf. Leider nicht immer in dieser erträglichen Reihenfolge. Manchmal gehen zwei zu, bevor eine andere aufgeht. Auch der Kölner Stadt-Anzeiger sagte mir Adieu. Nicht mir persönlich. Nein, das ging anders. Die Zeitung bekam eines Tages einen neuen Chefredakteur. Der erklärte die sonntägliche Musikseite für, wörtlich (!) "Unterholz" und feuerte sie raus. Solch kultureller Unverstand hinderte ihn nicht an seiner steilen und flotten Karriere. Er wurde bald danach Regierungssprecher beim Bundeskanzler Helmut Schmidt. Die Musikseite kam nie wieder, und mein Hauptstandbein als Schreiber war amputiert.

Für dieses Buch hier als erwähnenswerter Zeitzeuge ausgewählt worden zu sein, kann ich kaum fassen, und ich bedanke mich für die unverhoffte Ehre. Es gibt mir Gelegenheit, etwas von meinem Verständnis der Rolle, die ich gespielt habe, darzulegen. Musik stellt für mich einen Wert an sich dar. Sie muss ihren Wert nicht erst durch eine Kopplung mit etwas Anderem bekommen. Ich habe mich ausdrücklich in den Dienst der Musik gestellt. Auf Schöpferseite und auf Empfängerseite. So viel wie möglich gute Musik aufspüren, damit sich so viel wie möglich Leute an ihr erfreuen können. Ich habe einmal die Hörer von Rock In gefragt, was ich denn für sie sein soll. Ein Trüffelschwein, das für sie bestmögliche Musik aufspüren und spielen soll? Oder ein Kellner, der ihnen das spielt, was sie gerne hören wollen, also schon kennen? Oder beides? Ich bekam sehr viel Post zur Antwort. Die mit Abstand häufigste hieß: Beides!.... Das ist eine klare Ansage und aller herzlich willkommenen Hörer gutes Recht.

Wie hieß Deine erste Radiosendung im WDR, die Du moderiert hast? Weißt Du noch, welches Album Dir da besonders wichtig war?

"Pro Pop Music Shop". Kraftwerks erstes Album. Ralf Hütter hatte mich zum letzten Abmischen abends aus Köln abgeholt und mit ins Studio genommen. Wir waren nur zu dritt. Ralf, der Toningenieur Conny Plank und ich. Eine unvergessene Nacht. Ich war von der LP begeistert und erzählte hinterher allen Leuten, ob sie es hören wollten oder nicht, dass ich durch ein Tor in eine neue Musikwelt geschritten sei. Ich spielte aus dem Debutalbum in meiner Debutsendung den Titel "Ruckzuck". Der wurde übrigens sehr bald ein regionaler Hit. Das bekam Kraftwerk zu spüren, wo immer sie auftraten.

An einer anderen Gruppe war mir auch besonders gelegen. "Love" von der US-Westküste. Mir hatte schon ihr zweites Album, "Da Capo", gut gefallen, aber ihr drittes, "Forever Changes", fand ich fantastisch. Es blieb für immer eines meiner allerliebsten. Und da bin ich nicht allein. Ich zitiere aus Wikipedia:".... Forever Changes, dem bei Erscheinen kein kommerzieller Erfolg beschieden war, wird heute von Musikkritikern zu den besten Alben aller Zeiten gezählt." Und ein Hörer, dessen Kompetenz ich schätze, stellte Arthur Lee, den Sänger und Kopf von "Love" auf eine Stufe mit einem Komponisten "wie Franz Schubert", wie er wörtlich sagte.

Warst Du über viele Jahre parallel Moderator der Sendungen "Rock In" und "Radiothek am Donnerstag"?

Ja. 1 1/2 Jahre nach Beginn des Pro Pop Music Shop begann ich mit "Rock In". Motto: Rock in voller Breite. Diese Sendung überdauerte die Radiothek um acht Jahre.

Die Sendung "Radiothek" lief unter dem Label "progressive Rockmusik" und "elektronische Musik". Kannst Du jeweils ein Beispiel nennen, was damit gemeint war?

Nur "meine" Donnerstag-Radiothek war der progressiven Musik gewidmet. Dabei stellt die Elektronische Musik (EM) einen Zweig des Progressiven dar. Die wichtigsten Vertreter sind oben erwähnt. Jean-Michel Jarre muss ich hinzufügen. Für Progress, also Fortschritt, sorgte auch Jazzrock, später Fusion Music genannt. Überflüssig, hier nochmal Soft Machine zu nennen. Mitreissende Hochkaräter sind Weather Report, Tony William's Lifetime, später nur Lifetime, Herbie Hancock, Chick Corea, Mahavishnu Orchestra und ein spezieller Liebling von mir, Lenny White, allein durch sein Album "Venusian Summer" mit dem Stück "Mating Drive", das mich jedesmal in den Wahnsinn treibt. Tja, "mating drive" eben.

Seit 1973 hieß die Elektronikband Ashra Tempel nur noch Ashra. Warum, ging es dabei nur um Personalwechsel oder auch um einen musikalischen einen Stielwechsel?

Da antworte ich am besten mit einem Auszug aus Ashras Homepage: 1977 Ash Ra Tempel became Ashra. This was a break with the past; a new beginning. Manuel formed this new band with Lutz Ulbrich (guitar) and Harald Großkopf (drums) performing his composition New Age Of Earth for the first time with his new band for Virgin's worldwide release of the solo album in London's Regents Park Open Air Theatre. - Erwähnenswert ist, dass Manuel auf seinem jüngsten Live-Album aus Melbourne wieder auf Ashra Tempel rekurriert. Er liess diesen frühen Stoff mit neuen Musikern nochmal neu aufleben.

Mir gefallen besonders die Alben "Blackouts"von Ashra aus dem Jahr 1977, sowie "Early Water" von 1976 und "Dream und Desire" aus dem Jahr 1977 von Manuel Göttsching. Hatten diese Alben auch einen kommerziellen Erfolg?

Von diesen dreien dürfte "Blackouts" am besten verkauft haben. Ich kenne keine Zahlen, habe nie danach gefragt, aber ich weiß, dass es sehr beliebt ist. Voll zu Recht. Es ist auch eines meiner ewigen Lieblingsalben. Mit jedem Titel. Zu dem langen Stück "Lotus 1 + 2" schrieb ich schon vor Jahren an anderer Stelle, dass man es auch in Apotheken verkaufen sollte. Es nimmt dir alle Verhärtungen, allen Frust von der Seele. Es tut dermaßen gut, du steigst am Ende wie auf Flügeln empor.

Wie gefiel die die Synthie -Popband „Emmerson Lake and Palmer"? Ich denke, Keith Emmerson hat ja auch sogenannte "Moogsynthies " benutzt. Die gab es ja als Erste und Moog schaffte es diese in klein runterzubauen?

ELP war progressiver Rock! Sehr virtuos und auch mit einem Faible für Klassik. Siehe ihre Version von Mussorgsky's "Bilder einer Ausstellung." Keith Emerson benutzte ein riesiges Arsenal von Allem, Synthesizer und Keyboards. Die Band wollte auch allein mit ihrem riesigen Equipment das Publikum beeindrucken. Es musste immer schon eine halbe Stunde vor Beginn der Musik voll aufgebaut auf der Bühne stehen. Das stand sogar in ihren Verträgen, wie mir ein Insider verriet.

Es gab zwei Sendungen "Schwingungen draußen" von den Externsteinen bei Horn -Bad Meinberg. wie kam es dazu?

Das war eine Idee des Redakteurs Engel. Seinen Vornamen habe ich vergessen. Wir waren viermal draußen. Das erste Mal im Hücker Moor, dann zweimal an den Externsteinen und schließlich im Revierpark Mattlerbusch in Duisburg.

Das Besondere von Dir als Radiomoderator war, wenn eine Band eine LP mit nur einem "guten " Song herausgebracht hat, dann hast Du genau den gespielt, man konnte also sicher sein, dass man nix verpasst hat. Ist das Deine gewachsene musikalische Lebenserfahrung?

Danke für das Kompliment! Ja, das wollte ich sehr wohl, das Beste aus den LPs herausfischen. Mich zu entscheiden hat mich ungeheuer viel Zeit gekostet. Aber oft wusste ich es auch sofort, bzw. ich war mir sicher. Und manchmal wusste ich es besser als die Musiker selbst. Das ist nicht so ungewöhnlich und auch nicht anmaßend, weil die Musiker ihre eigene Musik meist anders hören als das Publikum. Sie sind besser im Musik machen, und wir sind oft besser im Musik empfangen.

Mein bestes Beispiel ist "Drive" von den Cars. Ich wusste sofort, dass das der herausragende Titel des 84er Albums "Heartbeat City" war. Sie selbst und ihre Plattenfirma offenbar nicht. Sie hatten ein anderes Stück als erste Single ausgekoppelt. Und als zweite Single wieder ein anderes. Bis sie beim dritten Mal endlich "Drive" auskoppelten. Und das wurde ja dann ihr größter Hit überhaupt. Sehr zu Recht. Eine wunderschöne Ballade. Und von den Rock In-Hörern zum besten Titel des Jahres gewählt.

Du lebst heute in Schweden. Was hat Dich bewogen, dorthin auszuwandern?

Die schöne, weite und dünn besiedelte Landschaft. Nichts anderes. Ich hatte sie zum ersten Mal gesehen, als ich nach

Schweden fuhr, um Bo Hansson am Rand von Stockholm zu treffen und eine Sendung über ihn zu machen. Er wohnte mit seiner kleinen Schallplattenfirma Silence Records zusammen in einem Haus. Er und seine Freunde hatten ein Sommerhaus in Värmland. Auf seinem zweiten Album kann man ihn dort im Garten Orgel spielen sehen. Dorthin war ich für den nächsten Sommer eingeladen und auch hingefahren. Das Wetter war leider miserabel und ich flüchtete nach Norden. Das Wetter wurde besser, die langen Tage wurden noch länger. Immer der Mitternachtssonne entgegen. Bald war ich in Kiruna hoch oben in Lappland gelandet. Und ich fiel der Krankheit "lapin hullu" anheim. Das ist Finnisch und heißt so viel wie "verrückt nach Lappland" sein, also positiv besessen. Ich habe dann viele Jahre später mal mehr als ein Jahr in Schwedisch Lappland gelebt und alle Jahreszeiten kennengelernt. Wohne aber auf der Höhe Stockholm - Oslo. Bin aber immer wieder eine Zeitlang in Lappland.

<u>Last but not least:</u>

Ich habe es nie bereut, dass kein Betriebswirt und kein diplomierter Soziologe aus mir geworden ist. Dafür war mein Berufsleben viel zu erlebnisreich und schön. Ich habe unendlich viel Musik gehört. Darunter endlich viel sehr gute, die mich beglückt hat und es immer wieder tut. Eine tolle Eigenschaft von Musik, dass sie das kann. Ich habe sehr viele Musiker getroffen. Daraus gingen auch kürzere und längere, lockere und engere Freundschaften hervor. Ich habe in Sachen Musik die halbe Welt bereist. Immer wieder England, ich weiß nicht wie oft. Dabei habe ich nicht nur Musik erlebt, sondern auch unzählige Interviews gemacht. Viele sind unvergessen, einige mega-unvergessen. Von einem mega-irren in den frühen 70er Jahren will ich kurz berichten:

Ich hatte Pete Brown kennengelernt. Der war mit dem berühmten Bassgitarristen Jack Bruce befreundet. Beide hatten erfolgreiche Songs geschrieben. Jack Bruce hatte zusammen mit dem Gitarristen Eric Clapton und dem Schlagzeuger Ginger Baker Cream gebildet, die erste sogenannte Supergroup. Seitdem war jeder von ihnen eine Weltberühmtheit. Pete Brown vermittelte mir ein Interview mit Jack Bruce. Bei Bruce zuhause. Weitab von London auf dem Land. Ich fuhr lange mit dem Zug, an einem kleinen Bahnhof holte mich Jack Bruce im offenen Sportwagen ab. Es war schönstes Wetter. Nach einer Weile kamen wir in einem Park an. Inmitten das Haus von Bruce. In dessen großem zentralen Raum stand einsam ein langer weißer Flügel. Glasfronten vom Boden bis zur Decke gewährten einen Panoramaausblick in den Park. Manche Innenarchitekten würden sagen "holten den Park in den Raum". Als wir uns darin niedergelassen hatten und Bruce meine Bewunderung für dieses Interieur bemerkte, sagte er: „Ich habe das Haus um den Flügel herum gebaut."

Das Tonbadgerät lief, und wir sprachen über vergangene Zeiten. Natürlich auch über die Cream. Und über die aktuellere, über Lifetime. Wenn man Cream als Supergroup bezeichnete, hätte man Lifetime als Megagroup titulieren müssen. Tony Williams, der Wunderschlagzeuger von Miles Davis, hatte zusammen mit John McLaughlin (Gitarre) und Larry Young (Keyboards) das Trio "Tony Williams Lifetime" gegründet. Jeder ein Gigant an seinem Instrument. Das Trio ein Sturm, ein Orkan des rockigen Jazz. Ein Bass fehlte. Sie holten sich Jack Bruce dazu. Allein das schon ein Ritterschlag. Sie spielten sich ein und zusammen. Sie übten auch hier in diesem traumhaften Landsitz. Sie wurden besser und besser und immer besser. "Wir spielten so gut, dass die Außerirdischen kamen, um uns zuzuhören, weil wir die vollendetsten Schwingungen des Planeten aussandten."

Ohne den leisesten Anflug eines verschmitzten Lächelns sagte er das. Jack Bruce, der ausgesprochen nüchterne und etwas kantige Schotte, hatte eine Feststellung gemacht. Ich konnte die Außerirdischen gut verstehen, denn ich hatte Lifetime auch gehört. Als Top Act auf einem Rockfestival in der Essener Grugahalle. Leider nicht ungestört. Zunächst. Da mal wieder alles zu spät geworden war und es auf Mitternacht zu ging, fürchteten die Veranstalter eine Erhöhung der Miete und begannen, das Publikum von den hinteren Reihen an hinauszukomplimentieren. Ich rückte immer weiter nach vorne, während Lifetime vom Orkan zum Jetstream anwuchs. Oder unterlag ich einem Wahrnehmungsfehler, was das Geschehen hinter mir anging? Vielleicht waren es gar keine irdischen Ordner, die die Halle leer räumten, sondern die Außerirdischen waren wieder gekommen und wollten Lifetime allein genießen. Ich hielt mich an meinem Sitz fest und harrte bis zum Ende aus. Warum die E.T.s um mich herum, mich nicht hinausbugsiert hatten, weiß ich nicht. Vielleicht hatten sie wahrgenommen, dass der Grad meiner Verzücktheit den ihrigen erreicht hatte. Und das mag sie gnädig gestimmt haben.

XX. Schluss

Intelligenz, Belesenheit, Empfindsamkeit, das sind Eigenschaften von Menschen, die die Gesellschaft verändern wollen.

Man hatte nach 1968 alle Möglichkeiten, zumindest mehr Möglichkeiten als heute, wo man schlecht etwas beginnen kann, um es mal auszuprobieren.

Die 1970er Jahre waren noch die Zeit des Fernschreibers. Aus diesen Fernschreibern kamen die Nachrichten der wenigen Presseagenturen. Meine These ist trotzdem; der Mensch hatte, wenn er das wollte, mehr Freiheit etwas Neues zu beginnen, weil weniger Voraussetzungen da sein müssen, beispielsweise beruflich neu anzufangen.

In der DDR war das anders, jedoch brachte es auch den DDR-Bürgern einen Windhauch von Veränderung, dass die Regierung Brandt / Scheel eine neue Ostpolitik betrieb. Im damals noch geteilten Deutschland hatten die Menschen die ständige Ost-West-Konfrontation satt und fühlten sich nicht sicher in der atomaren Pattsituation.

Die 1970er Jahre stehen für neue gesellschaftliche Erfahrungsräume und Erwartungshorizonte in der Bundesrepublik. Vom Konformismus der Kriegsgeneration in den 1950er Jahren über den Erfahrungshunger der 68er bis zur beginnenden Konsumkultur der 1970er Jahre, stellt jedes Jahrzehnt eine eigene Kultur, die meiner Meinung nach auch klare Einschnitte zwischen den Generationen markieren, dar. Richard Grathoff sagte einmal, dass jeweils sieben Jahrgänge eine Generation bilden. Jede Generation entdeckt ihre eigene Kultur für sich.

Wie die 1970er Jahre die Gesellschaft veränderten, das möchte dieses Buch anhand von Zeitzeugen beschreiben, die mit Ihrer Person für einen gesellschaftlichen Bereich stehen, in dem diese selber Akteure waren, oder über den diese gut Bescheid wissen.

Alle Bereiche zusammengenommen sollen ein Mosaik gesellschaftlicher Lebenswelten der 1970er ergeben.

In den 16970er Jahren verachteten die Eliten keine Bundesbürger, die Kippen qualmten und Diesel fuhren. Damals konnte man sich auch noch beim WDR Geld dazuverdienen.

Dieses Buch möchte beschreiben, dass die 1970er Jahre ein hohes Maß an Freizügigkeit für Lebensmöglichkeiten eröffnete.

Die 1970er Jahre leben weiter. Harald Großkopf brachte 2018 sein Album „Sythesist Reloaded" heraus und David Nesselhauf gab am 30. September 2016 in Berlin ein Konzert unter dem Motto „Afrobeat meets Kraftwerk".

XXI. Literaturnachweise

Bahr, Egon: „Ich habe mit allem, was geschehen ist, erreicht, was ich wollte", FAZ Nr. 100 vom 30. April 2005, Seite 41.

Bartos, Karl. „"Boing, Bumm, Tschak", Hamburg-Magazin der Hansestadt, Datum unbekannt, Seite 7.

Baumgarten, Klaus-Dieter: „Die Grenze durch Deutschland war keine DDR-Erfindung", Junge Welt vom 18./19. Dezember 2004 der Beilage „Faulheit und Arbeit", Seite 1-2.

Baur, Tilman: „Keine Wiedergutmachung in Sicht", Junge Welt Nr. 289 vom 12. Dezember 2018, Seite 4.

Bodemann-Ritter, Clara: „Joseph Beuys", Berlin 1975.

Creutzburg, Dietrich: „Deutschland wird besser bei der Integration", FAZ vom 17. Januar 2019, Seite 17.

Delgado/ Görl/ Spies/ Esch: "Das ist DAF" Deutsch-Amerikanische Freundschaft: Die autorisierte Biografie. Berlin 2018

Entorf, Horst: „Strafvollzug oder Haftvermeidung – was rechnet sich?", A pu Z Nr. 7 vom 15. Februar 2015, Seite 21.

Farthmann, Friedhelm: "Blick voraus im Zorn", Düsseldorf 1996.

Fauser, Jörg: „Der Strand der Städte", Gesammelte Journalistische Arbeiten 1959 – 1987, Berlin 2009.

Fischer, Robert: "Fassbinder über Fassbinder: Die ungekürzten Interviews" (Filmbibliothek), Süddeutsche Zeitung Nr.131 vom 10. Juni 2005, Seite 15

Floren, Franz-Josef: „Sozialstruktur – Soziale Ungleichheit – Sozialer Wandel", Paderborn 2002.

Galli, Thomas: „Die Gefährlichkeit des Täters", Berlin 2017.

Geyer, Christian: „Wohin wir driften", FAZ Nr. 56 vom 08. März 1999, Seite 47.

Girtler, Roland: „Vagabunden der Großstadt", Stuttgart 1980.

Girtler, Roland: „Randkulturen", Wien 1995.

Görtemaker, Manfred: "Das Übermaß an Erwartungen", in Frankfurter Allgemeine Zeitung Nr. 84, Seite 6.

Goetzendorff, Gunter: „Das Wort hat der Abgeordnete", München 1989.

Grathoff, Richard: „Milieuanalyse und phänomenologische Forschung in der Sozialwissenschaft", 1. Fassung vom 10.04.1982, Seite 1.

Hank, Rainer: „Ausländer sind immer die anderen"; Frankfurter Allgemeine Zeitung Nr. 67 vom 20. März 1993, Seite 13..

Hayner, Jakob: „Feinde machte er sich viele", Junge Welt Nr. 299 vom 24. Dezember 2018, Seite 11.

Heckel, Hans: „Soziale Brandsätze", Preußische Allgemeine Zeitung Nr. 5/2019, Seite 1.

Henning, Lena: „Immer mehr Wohnungslose in OWL", Mindener Tageblatt vom 16. Oktober 2017, Seite 22.

Höge, Helmut: „Wenn es langt" in Junge Welt vom 26. 01.2018, Seite 11.

Hohl, Peter: „Sei froh, wenn's schwierig wird", Ingelheim 2001.

Hütt, Hans: „Was hieß: mehr Demokratie wagen?", FAZ Nr. 225 vom 27. September 2017, Seite 3.

Hüwelmeier PD Dr., Gertrud: „Hundert Jahre Sänger-Krieg", Berlin 1997.

John, Barbara: „Integration – eine politische Führungsaufgabe", Süddeutsche Zeitung vom 23. Februar 1999, Seite11.

Jung, Kurt M.: „Demokratie in Dokumenten", Berlin 1970.

Keller, Carsten: „Leben im Plattenbau", Frankfurt am Main, 2005.

Kleinert, Hubert: „Aufstieg und Fall der Grünen", Bonn 1992.

Klimt-Weithaler, Claudia: „Steirische KPÖ will Position verteidigen", Neues Deutschland vom 25./26. September 2010, Seite 7.

Koch, Sven: „Klassik aus der dritten Dimension", Lippische Landzeitung Nr. 6 vom 07. Januar 2019, Seite 19.

König, Walter: „Da sein", Süddeutsche Zeitung Nr. 10 vom 12./13. Januar 2019, Seite 17.

Kraxenberger, Jürgen A.: „Hans Glas – ein niederbayrischer Industriepionier", Moosthenning 2016.

Leendertz, Ariane: „Ordnung schaffen – Deutsche im 20. Jahrhundert", Göttingen 2008.

Meinert, Philipp: „Bedrohliche Freiheit", Der Paritätische Nr. 6, 2018, Seite 16-17.

Meueler, Christof: „Draußen sein", Junge Welt vom 17. Juli 2006, Seite 13.

Model / Creifelds: „Staatsbürger-Taschenbuch", München 2012.

Novinscak, Karolina: „Auf den Spuren von Brandts Ostpolitik und Titos Sonderweg: deutsch-jugoslawische Migrationsbeziehungen in den 1960er und 1970er Jahren", in Ottmer, Jochen / Kreienbrink, Axel / Diaz, Carlos Sanz (Hrsg) „Das „Gastarbeiter" - System", München 2012.

Petersen, Thomas: "Deutsche Fragen - Deutsche Antworten: Der unheimliche Fortschritt " in FAZ vom 18. April 2019, Seite 10.

Pfitzner, Florian: „Nahles ringt mit den Jusos", Lippische Landeszeitung Nr. 280 vom 03. Dezember 2018, Seite 2.

Prignitz, Karin: "Oerlinghausen Richard Grathoffs Vermächtnis" in Neue Westfälische vom 10.10 2017, Seite 14.

Psotta, Michael: „Wohnen wie in der DDR", FAZ Nr. 16 vom 19. Januar 2019, Seite 12.

Rademacher, Jens: „Austausch am Biesterberg", Lippische Landeszeitung vom 06. Februar 2019, Seite 17.

Rebers, Andreas: „Der kleine Kaukasus"; Hamburg 2011.

Richter, Ilja: „Star-Szene ‚77", Taunusstein 1977.

Rossmann, Andreas: „Methoden 1, 33615 Bielefeld", FAZ Nr. 271, Seite N. 4.

Schellhorn, Franz: „Armutsprofiteur Oxfam", FAZ Nr. 18 vom 22. Januar 2019, Seite 18.

Scheuch, Erwin K.: „Soziologische Aspekte der Unruhe unter des Studenten", Aus Politik und Zeitgeschichte Nr. 34/68 vom 04. September 1968, Seite 3 – 10

Sonne, W., Kanther, M., Wittmann, R. (Hg): Städtebau der Normalität. Der Wiederaufbau moderner Stadtquartiere im Ruhrgebiet. Berlin, 2018.

Stieglitz, Heinrich: „Asozialität", Aus Politik und Zeitgeschichte Nr. 34-35/68 vom 23. August 1968, Seite 15.

Strauß, Simon: "Leben ohne Aussicht" in FAZ Nr.101 vom 4. Mai 2019, Seite 11.

Venske, Henning: „Es war mir ein Vergnügen", Frankfurt am Main 2014.

Von Lucius, Robert: „Der Sheriff von Holzminden", FAZ vom 17. Januar 2013, Seite 4.

Wagner Dr., Frank Wolfram: „Soziologie Heute"" von Oktober 2008, 1. Ausgabe, von Juni 2018

Wagner, Frank Wolfram: Soziale Exklusion und Ressentiment gegen Behinderte in der modernen Stadt. Rudolstadt, 2009. Wikipediaeintragung: Hustadt

Walter, Franz: „Rebellen, Propheten und Tabubrecher", Göttingen 2017

Weissmann, Karlheinz: "Kulturbruch 68", Berlin 2017, Seite 64

Wiebking, Jennifer, „Ich höre gar nicht zu – Ein letztes Interview mit Karl Lagerfeld in FAZ Nr. 43 vom 21. Februar 2019, Seite 9.

Wolter, Peter von der Tagezeitung „Junge Welt" im Interview mit Walter Womacka (Junge Welt 14. Mai 2005, S. B2 Wochenendbeilage)

Zimmermann, Eduard. „Das unsichtbare Netz", Berlin 1969.

Zinkann, Peter Christian: Lippische Landeszeitung vom 17. September 2018, Seite 9.

Erklärung des Bundesvorstands der DKP in der „Jungen Welt" vom 14. Dezember 2018

Ohne Namen: „Seilschaft gratis", Junge Welt vom 18. Oktober 2012, Seite 13.

Ohne Namen. „Vor 30 Jahren: Befragung zur Atombewaffnung
untersagt", Süddeutsche Zeitung Nr. 121 vom 27. Mai 1988,
Seite 8.

XXII. Aus Funk und Fernsehen

Bude Heinz: „Sieben Mythen und Wahrheiten – Der 68er-Check", ZDF-Dokumentation, ausgestrahlt am 26. September 2018.

Seitz, Norbert: Vor 50 Jahren Gründung der Deutschen Kommunistischen Partei (DKP)", Geschichte aktuell im Deutschlandfunk von 19:15 Uhr – 20:00 Uhr am 25. September 2018.